中国海洋大学建校90年

科研成果背后的故事

STORIES Behind ACHIEVEMENTS

策划 ◎ 关庆利

主编 ◎ 赵瑞红 孙厚娟 韩宇亮

中国海洋大学出版社
CHINA OCEAN UNIVERSITY PRESS

图书在版编目(CIP)数据

科研成果背后的故事:中国海洋大学建校90年/赵瑞红主编.—青岛:中国海洋大学出版社,2015.5
ISBN 978-7-5670-0822-9

Ⅰ.①科… Ⅱ.①赵… Ⅲ.①中国海洋大学—校史 Ⅳ.① G649.285.23

中国版本图书馆 CIP 数据核字(2014)第 313510 号

出版发行	中国海洋大学出版社			
社　　址	青岛市香港东路 23 号		邮政编码	266071
出 版 人	杨立敏			
网　　址	http://www.ouc-press.com			
电子信箱	dengzhike@sohu.com			
订购电话	0532-82032573(传真)			
选题策划	关庆利			
责任编辑	由元春		电　　话	0532-85902495
印　　制	青岛正商印刷有限公司			
版　　次	2015 年 10 月第 1 版			
印　　次	2015 年 10 月第 1 次印刷			
成品尺寸	170 mm × 230 mm			
印　　张	23			
字　　数	353 千			
定　　价	38.00 元			

前　言

中国海洋大学的发展历程是一部由几代海大人用心血和汗水铸就的创业史和奋斗史。借着中国海洋大学建校90周年校庆的东风，我们本着追溯前人足迹，探寻渊源文脉，还原历史本质，挖掘宝贵史料，续写校史新篇的意愿，自2011年10月始，学校档案馆为启动编撰"中国海洋大学史志丛书"做了一系列前期准备工作。

《科研成果背后的故事》一书是"中国海洋大学史志丛书"中的一册。该书将改革开放近40年来我校已经获得的科研(含教学)成果奖励情况进行了系统梳理，重点收集整理了省部级以上科研(含教学)成果奖励项目，并着重收编了省部级二等奖以上获奖者根据自身经历回忆记述的科研攻关历程。本书采用随笔、回忆录式等体裁展现各部分内容。主要是以获奖者本人用第一人称叙述亲身经历的形式，回忆记述在当时的社会背景和条件下，从获奖项目创意构思、立项研究直至最终完成项目的整个过程，既注重最终结果，更注重过程的精彩瞬间和重要细节。真实再现了中国海洋大学专家学者们在不同年代所经历的科学(教学)研究过程的原始面貌；清晰记录了中国海洋大学几代科研人在学校发展和国家科教事业发展中发挥的不可替代的作用，以及他们身上那种不畏艰辛、勇于探索、攻关克难、不求回报、对科教事业的执着与热爱之情；也真实反映了中国海洋大学科研(教学)工作的发展历程和脉络。

本书中讲述的故事既彰显出海大人特有的风骨与气节，许多故事情节更是感人肺腑，可歌可泣。若能将这些故事的精髓固化为学校引以为豪的的学术精神和文化财富，并潜移默化地凝聚一代代师生们的精神和力量，对激励大家共同为学校事业的发展而努力工作具有重要的现实意义和历史意义，这也是我们编写这部书的初衷。

在本书编写过程中，各篇文章的作者对此工作都非常支持和重视，全力回忆自己所承担科研项目的亲身经历，提供相关资料和照片，用严谨的科学态度及带有时代感的语言特点向我们讲述了他们获奖背后的那些真实故事，有些作者从毕业工作到退休都在从事某一个科研领域的研究，这些故事烙有清晰的时代印记，展现着中国海洋大学科学研究发展的脉络，是中国海洋大学宝贵的科技档案信息资源和精神文化财富，值得我们认真学习、研读和领悟传承。

本书由档案馆原馆长关庆利进行选题策划、结构设计和文字统稿。书稿修改工作主要由赵瑞红、孙厚娟、韩宇亮三人承担。赵瑞红承担了更多书稿内容的修改补充、反复与作者进行沟通求证以及最后与作者进行反馈并定稿等工作。

本书附录中收录的数据和资料是在科技处诸嘉杰、文科处龙颖、孙善浩及教务处吉晓莉等老师的配合协助下，查考了大量科研档案后编制而成，有些数据是向作者本人求证或是向相关学院求证后确定的。

离退休干部处为编写组在鱼山校区、浮山校区召开的作者见面会提供了大力支持与帮助；档案馆馆长刘永平、副馆长孙厚娟在此书的编纂及与作者的联系沟通方面给予了必要的指导与支持；王旭、李涛等档案馆同事在图片处理及书稿收集方面给予了帮助，在此一并深表感谢！

由于本书在启动和推进编写过程中遇到过不少困难，书中收录的文章也只能是中国海洋大学入选获奖项目范围中的一部分，仍有很多入围获奖项目的内容没能收录到。另外，书后的附录内容也可能存在不够准确或遗漏的地方，望鉴谅并指正。

愿该书出版后，它的存史价值和对校史编写的意义会被大家所认可；我们更希望以后能有机会进行本书内容的续编工作，以努力推动学校此类史料的深入挖掘和进一步补充完整，为丰富中国海洋大学科技发展史料做出应有的贡献。

《科研成果背后的故事》编写组

2015 年 7 月 10 日

目 录

自然科学部分

"HD-2型实验室海水电导盐度计"的发明与我国"实用盐标"的推广
  科技攻关全程回顾 ················· 陈国华 | 003
从"三无"到"三有"
  ——"渤黄东海近海区大面积水温预报"研究回忆 ········· 苏育嵩 | 010
探索与实践的科研之路回顾 ················· 冯士筰 | 015
我的养虾梦
  ——忆"对虾养殖与工厂化育苗技术"的研究历程 ········· 王克行 | 028
"南大洋磷虾资源考察与开发利用"研究历程介绍 ········· 侍茂崇 | 035
挺进在海洋药物研究和开发的大道上 ············· 管华诗 | 039
中国海洋大学研究大气激光雷达能行吗
  ——多普勒激光雷达(车载)的研制与应用历程回顾 ········· 刘智深 | 052
"栉孔扇贝人工育苗研究"科研历程回顾 ············· 王如才 | 061
麦饭石的发现
  ——"青岛麦饭石研究"科研项目背后的经历 ··········· 曹钦臣 | 068

科研成果背后的故事

中美首次大型海洋合作调查亲历记································杨作升｜074

"河豚鱼安全食用和河豚毒素检测、提取、制备技术体系构建"
  项目研究背后的故事································宫庆礼｜084

"大型海藻生物技术研究及其应用"科研成果背后的故事·········戴继勋｜090

走创新之路
  ——国家海洋环境数值预报（海温）科技攻关纪实·········王赐震｜096

"真鲷工厂化育苗技术的研究"项目推进与请奖的曲折过程·········姚善成｜102

"莱州湾开发整治研究"项目的过程回顾·······················李进道｜106

"龙须菜品系选育研究"的科研历程回顾·······················张学成｜111

"海洋-大气相互作用"研究中的难忘经历······················刘秦玉｜119

《海洋生物趣谈》一书出版前后的故事·······················童裳亮｜126

"齐鲁石化公司排海管线（广饶段）泄漏调查评价"项目的
  联合科研攻关历程····································刘贯群｜131

科研就像寻宝，时时会带来惊喜
  ——忆我的科研经历····································薛长湖｜136

四倍体牡蛎与"非典"的故事·································王昭萍｜141

台风灾害概率预测理论的研发、巨灾验证及工程应用···········刘德辅｜148

"水产动物营养与饲料学研究"成就了我的学术梦想············麦康森｜154

"栉孔扇贝健康苗种体系建设及应用"科研成果的研发历程······包振民｜162

"海洋界面化学研究"科研成果背后的故事······················杨桂朋｜168

难忘的记忆
  ——深海电视抓斗技术研究历程回顾······················赵广涛｜173

励志创新，尽显芳华
  ——"'荣福'海带新品种的培育及应用"研究背后的故事····刘　涛｜179

"动态系统的时滞相关分析与控制理论及其应用"项目研究过程 … 唐功友 | 184

"新型铜铝制冷管路结构设计及其制备工艺"研发背后的故事 …… 赵　越 | 188

二十年磨一剑——"华北克拉通形成与破坏及周边造山带的构造
　　演化过程"研究三部曲 ………………………………… 李三忠 | 193

人文社科部分

关于《海洋文化概论》的介绍与感言 ………………………… 曲金良 | 207

只要最好,不求更好——催生"春秋时期法律形式的特点及其
　　成文化趋势"学术成果的原动力 ………………………… 徐祥民 | 211

敢于质疑才能创新
　　——"气候变化问题剖析"成果的创作构思过程 ………… 曹文振 | 217

集中化和分散化群决策的概念研究基础及锤炼攻关 ………… 张勤生 | 222

《海洋小百科全书》创作出版背后的那些故事 ……………… 关庆利 | 226

一段回忆
　　——"日本宪法第九条及其走向"项目获奖过程回顾 ……… 管　颖 | 243

营运资金管理研究的协同创新 …………………………………… 王竹泉 | 247

那些随风飞逝的记忆
　　——《精神生态视野中的20世纪中国文学》写作琐忆 ……… 温奉桥 | 253

记"论我国环境污染损害公共补偿的理论基础与制度构建"
　　的研究过程 …………………………………………………… 阳露昭 | 258

"泛黄海地区海洋产业布局研究"项目是怎样炼成的 ………… 韩立民 | 263

"国外语言损耗研究的现状调查"研究的实际价值 …………… 杨连瑞 | 268

辨析史料　考镜源流
　　——《刘向、刘歆赋学批评发微》的写作经过 …………… 冷卫国 | 272

"后代人权利理论批判"研究心得…………………………刘卫先 | 276

衣带渐宽终不悔

——《当代英美马克思主义文论研究》的获奖过程……………柴 焰 | 280

教学成果部分

记述"大学英语教学管理的改革"的获奖前后………………张春寿 | 287

"搞好课程评估,确保教学质量"

——获国家级优秀教学成果奖的工作历程回顾……………秦启仁 | 293

"李萨如图形研究"的开花与结果……………………………徐定藩 | 301

"大学法语系列教学文件及大学法语'十五'规划教材"获得

"国家级教学成果二等奖"的历程………………………李志清 | 305

获省部级三等奖以上科研(教学)成果总表

一、自然科学成果奖项目表……………………………………………311

二、人文社科奖项目表…………………………………………………340

三、教学成果奖项目表…………………………………………………348

自然科学部分

"HD-2型实验室海水电导盐度计"的发明与我国"实用盐标"的推广科技攻关全程回顾

◇ 陈国华

作者简介

陈国华,男,生于1938年。1960年7月毕业于山东大学化学系,毕业后分配到山东海洋学院海洋化学系,历任助教、讲师、副教授、教授(二级)、博士生导师。2008年5月退休。

研究领域为海洋物理化学、应用电化学、海洋资源利用与保护。曾主持承担国家海洋局、山东省科委、国家科委、国家科技部、国家自然科学基金、国家海洋863项目、国家973项目和军工部门等的10余项研究课题,获发明专利8项并转让5项,发表学术论文240余篇,出版专著与教材7部。1978年获得"全国科学大会重大科技贡献奖",1983年获得"国家技术发明四等奖";另外,还获得省部级一、二、三等教材与科技进步奖7项,山东省教育厅及学校教学与科技进步奖40余项。系国家人事部颁发的国家中青年有突出贡献专家,两届山东省科学技术优秀拔尖人才和山东高校优秀科技工作者荣誉称号获得者,享受国务院政府特殊津贴。

在我的科研生涯中,最令我难忘并终身引以为豪的是:发明了我国第一台实验室海水电导盐度计,研制出中国标准海水实用盐度标准物质,在全国普及推广新的海水电导盐度测定方法,替代了过去的化学滴定法;推动了1978年"实用盐标"及1980年"海水状态方程"在我国的实施,对促进我国海洋科学事业的发展做出了重要贡献。

一、国内外背景介绍

众所周知,海水盐度是海洋科学研究中不可缺少的重要参数。20世纪60年代以前,我国一直延用1902年由克纽森(M.knudsen)提出的"海水盐度定义"和用昂贵的硝酸银溶液化学滴定测定海水氯度来计算海水盐度的方法。随着近代科学技术的发展,人们发现用测量海水电导的方法能更方便和准确地测定海水的盐度,各国先后掀起了研究海水电导测定盐度的方法和仪器的热潮,海水电导盐度计和现场测量用的温、盐、深(CTD)仪相继问世。从20世纪60年代初开始,我国相关的海洋科研部门也开始研究海水电导盐度测量技术。

二、"HD-2型实验室海水电导盐度计"的科技攻关过程

1. 具有中国特色的实验室海水电导盐度计问世

1963~1965年,我校就开展过用交流电桥法以氯化钾溶液为标准测定海水的绝对率研究,研究了我国长江口海水电导率、氯度、密度与温度的关系。当时测定的海水电导率精度只有千分之几,有四位有效数字。还没有开始海水电导盐度计的研制工作,就爆发了全国性的"文革",一晃就是近十年时间。作为国家助学金培养出来的知识分子,"文革"结束后,我一心想继续进行科学研究,以科研成果报效祖国。而事实上,在"文革"期间只有国家海洋局组织过一部分科技人员进行过温盐深仪(CTD仪)的攻关研究,直到"文革"结束电导盐度的测定精度只能达到0.02 S,远没有达到国际上通常需要的0.003 S的水平,我国的电导盐度测定技术亟待突破。

1975年底,当时的学校科研处处长施正铿同志找到我,希望我能够继续进

行海水电导技术研究。在他的大力协助下,我校顺利争取到了一项研制实验室海水电导盐度计的科研项目。项目获批后,我主动要求当时在学校金工厂工作的吴葆仁同志协助我一起进行项目研究。我们两人共同的特点是注重实干,善于钻研。当时,在国外已经有考克斯(cox.

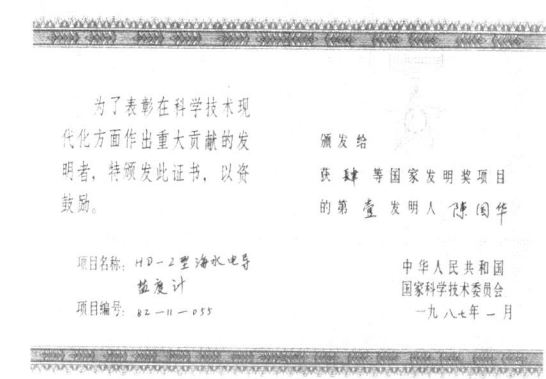

A)等研制了一套带精密恒温设备的电极式海水电导盐度计,可这种盐度计只能在陆地实验室使用;布朗(Brown.N.L)等研制了电磁感应原理的实验室海水电导盐度计,已有商品化仪器出售,他还到过中国进行推销,每台售价 5 000 多美元,合 4 万多元人民币;还有加拿大的 8400 型电极式盐度计,每台售价大约 7 万~8 万元人民币。此时,联合国教科文组织已经颁布了新的海水电导盐度定义(1969 年),提出了以 35 S 的标准海水作为相对电导率的标准,还颁布了新的海水相对电导率、盐度与温度关系的海洋学常用表。面对国际新的海水电导盐度定义的颁布和国外昂贵的海水电导盐度计产品,在我国经济还十分落后无力购置国外先进仪器以满足海洋科技工作需要的情况下,当务之急须尽快研发出具有我国特色的海水电导盐度计。但是,这种研发谈何容易,真是困难重重。当时,我们确定的研究目标是要在海水电导测量技术上有新的突破,测量精度至少要达到 ±0.003 S 的国际水平。要达到这一研究目标,摆在我们面前的困难就必须一一解决:要研制出能抗高强度电磁干扰,并适合在船上操作的高灵敏、高稳定性测量电桥;测量海水电导时要能有效地消除温度的影响;电桥要能直读出新的电导盐度定义规定的相对电导率;测量电导时要能连续取水样;要设计高稳定性,并适于高精度测量的电导池;整个仪器要轻便,操作简单,便于维护;测量精度和测量速度要显著优于古老的化学滴定法。也只有解决了上述重重难题,才能达到国际测量标准,这样的仪器也才能便于在全国推广应用。

在研究过程中,我们首先反复研究带有海水电导池的交流电桥阻抗平衡条件,仔细摸索各种可能的因素对电桥平衡的影响,探求提高测量灵敏度和精度的关键技术;研制可以连续注水测量海水电导的以毛细管为内径的U形玻璃电导池和过滤悬浮物的沙芯漏斗过滤器。我们从反复长时间测定电导池常数随温度变化规律入手,寻找双电导池电导率比值随温度变化的规律,先后做了成千上万次数据测定,从众多数据中发现了变化规律,又经过反复的数学推导,终于发现了利用电阻电桥配合双电导池系统直读电导盐度定义中相对电导率的方法原理;然后,再继续研制电桥信号检测系统及仪器配件组装、整机性能检测调试等。在克服了重重困难经过多次样机改进后,我们终于研制成功具有我国特色的实验室海水电导盐度计。

2. "HD-2型实验室海水电导盐度计"的鉴定与推广应用

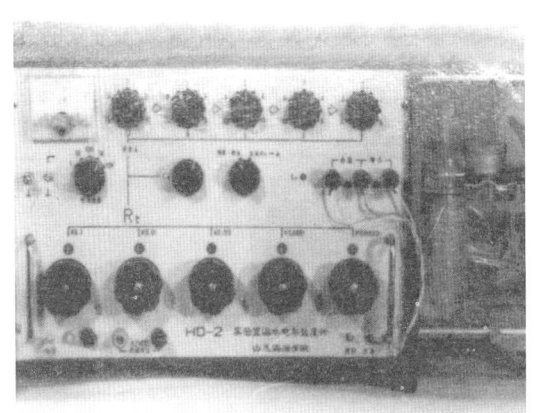

HD-2型实验室海水电导盐度计

"HD-2型实验室海水电导盐度计"于1977年11月通过了国家海洋局的鉴定。经现场数据比测得出,该仪器具有±0.0004 S的灵敏度,±0.001 S的精密度和±0.003 S的准确度,测量盐度范围的8 S～42 S,耗水样仅为60毫升,每小时可测30个水样。这些实验技术指标均达到了国际先进水平,一举改变了我国海水电导盐度测定技术落后的面貌,轰动了当时我国海洋科技界,受到鉴定会与会代表的齐声称赞。该仪器测量原理与装置获得了国家发明专利(zL8501065694),是我校历史上获得的第一项发明专利。该成果在1978年全国科学大会上荣获"科技成果重

1977年,HD-2型实验室海水电导盐度计鉴定会现场

大贡献奖";1983年获得"国家发明四等奖",这也是我校历史上获得的第一个国家科技发明奖。

该仪器于1980年在我校金工厂投产,当年售出约100台,每台售价8 000元,材料成本不足1 000元,当年为学校创造经济效益60万~70万元。现在看来,这笔钱并不多,但是在当时,我本人的月工资仅59元,相比之下这已是一笔巨大的财富了,我校金工厂从此也改名为"海洋仪器厂"。

海水电导盐度计研发成功以后,在我国海洋科学教学与科研单位很快得到了普及应用,彻底淘汰了落后的化学滴定法,从根本上改变了我国海水盐度测定技术落后于国际水平的状况,使我国的海洋调查研究盐度资料与国际资料有了可比性,极大地提升了我国海洋科学的研究水平。同时,国产仪器的全面推广使用,替代了进口产品,为国家节省了上千万元的外汇。另外,由于不再使用硝酸银溶液,也为国家节省了大量财力和物力。时至今日,该仪器仍然是我国海洋调查研究领域唯一一个获国家发明奖的项目。目前,我国的《电极式盐度计国家计量检定规程》也是由我们起草制订的(JJG761-91)。

3."WDA型相对电导率仪"续研成功

在HD-2型实验室海水电导盐度计研制成功的基础上,为了配合电导测盐方法的进一步推广,需要解决提供海水电导盐度测量标准物质问题,我们又用了3年时间研制出了WDA型相对电导率仪。此仪器比HD-2型盐度计有更高的测量精度,测量海水的相对电导率分辨率达到了5×10^{-4} S等效盐度值,准确度达到了±0.001 S等效盐度值。WDA型相对电导率仪通过国家海洋局验收,并批准正式用于中国标准海水相对电导率的测定,为全国各海洋水产部门提供标注有实用盐度值的我国实用盐度二级标准物质。该项成果于1987年获得"国家教委科技成果二等奖"。

中国标准海水国家实用盐度标准验收会现场

三、择记最难忘之二三事

记得当年在盐度计研制接近尾声正准备开展仪器鉴定之时,我妻子突然患急性心肌梗塞病,生命垂危,在医院进行抢救,我却要忙于准备仪器鉴定不能在她身边陪护。当时我们化学系的好多教师、职工主动伸出援助之手,替我在医院帮助看护;在仪器研制的过程中,我校金工厂的师傅以及我系玻璃工师傅也都付出了辛苦劳动;我校已故

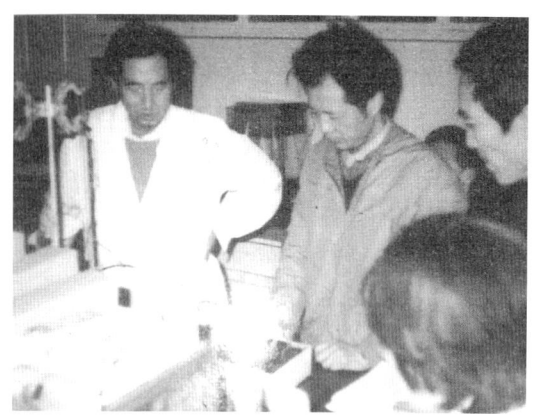

陈国华与合作者吴葆仁在便携式水质仪鉴定会上做演示

党委副书记高云昌同志和化学系原总支书记高欣山同志一直在关心和支持着我⋯⋯正是在领导的支持和同志们的帮助下,使我在科学研究过程中渡过了一道道难关,最终完成仪器研制,为国家做出了相应的贡献。

实际上,海水电导测量技术在我国的推广应用也曾经遇到过传统观念的怀疑和干扰。记得当时我们系总支书记高欣山同志就提醒我说:能不能进行一次比测试验,以便打消某些人的疑虑,也便于盐度测量新技术下一步的推广应用。他的一席话提醒了我,新的事物要想被别人接受并不容易。由于我对自己的科研实践胸有成竹,我当即回答:我的成果不怕检验,愿意参加比测试验。于是,由系领导出面组织了一次正式比测,系里抽调技术骨干6~7人,使用最精密的电位滴定法测定海水的氯度;我一人用盐度计测定相同批号海水的电导盐度,并计算出氯度;双方是背靠背进行测定,最后进行结果比较。使用电位滴定法对一个海水样品至少要测定3次,一般需要重复测定4~5次才能得出平均结果,每测一次需时30~40分钟;而用我的电导盐度仪测定1次即可,但为了慎重起见,我也重复测定了2~3次,取出平均结果,测一次仅需5~6分钟时间。经过一周对3个批次9个批号的中国标准海水样品的比测,用电位滴定法测定的氯度值平均偏差为 0.8×10^{-3} Cl‰,最大偏差为 1.6×10^{-3} Cl‰,而使用电导盐度计测定的氯度值平均偏差为 0.3×10^{-3} Cl‰,最大偏差为 0.5×10^{-3}

Cl‰，测定氯度结果绝对偏差全部在 ± 0.002 Cl‰以内。实验数据充分证明：我们研制的海水电导盐度计方法优于经典的电位滴定法。它不仅速度快、效率高，而且准确可靠。从此以后，再也没有人怀疑我们研发仪器的质量和水平了，这为后续电导法测量海水盐度新技术和新仪器的推广铺平了道路。

以前生产的中国标准海水仅标注海水氯度的标准值，从1980年开始同时标注实用盐度标准值，中国标准海水的实用盐度标准物质也在我校的中国标准海水厂生产，产品供应全国各海洋水产单位使用。HD-2型海水电导盐度计及中国标准海水实用盐度标准在全国推广使用，促进了联合国教科文组织颁布的"1978实用盐标"在我国的顺利普及和推广，有力地促进了我国海洋科学事业的快速发展。

从"三无"到"三有"
——"渤黄东海近海区大面积水温预报"研究回忆

◇ 苏育嵩

作者简介

苏育嵩,男,1930年生于泰国,1941年回国。1950年考入厦门大学海洋系;1952年全国高校院系调整时,转入山东大学海洋系;1955年毕业留校任教至中国海洋大学时期,历任助教、副教授、教授。

曾兼任中国海洋湖沼学会水文气象分会秘书长及副理事长,被评为全国优秀归侨知识分子、山东省专业技术拔尖人才、国家有突出贡献的中青年专家,享受国务院特殊津贴。作为"渤黄东海近海区大面积水温预报"的项目负责人,于1985年获得"国家科技进步三等奖"。在海洋水团分析、海温数值预报、异常海温预报等课题研究方面,先后获得了省部级科技进步一等奖和二等奖6项。

一、"渤黄东海近海区大面积水温预报"的"三无"

"渤黄东海近海区大面积水温预报研究"纯属一无申请立项、二无下达任务、三无下拨经费的"三无"研究项目,这主要是它的起步时间太早,远早于国内有"申请立项"一说,可谓完全是我校的"白手起家"。

"文革"之前,我已经在海洋系开讲了"海洋热学"课程。为了筹备这一课程,我从收集资料、翻译文献、综合整理、编写讲义等细节入手,认真准备,严格要求,实现了一个从无到有的跨越。该课程中已经系统分析了海水的热学性质,讲解了海洋水温对海流和大洋环流以及气候的重要影响,探讨了海洋水温空间分布特点和时间变化规律,关注了水温分布、变化对海洋渔场的显著作用和制约,预感到海洋水温预报对渔业捕捞、军事活动以及气候、天气预报可能会有相当大的帮助。然而"文革"来了,所有人都被卷入到这场"史无前例"的运动之中。一晃十年过去了,自己的业务全部荒废了,也不知道国外同行们的工作进展如何,内心一片茫然。

"文革"结束之后,为了改善民生,增加海洋捕获量,山东海洋水产研究所首先开始了进行渔场、渔期和渔获量关系的分析。在分析中,他们发现海洋水温的分布和变化在这一关系中起到相当重要的作用。这时,我校毕业分配到该研究所工作的同学回校找到我,请教海水温度能否预报,以便为渔场、渔期的分布与变化提供先期的参考,提前进行渔业捕捞的准备,进而实现有组织、有目标区域、有目标时段的海洋捕捞作业。生产单位的需求给了我很大的触动,作为研究海洋热学的大学教师,理所当然应该为生产一线的需要排忧解难,为我国的海洋水温预报做出相应的贡献。

"应该做"一想就通,可"怎么做"却难之又难。在我先期编写教材的艰苦摸索中,已深知影响及制约海洋水温分布和变化的因素相当多,它们之间的关系又极其复杂,不理出它们之间的关系何谈预报!但要理出它们之间的关系,又需要浩繁的资料收集与准备和深入而艰辛地分析研究,真是千头万绪,剪不断,理还乱。

俗话说"一口吃不出大胖子"。面对繁杂的困难,我静下心来,经过苦思求索,慢慢地理出了开展工作的基本思路。对于渔场、渔期和水温的关系,各海区的水产研究所多年来已经积累了大量历史资料,他们有能力又有积极性,若能建立起相互协作的关系,他们可以先行开展资料收集整理工作。关于海洋水温方面的资料,除水产部门外,国家海洋局也有出版的资料可供查阅。至于对水温的预报方法，当时几乎就是一张白纸，我们只能借鉴天气预报的统计预报方法，边学习边进行预报试验。在当时的情况下，作为该项研究的组织和协调人，若想工作能取得进展唯有自己先走一步，必须率先攻坚克难，努力去学习、探索和引进多种方法，这是最为枯燥乏味的工作。俗话说"人过四十不学艺"。那时候我已近50岁，又正值"上有老下有小"的双重困难时期，幸亏妻子全力支持我，并承担了全部家务，我才得以专心"恶补"，夜以继日，沐酷暑抗严冬地工作。功夫不负有心人，我逐步掌握了多种统计预报方法。随后要进行的是对多种方法进行对比筛选，对影响因子资料的准备，特别是预报提前量的确定，这是一系列相当复杂而大量的计算与试验工作，需要一个庞大的团队协作才能进行。为此，我又倡导举办了"水温预报方法讲习班"，以这种形式将国家海洋局海洋预报总台、东海水产研究所、黄海水产研究所、山东海洋水产研究所以及本校的有关人员组织到一起，免费开班讲解和传授多元分析预报方法。通过讲习班传授了方法，进而形成了团队协作关系，共同开展在各海区近海水温试预报的探索研究工作。

试预报工作需要做大量的方法实验对比和分析，计算的工作量浩大，但当时的计算手段却相当落后。最初，我们是用算盘和手摇计算机进行计算，后来实在力不从心，就只能寄希望于电子计算机了。然而，当时国内的模拟电子计算机为数寥寥，青岛本地根本就没有，我们只好向学校申请出差去外地。多亏学校的大力支持，我们才得以去济南的山东大学开始上机学习操作模拟，后又北上天津海洋情报研究所，南下上海东海水产研究所。为了节约费用开支，我们的上机时间大多申请安排在深夜，白天则抓紧时间分析计算结果、查找问题、修改程序。幸好，那时我尚处"壮年"，深夜上机酣战，夜以继日，北上南下不顾劳顿，成功的喜悦可以赶走疲惫的情绪。就是这样，在"玩命"工作中，通过不同单位之间的亲密协作，促进了试预报工作的顺利展开。更值得欣慰的是，通过这一时段艰苦奋战，培养了技术队伍，所有参研的各个单位都有人员可以承担上机计算工作，而我可以抽出更多的时间用在提高预报的成效上，特别是在预报方法改进与创新方面可投入更多的时间和精力。

"多元回归分析方法"是我在多种分析方法中比较和挑选出来的可行的方法之一，它可以得出影响因子与水温变化之间的统计关系，将之外推可以进行水温预报。其明显的缺点是，所用的影响因子的数量都是事先人为主观设定的。用多元逐步回归分析对影响因子进行筛选，更有实用价值。然而在进行海区大面积水温预报时，两者都需要逐站点一一计算，这样就无法考虑到海区水温场的内在关联机制。为此而引入"场分解方法"，可以考虑水温场的内在关联机理，但是，令人遗憾的是该方法本身不能筛选影响因子。我设法把两者的优点结合起来，创造地提出了"优选因子场预报方法"。这种方法既能优选影响因子，又能进行场预报，大大节省了计算工作量，试预报的结果分析也明显优于其他方法，这一方法就成为后来我国正式发布水温预报的主要方法。这一方法的创新，获得了国内同行专家的一致赞誉，中国科学院毛汉礼院士在充分肯定之余还大力举荐"应给予大奖"。

二、"渤黄东海近海区大面积水温预报"的"三有"

"渤黄东海近海区大面积水温预报研究"虽然是在一无申请立项、二无下达任务、三无下拨经费的情况下我校白手起家开展起来的，但是，它获得了"三有"的实际效果。

一有创新。这种创新在当时的社会环境和工作条件下取得，是来之不易的。"渤黄东海近海区大面积水温预报"本身在内容研究、预报方法研究、组织形式创新和实际推广应用等各个环节，都是边探索边前进，不创新则无法前进。一路在探索中前行，处处与创新结伴。

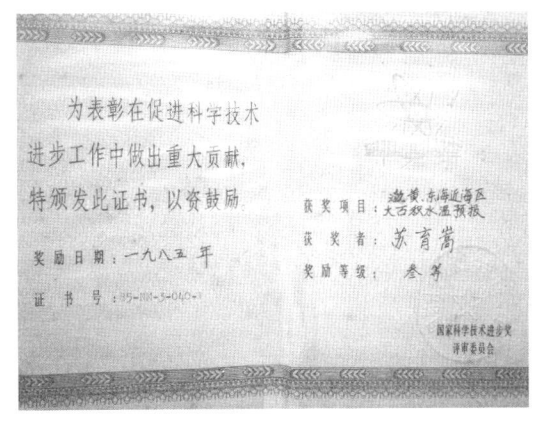

二有正式成果移交和应用。这是该研究的显著特点。1982年，我们四个单位水温预报协作组正式把预报方法、程序、资料库全部移交给国家海洋局海洋预报总台，由总台继续组织并扩大海区预报工作，并向国内外正式发布定期的全海区水温预报。该项目由我们自发研究起步，最终，又无偿地全部向上移交了研究成果，这在国内也不多见。

三有显著的后续效果。这种效果表现之一是预报协作组培养和锻炼出了

苏育嵩（右二），李凤岐（右三）等在讨论科研问题

一批技术人才，他们日后分别在各自单位成了技术骨干或拔尖人才，有的成为全国优秀教师、博士研究生导师、"863"技术专家、国家攻关课题的主持人或骨干，荣获国务院特殊津贴或多种科研、教学成果奖项。表现之二是为教学工作开辟了实习的基地，多批在校学生可以到各协作单位见习或实习，增长了真才实干。表现之三是在此研究的基础上，我本人又继而开展了诸如海温数值预报研究、异常海温预报、模糊数学方法在水团分析中的应用研究、浅海变性水团分析及预报研究等，这些研究先后获得了省部级科技成果奖项。

而今，我为当初选择的这一研究方向和研究内容无怨无悔；看到后来人才辈出、海洋预报技术和水平的日新月异，我备感欣慰。

探索与实践的科研之路回顾

◇ 冯士筰

作者简介

冯士筰,1937年3月生于天津市。中国海洋大学教授,博士生导师,中科院院士,物理海洋和环境海洋学家。曾任全国政协委员,民主建国会中央常委;国务院学位委员会海洋科学评议组组长,全国博士后管委会学科专家组成员,中国博士后科学基金会学科专家组成员,国家教委(现教育部)科学技术委员会委员兼地学组副组长,教育部高等学校海洋科学与工程类专业教学指导委员会主任等职。

与其合作者在风暴潮动力学研究中创建了超浅海风暴潮模型,并将风暴潮动力学和预报模型及方法系统化,相关成果"浅海风暴潮动力机制和预报方法的研究"于1982年获得"国家自然科学三等奖"。其专著《风暴潮导论》是世界上第一部系统论述风暴潮机制和预报的专著,1982年获"全国优秀科技图书一等奖"。在浅海环流和长期物质输运方面的研究成果也尤为突出。在近海环境海洋学研究焦点中,研究的"拉格朗日余流和长期输运方程"独具特色,物理意义异常明确,且对长期物质输运的计算提供了非常节省的计算模型,受到国内外同行的高度重视,促进了浅海动力学、环境海洋学和海洋生态动力学的进步。相关成果"拉格朗日余流和长期输运过程的研究——一种三维空间弱非线性理论"于1989年获得"国家自然科学三等奖"。

与其合作者主编的面向21世纪课程国家级重点教材《海洋科学导论》(1999)于2002年获得"全国普通高等学校优秀教材一等奖"。教学成果"面向21世纪海洋科学专业的教学改革与实践"及"海洋科学类专业人才培养模式的改革与实践"分别于2000年和2005年获得"全国教学优秀成果二等奖"。

冯士筰的部分获奖著作

1962年清华大学工程力学数学系流体力学专业毕业后,我被分配到山东海洋学院工作。半个多世纪以来,主要从事物理海洋学和环境海洋学等方面的研究和教学工作。正当我在科研上起步之时,"文革"开始了,灾难也降临到我头上,先是家被抄,后来又进了"学习班"。这期间,我有幸得到了我国海洋教育的先驱、物理海洋学的开拓者、著名海洋学家赫崇本教授的精神感召和指点迷津;1970年年初,我又有幸开始从事风暴潮方面的研究工作。

随着改革开放政策的深入实施,我国的各项事业都在快速发展,"科教兴国""科教兴海"战略也得到大力推进,一批国家重大科技攻关项目相继启动,对外科技交流与合作也日益增多。正是在这种大背景下,我有幸参与了一些国家科研项目和中外合作研究项目,经历了自己人生中最忙碌、出成果最多的一段"激情燃烧的岁月",亲历并见证了学校乃至国家海洋科教事业蓬勃发展的辉煌历程。至今回想起来,许多往事仍历历在目,对比之下,感触尤深。

一、历经三个五年的"国家重大科技攻关项目"屡结硕果

1985年,以文圣常先生为首,山东海洋学院参加了国家"七五"重大科技攻关第76项"海洋环境数值预报"的研究。文先生亲自担任其关键课题"海洋环境数值预报产品研制"的组长。其中,"(北方)风暴潮数值预报研究"专题组长由我担任。这是改革开放以来山东海洋学院首次参加"国家重大科技攻关项目",研制海洋环境数值预报产品在我国更是首次。这是一个机遇,也是一个挑战。

风暴潮是由于强风和气压骤变引起的海面异常升高现象,是一种严重的海洋灾害。我国是一个风暴潮多发的国家,东南沿海频频受到台风风暴潮的袭击,而北方则多为寒潮或大风引起的风暴潮。但我国对风暴潮的研究较晚,1970年在周恩来总理过问下才艰难起步。国家海洋局把北方风暴潮研究这一块给了山东海洋学院,我有幸被安排参与了这一研究任务。

当时,我国风暴潮的研究基本处于空白状态,没有第一手资料,研究条件极其简陋。至今难忘的是在沈育疆老师和刘龙太老师等的通力合作下,我们曾先后环绕渤海进行了两次实地考察,其中许多地段是徒步完成的,由此获得了我国第一批关于风暴潮灾的珍贵资料,并在此基础上提出了风暴潮经验预报方法。然而,要从本质上认识和解决风暴潮预报问题,就必须首先探讨风暴潮的动力学理论。

说起风暴潮动力学理论研究,我就想起了赫崇本先生。20世纪70年代前期,正是在赫崇本先生的关怀和鼓励以及施正铿先生的关心和支持下,我开始偷偷地进行这方面研究的。说偷偷地干一点不假。那时科技工作者只能做实际工作,不得搞理论研究,否则就是走"白专"道路,这和改革开放后大家放手搞科研的情形是截然不同的,对此我深有感触。也算是"十年磨一剑"吧,到1982年,秦曾灏先生、孙文心老师和我共同的研究成果获得了"国家自然科学三等奖"。同年,我出版了《风暴潮导论》一书,这是世界上第一部关于系统论述风暴潮的理论和预报方法的专著,荣获了1982年"全国优秀科技图书一等奖"。这为后面的研究打下了良好的基础。

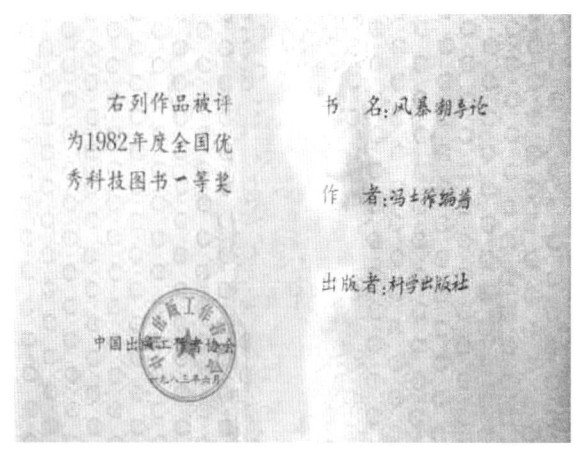

冯士筰专著—《风暴潮导论》

到了 20 世纪 80 年代中期，我国"科教兴国""科教兴海"的战略开始实施，我校科技事业也开始进入了整体发展的快速期，在我国海洋科技领域扮演了越来越重要的角色。1985 年，国家启动了"七五"重大科技攻关项目中的"风暴潮数值预报研究"，我校承担的是"北方风暴潮研究"专题。当时，和我一起做这方面研究的主要是孙文心老师。我们带领和组织部分研究生一起开展工作，大家都付出了辛勤的汗水。总的来说，"七五"科技攻关专题任务完成得比较顺利，这一方面是因为有前面的研究作基础，另一方面也是因为研究环境和条件发生了很大变化。当时国家海洋局组织验收和鉴定后给予高度评价，认为建立了一整套独具特色且行之有效的预报方案，是我国所独创。

到了"八五"科技攻关期间，我国的风暴潮研究专题都统一归到我校牵头负责，参与的单位包括厦门大学、国家海洋局二所、中科院海洋所、中科院南海所。当时的专题名称是"风暴潮客观分析、四维同化和数值预报产品的研究"，与"七五"相比，已扩大到包括风暴潮和天文潮非线性耦合增水预报与淹水范围的漫滩预报（英国和美国当时数值预报的功能仅分别具有前者和后者）。我是专题组长，主要由孙文心教授再加上从英国留学归来的汪景庸老师协助我组织实施和开展研究。该专题研究通过了国家验收，鉴定结论为：该研究成果已经达到国际先进水平。

在"九五"科技攻关启动时，因为年龄等原因文圣常先生不再担任"海洋环境数值预报产品研制"的课题组长，课题组长的担子交给了我。但是，1993

年我担任了新成立的海洋环境学院院长一职，1994年又被任命为主管科研和研究生教育的副校长，后来又有教育部海洋科学与工程教学指导委员会主任等多项社会兼职，也是全国政协委员、青岛市政协副主席，这些管理工作、社会事务和参政议政活动占用了我不少的时间和精力，再加上中德合作研究已经深入开展起来，所以当时的专题研究工作实际上主要是由汪景庸教授协助孙文心教授组织实施完成的。

通过三个五年国家科技攻关计划的实施，我国的"海洋环境数值预报"研究水平已经可以和国际接轨了。我深深地感受到，之所以能够取得这么丰硕的成果，显然得益于文圣常先生的言传身教，得益于有关部门和学校的全力支持，得益于改革开放政策的有力推行和"科教兴国"战略的大力实施，是全体参与人员通力协作辛勤付出的结果。连续15年科技攻关，在取得成果的同时，也培养了大量专业人才，为国家海洋预报事业累积了一笔宝贵的财富。

二、友好务实的赴美学术访问是多方向研究生长的"孵化器"

改革开放初期，我国和欧美等发达国家的海洋科研水平差距还是很大的。为了尽快追赶世界先进水平，国家每年都会选派人员到欧美等国进修或合作，我就是在这一背景下去美国访问的。

当时，"拉格朗日余流和长期物质输运"已经开始成为我科研中的又一个主要方向，这与我赴美进行的一年高访有直接关系。1983年6月1日，我和奚盘根先生一同赴美，在美国地质调查局水资源研究中心（USGS, WRD）进行高访，合作者是在该中心从事浅海和河口环境水动力学研究的高级研究员程大顺博士（Ralph.T.Cheng）。程先生比我小一岁，他和他太太的祖籍都在大陆，是美籍华人，爱祖国，很友善，我们的合作进行得非常愉快。其后，他差不多两年左右回国一次，我们也多次见面交流，一直保持着良好的合作伙伴和朋友关系。

"拉格朗日余流"是当时居于国际前沿的浅海动力学新课题。这一课题具有重大而深远的意义，它不仅关系到浅海动力学本身，而且涉及环境、生态、沉积等重要领域，甚至还会动摇物理海洋学某些最基本的概念。所以，那次赴美学习和合作研究双方确定下的题目就是有关"拉格朗日余流和长期输运研究"方面的问题。

对于"拉格朗日余流",我们在国内只是初步触及这一领域,而欧洲和美国当时处于国际上研究的前沿,程大顺先生又是这方面的知名专家。所以虽说是合作研究,但我们主要是抱着学习的态度去访问的。当然去之前,我们也有一定的研究基础并做了充分准备,这是出国学习和交流合作的前提。后来,我跟学生也反复强调这一点。正因为这样,美国同行对我们也是很尊重的。我记得当时我们还在美国访学期间,程先生还专程来中国访问了山东海洋学院,带走了我出版的那本专著《风暴潮导论》。他非常看中这本书,把它转送给了美国地质调查局水资源研究中心图书馆,让美国的同事们都去查阅。由此可见,他对我国的科技成果是很看重的。

当时,他们那个研究中心的资料多,信息新,加上计算机系统发达,更由于程先生站在研究的前沿,所以科研效率很高,我们还到旧金山湾实地考察和观测过,所以,这一年的访问我的收获很大。其中,最主要是在"拉格朗日余流和长期物质输运"研究方面得出了两个崭新的结论,并分别写成了两篇论文,我们认为这是两篇具有启发性的令人相当感兴趣的基础性文章。当时,经程先生推动,还商定了下一次的"浅海海湾、河口及陆架物理学国际学术会议"在青岛召开,由我们山东海洋学院承办。

1984年6月1日,我结束了在美国一年的高访任务回到学校,进入了刚刚成立不久的物理海洋研究所工作。这个研究所成立于1983年,当时是为加强高校科研工作,促进学校"两翼齐飞"(教学与科研共同发展),经国家教委批准,学校成立了两个重点研究所:一个就是物理海洋研究所,由时任山东海洋学院副院长的文圣常先生兼任所长;另一个是河口海岸带研究所,由时任副院长的赫崇本先生兼任所长。1986年,文圣常先生担任了山东海洋学院院长后,卸任了物理海洋研究所所长一职,推荐我接任了所长。后来的事实表明,这两个研究所的成立意义非常重大。

回国后,根据国家的需要,在学校的支持下,我和同事们着手在物理海洋研究所建立了浅海动力学研究室,为学校开辟了一个新分支——浅海动力学,在开展研究的同时为本科生和研究生开设了相关课程。现在看来,这个研究室的建立意义深远,不仅为前面讲的风暴潮数值预报研究和后面要讲的中德合作研究搭建了一个平台,也为海洋生态系统动力学的开辟做出了贡献,特别是成为建立环境海洋学博士点和建立环境科学与工程学院的"生长点"和"孵化器"。

1985年5月,我受邀再次到美国地质调查局水资源研究中心访问,共待了两周的时间。在同程大顺先生进行合作交流中,进一步推进了"拉格朗日余流"理论的研究,由深度平均二维潮系统中的正压模型推广为三维潮系统中的斜压模型,并一起准备了1986年在青岛召开的国际学术会议上要宣读的学术报告。

1986年11月3日,在我校科研处、外事办公室等部门的大力支持与协助下,"浅海海湾、河口及陆架物理学国际学术会议"如期在我校召开了,会期3天。这是自建校以来,我校独立承办并成功召开的第一次国际学术会议,也是我国在进一步开放沿海港口城市后首次召开的浅海物理学国际学术会议。文圣常院长致开幕词;来自美国、英国、

在国际学术会议上
(前排左起:程大顺(R.T Cheng),冯士筰,吴德星)

比利时、荷兰、德国(当时是联邦德国)、前苏联以及我国各地的80余名物理海洋学专家、学者与会,大家交流了有关潮汐、风暴潮、环流、海浪与内波、沉积物输运等研究内容。

这次会议共收到论文87篇,中国学者提交了61篇,我校占31篇。我国学者在此领域的研究成果受到国外同行的关注和赞赏。德国汉堡大学海洋研究所所长Sündermann教授在谈到对此次会议的印象时说,会上宣读的论文具有较高的理论价值和应用价值,能够代表国际水平。例如,中国学者宣读的关于河口海水混合机制与环境污染等方面的学术报告,表现出了较深的研究层次和可贵的创新意识。程大顺先生称赞我国学者浅海物理学的理论研究是高水平的。会后,由海洋出版社出版了一本论文集。该次会议的成功召开,也为我校后续组织和召开国际性学术会议积累了丰富经验。

1988年的系列学术年会是在美国召开的,由程大顺先生主持,我应邀又一次赴美访问,并做了潮汐-风生-斜压浅海系统模型问题的报告。1990年,以此为基础我发表了《在一个多频震荡系统中的拉格朗日余流和长期物质输运》论文。

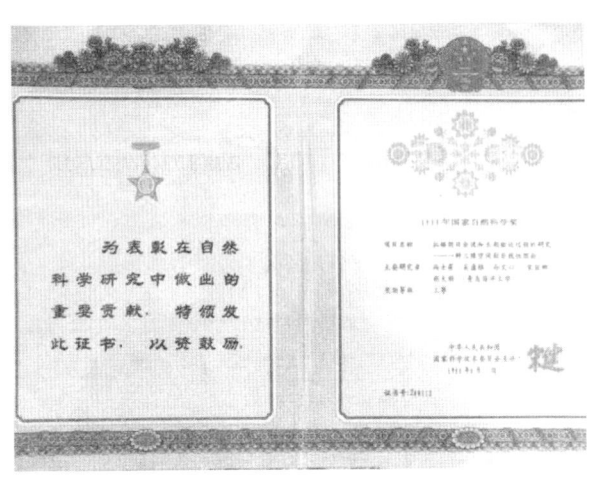

1990年,联合奚盘根先生和孙文心老师等,我们申报的"拉格朗日余流和长期输运过程的研究——一种三维空间弱非线性理论",获得"第四届国家自然科学奖三等奖"。根据我们提议,经国家科委批准,在获奖人名单中署上了美籍华人科学家程大顺先生的名字,算是对我们这一长期合作画上了一个圆满的句号,而且我们之间的深厚友谊长存,直到现在我们还有来往。

应该说,我们和程大顺先生之间开展的中美交流与合作研究是非常务实有效的,可以说是一个多学科生长的"孵化器",不仅为我和我的同事、学生在浅海动力学特别是"拉格朗日余流和长期输运过程"方面的进一步研究奠定了基础,并加快了研究进程,更为其后我国的环境海洋学和海洋生态系统动力学的发展奠定了水动力学的基础。我想,如果没有这种合作,或许,我们不会这么快地走

部分国家自然科学奖获得者合影
(左起:冯士筰,程大顺(R.T Cheng),奚盘根,孙文心)

到今天。

三、科研攻关之后效卓著

1. 卓有成效的"中德政府间合作"促进科学研究、人才培养双丰收

从1980年中期一直到21世纪初，由我校和德国汉堡大学共建的中德合作交流项目开展得非常成功，取得了丰硕的成果，在我校乃至我国的海洋多学科综合研究中有着重要的地位。我有幸参与并在后期组织和领导了这个合作交流项目。

借1986年11月3日"浅海海湾、河口及陆架物理学国际学术会议"在我校召开之机，德国汉堡大学的海洋研究所所长Sündermann教授应邀来青参加会议，我校文圣常院长于11月6日与他签署了《山东海洋学院和汉堡大学海洋研究所的合作协议》。根据协议内容，此后20多年间，双方连续进行了10多个合作项目。合作研究的方式从人员互访发展到联合出海调查，研究领域也从单一的物理海洋学发展到跨学科的海洋生态系统动力学研究，有力促进了我国浅海动力学研究水平进一步与世界同步。

在这些合作研究中，我印象最深的、也是文圣常先生认为最有成效的要数在中德政府间合作框架下的双边合作项目"渤海生态系统综合分析和模拟"研究了。那时候，中外合作在本质上大都以外国人为"主"，中国人为"辅"，但我们这个中德合作项目却是一次"平等"的合作。我们中方申请了国家自然科学基金用于资助项目研究，Sündermann教授也在德国申请了研究经费用于合作。中方和德方各设一名首席科学家，我担任中方首席科学家，德方首席科学家就是Sündermann教授。这

文圣常（右一）、冯士筰（左一）、Sündermann教授（右二）在与德国汉堡大学海洋领域合作20周年庆祝会上

冯士筰与德国专家在"东方红2"号船交谈

是一个跨学科的研究项目,涉及物理和化学、生物等方面,我方的化学专家先为陆贤昆教授,后为张经教授。双方不仅共同出人、出钱、出物,还共同出思想。例如,就环流动力学输运方面讲,经双方商妥,中方参与合作的理论主要是围绕着"拉格朗日余流和长期输运"理论,德方参与合作的是围绕着"汉堡陆架海模型"(HAMSOM)数值模型。特别值得一提的是,在"渤海生态系统综合分析和模拟"研究期间,为了获取第一手调查资料,我们双方曾于1998年9~10月和1999年4~5月,共同组织了两次渤海海上综合调查。所使用的调查船是我校的"东方红2"号海洋综合调查船。这条船是1996年1月正式投入使用的,船的各项性能和设备均达到了当时国际同类调查船的先进水平。德方提供了价值40万马克的先进仪器用于海上调查,提供35天的海上航次费用,并提供先进设备进行样品分析。该项合作的第一次出海共有63名科技工作者登船,其中德方有8人。调查内容包括海洋水文、海洋气象、海洋化学、海洋地质、海洋生物等。两次出海双方各出一名首席科学家上船,中方首席是我培养的博士魏皓老师。

差不多从1990年年初开始,我们双方每年都会召开一次学术研讨会,轮流在两国举办。研讨会上,大家平等交流,气氛既融洽又坦诚,有时也会针对某个学术问题争论得面红耳赤,但这不仅丝毫没有影响彼此间的合作,而且一旦取得共识大家还会庆贺一番。我至今还记得,有一次,在汉堡大学讨论问题时非常热烈,中午大家仅仅吃了一点饼干,接着讨论到晚饭前。最后,为了庆祝大家意见最终达成了一致,Sündermann教授拿出了早已准备好的香槟酒一起干杯。俞光耀教授本来胃就不太好,又饿着肚子,喝了半杯香槟后,一下子晕倒了。Sündermann教授赶忙打电话叫来了急救车,大家七手八脚地好一阵忙活,好在俞教授并无大碍,算是虚惊一场。就这样,在这漫长的合作与交流中,我们双方结下了很深的友谊。说起来，Sündermann 教授的中文名叫孙德曼，还是我们给他起的呢，他非常喜欢这个名字。

我的感受是，我校的中德合作成果颇丰，这是一种长期稳定可持续的科学合作关系，双方在科研资源互享、学术思想传播和加深中德科学家间的友谊等方面做出了很大贡献，正如德方政府认为的"堪称政府间合作的典范"。除了合作研究外，双方还在人才培养方面进行了合作。譬如，汉堡大学接受了我校10余名科学家及博士生在德国进行半年以上的访问研究，其中两人获得汉堡大学博士学位，如现任环境科学与工程学院院长的江文胜教授就是其中之一。通过中德合作培养和成长起来的我方科技人员后来都成为了本领域的专家，有的还走上了校、院的领导岗位，如物理方面的环境科学与工程学院前院长高会旺、海洋环境学院前院长魏皓等老师，化学方面的于志刚校长、刘素美老师等，更有如张经教授成了中科院院士。2004年2月，我们联合在国际重要学术期刊 Journal of Marine System 上推出成果总结性的论文专辑，主题是"渤海生态综合分析和模拟"，由 Sündermann 教授和我任主编。

2009年，由我们中国海洋大学申请，国家外专局授予 Sündermann 教授"友谊奖"，这不仅是对 Sündermann 教授的一个褒奖，也是我们双方数十年来精诚合作结出的友谊之花。现在我校中德间的友好合作已经在双方中青年科学家之间延续和扩大，我校于2011年2月正式成立了"中德海洋科学中心"，由年轻的新晋中科院院士吴立新教授担任领导。我相信双方的实质性科技合作定会长期稳定可持续地发展下去。

2. 建立我国首个"环境海洋学"博士点，新兴学科快速壮大

说起来，我校环境科学研究起步还是较早的，改革开放初期，部分教师已开始了海洋环境动力学方面的探索。1984年，山东海洋学院就成立了"海洋环境保护研究中心"，这个中心是在由赫崇本先生领导的"河口海岸带研究所"的基础上整合组建而成的，当时刚刚访美归国的奚盘根先生出任第一任中心主任。

从20世纪80年代中期开始，随着海洋环境数值预报研究和我校上述中美、中德两个合作研究项目的深入开展，在建立了物理海洋研究所的"浅海动力学研究室"的基础上，与海洋系俞光耀等有关老师合作，我们在海洋环境动力学

方面的研究也如火如荼地开展起来了,这其中与持续进行的"拉格朗日余流和长期物质输运"方面的研究关系最密切。到20世纪80年代末的时候我们已经取得了一系列重要成果。如早期的研究成果应用于国家环保局下达的重大课题"渤海及十个海湾水质预测和物理自净能力研究",该课题研究成果1988年获得了"国家科技进步奖"。

经过十几年的建设,我校的"环境海洋学"这一学科整体上已经发展得相当不错,处于全国领先水平,申报博士点似乎应该水到渠成了,但实际情况却是很艰难的,我亲历了这一过程。

在1990年申报博士点的时候,学校让我牵头,组织了海洋环境动力学、环境化学、环境生物学等方面的教授联合提交申请报告,环境化学方面是化学系孙秉一教授为主带头参与的,环境生物学方面是生物系李永琪教授为主带头参与的。当时申报"环境海洋学"博士点之所以难,主要是因为在此之前我国根本

冯士筰指导博士生

就没有设立"环境海洋学"这个博士点,所以,首先必须要解决国务院学位办同意在海洋科学中增设新的二级学科"环境海洋学"的学位点。毋庸置疑,这第一道坎儿是最为关键的也是最难的,因为当时正赶上了国家在压缩学位点。后来,之所以国家批准新设了这个点,主要是因为在我们的不懈努力下,促使国家对海洋环保问题日益重视起来和对培养相应高级人才的迫切需要。

这第一个坎儿突破后,下一步就迎刃而解了。1990年,经国务院学位委员会批准,青岛海洋大学增设了"环境海洋学"博士点,这是全国设立的第一个"环境海洋学"博士点。当时一同获准设立的还有"环境海洋学"硕士点。我则由原来的"物理海洋学"博士生导师通过遴选成了当时全国唯一的一名"环境海洋学"博士生导师。回想起来,我们当时申报设置的这个博士点是很幸运的,也是来之不易的,是很多人用多年的心血和付出换来的。

"环境海洋学"博士点在我校的设立不仅顺应了国家对解决海洋环境问题的迫切需求,促进了这个新兴学科的快速发展壮大,而且还搭建了一个平台,招收培养"环境海洋学"硕士和博士生,不断为国家培养一批批的高层次人才。

伴随着国际国内对环境科学研究的日益重视,我校审时度势,仅在几年时间内相继打出了一组"组合拳",使海洋环境科学这一新兴学科得到进一步加强、扩大和完善。

现在回想起来,我们中国海洋大学的海洋环境科学能够发展得这么快、这么好,当然与1990年"环境海洋学"博士点的成功设立有着直接的关系。从"环境海洋学"以及后来的"环境科学"博士点里已经走出了一批高层次人才,他们中的许多人已成长为我国科技、教育等领域中研究或管理的骨干,如现任国家海洋环境预报中心主任王辉教授和中国环境科学研究院院长、中国工程院院士孟伟教授等都是我亲自培养的环境海洋科学博士。

记得在1997年我当选为中国科学院院士后,学校专门召开的庆祝会上我讲过了发自肺腑的三句话:第一,是改革开放政策为科教事业的大发展提供了一个良好的国内国际大环境,没有改革开放也就没有现在的我;第二,我遇到了许多好老师、好前辈,像赫崇本先生、文圣常先生等,正是在他们的言传身教下,我才会走到了今天;第三,这些成绩中也都凝聚了许多人的心血和智慧,在此我要向所有合作者、协作者,包括中国的、外国的,还有我的学生们表示深深的敬意和真诚的感谢。

真可谓:"新竹高于旧竹枝,全凭老干为扶持。明年再有新生者,十丈龙孙绕凤池。"

(注:此文由冯士筰口述,纪玉洪文字整理)

我的养虾梦
——忆"对虾养殖与工厂化育苗技术"的研究历程

◇ 王克行

作者简介

王克行,男,1932年生于大连市。1948年参加中国人民解放军,1957年考入山东大学水产养殖系,1961年毕业留山东海洋学院任教。先后荣获山东省1985年劳动模范和1988年、1995年两届山东省科学技术拔尖人材。1992年获国家特殊津贴。

于1964年开始进行对虾生物学和养殖技术的研究,经过10多年的艰苦

81岁的王克行

努力,终于在山东乳山县(现乳山市)和文登县(现文登市)实现了企业化生产。曾于1982年获得国家农业委员会和科学技术委员会颁发的"对虾人工育苗和养成技术推广奖"。1981年又突破了"对虾全人工工厂化育苗技术",获得国家科委1985年"科学技术进步一等奖",并获得省、部、市级多项科研成果奖。

读大学时看到资料报道日本人已开始人工养殖对虾,我就想:为什么中国人就不能养呢? 1961大学毕业后留校任教,我要求担任无脊椎动物的教学与

研究工作,就是想进行养殖对虾的研究工作,好让中国的老百姓也能吃上对虾。

一、拼搏十几年建立起养虾业

从1964年开始,我在尹左芬导师的领导下承担了国家课题,进行中国对虾生物学及养殖技术的研究工作。我动员了几名同事选择了当时的乳山县作为试验基地,建立了简易实验室,带领村民修建了养虾试验池,经过4年的努力,克服了重重困难,取得了采捕天然虾苗养殖的初步成功。为了解决虾苗问题,我们和渔民一起扬帆出海或踏遍泥泞的浅海滩涂,探讨天然虾苗的分布和活动规律,设计出捕捞虾苗的网具,亲自出海捕捞和挑运虾苗,终于解决了养虾的第一关。

我们又进一步研究虾塘生态学和食物链,确定了对虾的敌害种类和饵料生物,研究了消除敌害和培育生物饵料的技术,提高了对虾的成活率与成长率,特别是发现了经济价值不大的小型贝类蓝蛤和寻氏肌蛤是对虾最优良的活饵料,而当地资源丰富,价格便宜,这就大大解决了养虾的饵料来源问题。因此,1968年在当时的文登县后岛村和乳山县金港湾两地同时取得了对虾大面积丰收的成果。

接着,我们又与当时的文登县水产局等单位的同志一起开始了养虾技术的推广工作,在全县建立了四个养虾示范点。我挑着自编的讲义和显微镜,到各实验点为农民讲课,推广养虾知识,带动了全县养虾业的发展,使对虾养殖由试验阶段发展到产业化生产。这一研究结果受到国家水产总局的重视,1978年在当时的文登县召开了全国鱼虾养殖现场会,推广文登、乳山等县的养虾经验,推动了全国对虾养殖业的发展。

为配合全国养虾发展对技术人才的需要,我们又承担了向全国推广养虾技术的教学任务;组织本校与养虾有关的老师,总结国内外养虾的先进经验,编写了一套养虾教材,每年给国家水产总局、农垦部、盐业总局、水利局、解放军后勤部等系统举办对虾养殖培训班4～5期,并且亲赴河北、辽宁、福建、广东等省举办地方性对虾养殖技术培训班,为全国培训了数以千计的养虾技术骨干力量,为全国对虾养殖的迅速发展奠定了技术基础,促使我国对虾养殖产量在20世纪80年代能以每年翻番的速度快速发展。

为此,我们课题组获得了1982年国家农业委员会、科学技术委员会颁发的"对虾人工育苗和养成技术推广奖",以及1985年的中华人民共和国农牧渔业部"全国对虾养殖科技攻关生产服务奖"。

二、突破对虾工厂化育苗技术

对虾养殖的初步成功,鼓舞着我们向新领域和新目标继续攀登。虾苗的生产对于养虾业

1980年,王克行在文登县养殖公司进行对虾工厂育化苗研究

的发展是一个制约因子,仅靠采捕天然虾苗远远满足不了生产需要,而且还破坏天然资源。也就是说,虾苗大批量的生产技术是亟待解决的问题。于是,我们又与黄海水产研究所等单位共同承担了国家攻关课题——"对虾工厂化育苗技术的研究"。在过去土法育苗研究的基础上,参照日本、美国等国家的生产模式,进行了多种生产模式的对照试验。试验中,我们密切观察水环境条件与对虾产卵、胚胎发育的关系,进行各期幼体饵料的对比试验,探讨出适合于中国对虾亲虾产卵及各期幼体变态发育的最佳环境条件,研究出经济适用的供饵系列,逐一解决了设施配套设计、饵料搭配系列、水质调控技术及病害防治等关键问题,于1980年较早地突破了对虾工厂化育苗技术,在300立方米水体中培育出4165万尾虾苗,平均每立方米水体出苗13.86万尾,远远超过了日本的生产水平,达到世界先进水平。"对虾工厂化全人工育苗技术"的突破,促进了全国南北方对虾养殖的快速发展。

为此,我们与兄弟单位共同获得了1985年"国家科技进步一等奖"及1982年"山东省科学技术委员会一等奖",并获1988年"北京国际发明博览会

金奖"和"世界知识产权组织的金奖"。论文《对虾工厂化育苗总结》获1983年颁发的"山东省科学技术优秀论文一等奖"。

三、对虾工厂化育苗技术的推广——突破斑节对虾育苗技术攻关

王克行在深圳市东部海岸水产有限公司检测斑节对虾生长情况（任该公司顾问）

对虾工厂化育苗技术的突破使得大陆沿海的对虾养殖产量每年均以翻番的速度飞快发展，但是，具有养虾优越条件的海南岛等南方沿海的对虾养殖业却迟迟难以发展，最主要原因是北方温水性的中国对虾（*Penaeus chinensis*）不适应南方的高温条件，在南方养殖的成活率及产量均很低，限制了中国对虾在两广及海南沿海养殖的发展，而耐高温的斑节对虾的苗种大批量生产技术尚不过关，虽然国家水产总局下达了斑节对虾育苗技术的攻关课题，但海南岛各育苗点九年的总出苗量仅数百万尾，远远满足不了养殖的需要。

1986年广东省水产厅邀请我校到海南岛（当时海南岛尚属广东省）帮助研究斑节对虾工厂化育苗技术，学校科研处处长徐瑜带领我们赴海南岛考查了海南几个育苗场的条件及其育苗方法，发现了一些问题并提出了改革方案，建议在当时的文昌县建立一个小型育苗试验场，进行斑节对虾工厂化育苗试验。

1987年8月，我带着研究生杜宣进场，与文昌市水产局卢工程师一起开始了育苗的试验工作。根据年前的调查结果，我们制订了适合斑节对虾生态繁殖特点的育苗技术方案。

第一，改变了亲虾培育方法，并通过人工精荚移植（人工交配）提高了亲虾利用率，仅用83尾亲虾在一茬中培育出360万尾虾苗。第二，改变了遮光黑暗培养幼体的方法。我们通过试验发现溞状幼体并不像之前报道所称的怕太阳光，在直射光下溞状幼体照样摄食和变态，从而改变了我国台湾学者曾提出的遮光培育的方法，不仅为幼体提供了天然饵料，也改善了水质条件，从而提高了幼体的成活率和变态率。第三，改革了饵料培养方式。我们修建了四个室外饵料培育池，用60目筛网过滤掉海水中吃浮游藻类的浮游动物，通过施肥促

科研成果背后的故事

1987年，王克行在海南省文昌县进行斑节对虾育苗的研究工作

进多种浮游藻类的繁殖，以此作为对虾幼体的饵料，不仅比过去培养纯种饵料方法简便，而且由于饵料的多样化，起到营养互补的作用，更好地满足了幼体的营养需求，从而促进了幼体的健康发育，培育的虾苗更加健壮。第四，在幼体培育中发现了链壶菌病，该病造成对虾幼体大批量死亡，为此我们寻找出控制该病的有效药物。

由于以上技术的改革，使我们在短短的40多天内培育出斑节对虾虾苗360多万尾，相当于海南岛各试验点9年育苗的总产量，为此当时的文昌县还在出苗现场召开了庆祝大会。另外，我还在繁忙的工作之余，每晚给场里的技术员和工人讲课，毫无保留地将育苗原理和关键技术传授给场方，因此，当我因工作忙而离开场后，场内又自己培育出300多万尾虾苗。次年该技术很快在南方推广，南方的养虾业也从此快速发展起来。

虽然此项技术是养虾业的重大突破，但我没组织验收和鉴定，因为我不想与海南岛辛苦拼搏多年的同志们争功；我也谢绝了场方给我的高额报酬，只带着我心爱的实验资料回到了学校，写了一篇研究报告投到校刊，但因国家规定对虾育苗技术保密未能发表。对此，我并不遗憾，因为发展全国养虾业才是我最大的夙

王克行在指导学生检查虾苗及对虾幼体发育情况

愿,至今海南一些老水产工作者还记得我的贡献。回校时当时的文昌县还送我一副对联:"克己奉公,行为楷模。"这时我才理解爷爷当初给我取名的用意,我做到了!

四、发展水产学科,建立虾蟹类养殖学

水产养殖是一门新兴学科,理论基础薄弱,尤其是虾蟹类养殖在我国尚属空白,因此也就没有虾蟹类养殖课。1983年,我总结了多年科研成果和生产经验,吸取了国内外有关虾蟹类研究成果,并升华为理论,编写出内部教材《对虾养殖》,设立了虾类养殖课程。该教材还作为当时全国培训班教材,为全国水产系统、盐业系统、农垦系统、水

1989年,王克行在美国夏威夷世界冷水虾养殖技术会上发言

利系统及解放军后勤部等单位培训了数以千计的对虾养殖技术骨干力量,也被国内水产院校作为教材。但是,我并不满足已取得的成绩,带领助手们继续深入地进行了虾蟹类生物学及养殖技术的研究,不断充实和发展课程内容,终于联合其他水产院校教师由我主持,编写了我国高等水产院校的首部虾蟹类养殖教材——《虾蟹类增养殖学》,丰富和发展了水产学科,并获得2000年"教育部科技进步三等奖"及"青岛海洋大学优秀教材特等奖"。

教书育人是我的本分,自当助教起我便认真备课,耐心指导学生,并亲自赴全国沿海采集生物标本,充实实验室标本,丰富教学内容。设立了虾蟹类养殖课程后,我更是认真备课、讲课,并结合生产实践,深入浅出、丰富翔实、生动有趣且毫无保留地将自己实践中的心得和精华传授给学生,受到学生的极大欢迎。我还重视学生的德育教育,把爱祖国和爱水产事业贯穿在整个课程中,要求学生"学水产、爱水产、干水产",许多学生毕业后都成为水产系统的科研和技术骨干。我十分重视教学方法的改革,使教学与生产相结合,使生产实习与技术服务相结合,每年都带领学生到生产第一线,承包对虾育苗任务,担任

王克行在帮助宝荣公司进行工厂化养虾试验

生产技术的总指挥，由优秀学生担任车间主任及班组长，坚持边教边干，从实践中发现问题、研究问题、解决问题，不仅增强学生的学习兴趣，更锻炼他们动手又动脑解决问题的能力。为此，我们教研组获得了1993年的"山东省教委颁发的优秀教学成果二等奖"。

另外，我还培养了8名硕士，并参加博导组协助李德尚老师培养了数名博士。

五、晚年的工作

我在离休后还组织有关专家总结了养虾经验和研究成果，共同撰写了专著《虾类健康养殖原理与技术》，2008年由科学出版社出版。我还参加了专著《中国水产养殖学》的编写工作。

2000年年近70岁的我接受胶州市宝荣水产养殖公司之邀请，又去指导和帮助他们进行地下咸水养虾。根据该场条件，我提了出进行工厂化养殖南美白对虾试验的建议，并设计了大棚养殖设施，提出了技术措施，取得了工厂化养虾的成功，创造了亩产南美白对虾2 643.3千克的国内最高纪录，取得了较高的经济效益。该成果获得"青岛市科研成果二等奖"。

得益于长年的科研和生产实践的积累，我同课题组的同事们共同发表了专著和论文50余篇（部），不仅促进了生产的发展，也丰富了学科内容，为我国水产科学的发展添了一块砖、加了一片瓦。

由于全国养虾者的共同努力，近年来我国年产养殖对虾都在120万吨以上，市场上鲜活的对虾琳琅满目。看到养殖的对虾能进入百姓的餐桌，我觉得这一生干得值得，我的养虾梦终于实现了！

"南大洋磷虾资源考察与开发利用"研究历程介绍

◇ 侍茂崇

作者简介

侍茂崇,男,1935年生,江苏省宿迁市人。中国海洋大学海洋环境学院教授,太平洋学会理事,广西海洋科学顾问,中国大百科全书特邀编辑。曾兼任海南海洋开发设计研究院总工,南海分局调查技术中心总工,南极学术委员会委员,国家海洋局第二海洋研究所兼职教授,中国海洋学会副秘书长等职。

侍茂崇在开绞车

主要研究领域为海洋调查方法、近海海流动力学和南极磷虾生态环境等。"南大洋磷虾资源考察与开发利用"项目于1996年获得"国家八五科技攻关重大成果奖"。

一、立项背景及依据

在 20 世纪 80 年代,美国一家机构研究指出,随着世界人口数量的增加,不仅谷物而且蛋白质食品的生产也到了极限。1984 年以来,作为蛋白质来源的水产品和肉食以及大豆的生产都处于停滞状态。到 20 世纪末,蛋白质供需之间将相差 2 500 万吨。因此,能否继续保持人类蛋白质供应量,便成了生物学家们孜孜探索的重大目标,南极磷虾自然成为一个不二话题。

在南极大陆附近海洋中,存在宽达上百千米的海水上升流带,这种上升流中含有非常丰富的营养物质,从而使硅藻等微生物大量繁殖,为磷虾提供了摄食和栖息的理想场所。因此,在距南极大陆 500~2 000 千米的广阔洋水中,分布着数量很多的磷虾,最先的估计为约 12 亿吨,后来保守估计也有 4 亿~6 亿吨。这种小生灵的繁殖能力极强,数量相当可观。磷虾可以说是南极周边生物的救世主,居住在南极附近水域内的动物都直接或间接地以磷虾为食:巨大的须鲸和长须鲸每年要吃掉 4 000 万吨磷虾;南极鱼类吃掉 2 000 万吨磷虾;企鹅、信天翁、乌贼、海豹等每年也要吃掉 1 300 万吨磷虾。

曾经有科学家计算,如果每年捕捞 3 000 万吨磷虾,不会影响南大洋的生态平衡。磷虾的营养价值很高,体内含有 50% 的蛋白质,是其他动物体内蛋白质含量的 2~3 倍。

因此,1989 年,我国的南极学术委员会研究决定,1990 年赴南大洋科学考察的首要任务就是研究磷虾在哪里集群、集群的外界环境因素是什么,为将来的捕虾活动做好未雨绸缪的准备。1990 年 12 月 2 日,我以我国大洋调查首席科学家和"极地"号临时党委成员的身份,参加了赴南极近 4 个月的海洋调查。

二、环境险恶的调查过程

1. 浪高风急

调查船要到达磷虾生存水域,就必须穿过环境极为险恶的

海面的巨浪(侍茂崇从舷窗拍摄)

南纬 40° 和 50° 的广阔水域。有人说,南纬 40° 无法律,50° 无上帝。这充分表明了那里环境的险恶,人类的无助和无奈。

果然,当我们乘船穿越西风带时,遇到风速突然加大到 35 米/秒以上、浪高达 20 米的暴风险情,如山的巨浪狂啸着从船尾滚滚而至,把后甲板上层 10 米高处走廊的仓门打碎,船员们的鞋子立刻四散漂移。更为可怕的是,大浪还将船尾部盘结的碗口粗的缆绳全部打散,冲入海里。后甲板上由铆钉固定的一吨重的蒸汽锅被连根拔起,像陀螺一样在甲板上滚来滚去。船在大海中就像个醉汉一样左右摇摆。尽管船上的减摇装置已经全部投入工作,但是,船身的单边倾斜仍旧超过了 30°,仅凭单机推进的"极地"号科考船随时都有可能遭受灭顶之灾。"极地"号科考船的船长待在驾驶室里,两天两夜没敢合眼,一直坚守在工作岗位上。船身翻腾的确实太厉害了,我们根本就无法休息,甚至连躺在床上都没有可能,几乎所有船上可以移动的东西都被掀落下来,到处翻滚。

2. 气温低,流冰快

在航行途中,当过了南纬 50S 时,越接近南极大陆,气温也就越低,终日雪花飞舞、雾气氤氲,能见度很低。当我们从船上释放温盐深自记仪时,只能从流冰的缝隙中放下。如果看到大块的流冰突然飘来,那我们就必须迅速将仪器提起;否则,流冰就如同一把锋利的利刃,可能毫不费力地将钢丝绳切断,几十万元测量仪器将会永远沉入海底。其中有一次,仪器还未挂到钢丝绳上,只有钢丝绳上铅锤悬于水面,待我们做好准备要放仪器时,这才发现巨大的铅锤已经

中国香港著名记者李乐诗女士对输油现场的素描

渺无踪影。原来,不经意间它已经被一块流冰切断了钢丝沉入海底。就是这样,每当我们准备释放仪器时,总有"兵临城下"的战栗。

3. 浮冰厚,阻碍供给

"极地"号科考船虽然不是专门的破冰船,但是,它仍旧具有一定的破冰能力。即使如此,在面对海面那堆积如山海冰时它也无能为力。

在我们到达中山站时,由于岸边已被大小各异的冰山围住,船体根本没办法靠岸。近在咫尺却不能上岸,万般无奈之下,我们只好用船上自备的胶管将汽油送上中山站,以备越冬之用。在长达2个小时过程中,有两名船员不幸滑入零下2 ℃的冰水中,待从水中拉出,已经冻得不能说话,一连病了好几天。

三、成果累累

本次南极调查,我们沿着中山站附近的南极大陆周边共布设了几十个水文、化学、采集磷虾的站点,这也是迄今为止中国南极调查活动中布站最多的一次,成绩非常突出,主要有:

(1)中科院海洋所孙松同志负责完成了在实验室磷虾的生态实验。

(2)国家海洋局第二海洋研究所宁修仁等同志负责完成磷虾饵料的微颗粒分析实验。

(3)我主要侧重于从物理海洋学的角度完成磷虾集群的水文环境的判读。

(4)本次南极考察完成之后,我们共同出版了字数超过百万的专著。

挺进在海洋药物研究和开发的大道上

◇ 管华诗

作者简介

管华诗,1939年8月生于山东夏津。1964年毕业于山东海洋学院水产品加工专业。海洋药物学家,中国现代海洋药物研究的开拓者与奠基人之一,1995年当选中国工程院院士。历任山东海洋学院水产系助教、讲师、副教授、系副主任,青岛海洋大学水产学院教授、博士生导师、副院长,青岛海洋大学副校长、校长兼党委书记,中国海洋大学校长。系第八、九、十届全国人大代表,第八届山东省政协副主席,第五、六届山东省科协主席。曾兼任国家重点基础研究发展规划第二、三届专家顾问组成员,国务院学位委员会第四、五届学科评议组成员等职。现任中国海洋大学校务委员会名誉主席、教授、博士生导师,国家海洋药物工程技术研究中心主任,青岛海洋生物医药研究院院长;兼任国务院食品安全专家委员会委员,青岛海洋科学与技术国家实验室常务理事、学术委员会主任委员,中国药学会常务理事、海洋药物专业委员会主任委员,山东省半岛蓝色经济区建设专家咨询委员会主任。

于20世纪60年代参加完成了"海带提碘新工艺规模生产"工程,为我国海带提碘工艺奠定了基础。70年代主持完成"海带提碘联产品——褐藻胶、甘露醇再利用"重大研究课题,研制成功农业乳化剂等4个新产品并相继投产,为我国制碘工业的巩固和发展做出了突出贡献。80年代首创我国第一个海洋药物——PSS(藻酸双酯钠),带动了我国海洋药物研究的兴起与发展,产生了巨大的经济效益和社会效益。90年代又发明研制了甘糖酯、海力特和降糖宁散3个海洋新药和藻维胶囊等5个系列的功能食品,且全部投产。共获13项发明专利。创建了我国第一个海洋药物化学本科专业,形成了我国海洋药物领域唯一相对完善的人才培养体系,培养博士生、硕士生50余名,是我国海洋药物学的开拓者和学术带头人之一。

荣获了迄今为止我国海洋、水产领域唯一的"国家技术发明一等奖",并获得"全国科学大会奖""国家科技进步三等奖""山东省科技进步一等奖""山东省最高科学技术奖""教育部技术发明一等奖""何梁何利奖"等国家和省部级科技奖励10余项。

2010年1月,管华诗(中)在国家科学技术奖励大会颁奖现场

2010年1月11日,国家科学技术奖励大会在北京召开。我的科研团队所完成的课题"海洋特征寡糖的制备技术(糖库构建)与应用开发"项目荣获了"2009年度国家技术发明一等奖"。当我从国家主席手中接过证书时,心里产生过无尽的感慨。我从事海洋药物研究和开发利用的30年里,经历了从最初的不被人看好,到研究成果逐渐得到人们的认可,再到后来获得学术界和医药界的相应评价,得到过很多荣誉和奖励,获得了较大的社会和经济效益的过程。但是这一次,站在了国家科学技术奖励大会的领奖台上,这是国家对我和我的团队从事的海洋药物研究与开发工作的肯定和评价。"海洋特征寡糖的制备技术(糖库构建)与应用开发"这个课题,包含着我和我的团队40年科学研究的思考路程和30年在海洋药物领域的执着探索。这个一等奖,对我来说,不仅是这一个课题获奖,还是对我的团队在海洋药物研究和开发领域所走过的路程的一种鼓励!

一、进入海洋药物研究领域

1964年我从山东海洋学院水产系毕业后留校任教,1969年开始参加海带提碘的新工艺工程化开发工作。应该说,参加海带提碘的工程化开发工作是我进入海洋药物研究领域的一个重要起点。

碘是国防、医药、工业等所依赖的重要原料,但我国碘资源比较缺乏,国内又没有自主的生产工艺。当时,每年300吨的纯碘缺口完全依靠进口,早日形成我国自主的制碘技术成为当时国家亟待解决的课题。海带碘含量比较高,是比较好的碘源。在此之前,山东海洋学院的一些老师曾经做过从海带根儿提碘的试验,中科院海洋所的研究人员也做了从海带中提碘试验研究。由此,国家决定在青岛成立一个全国制碘小组,由山东海洋学院、中科院海洋所、黄海水产研究所、青岛渔业公司4家单位每个单位都抽调一名技术骨干人员组成。该小组经过两年多的攻关研究,确定了海带提碘的新工艺,并于1968年进行了该工艺的工程化研究,一年后,全国第一座制碘厂在青岛建成。当时水产系有20多位学生进厂劳动,我负责给学生讲解业务基础知识和日常的组织管理。由于天天工作在工厂,在工人师傅们的指导下,大家很快熟悉了生产流程,海带提碘规模生产也很快形成。在20世纪70年代初的几年里,全国形成年产10吨碘的工厂已有三四个,使我国初步摆脱了国家用碘完全依赖进口的局面。

碘的生产解决了,可又产生了新的问题,那就是每提取 1 吨碘会产生 10 吨甘露醇和 60 吨的褐藻胶。最初,这些副产品主要被用于纺织业和印染业,不过每年产生的联产品数量巨大,仅纺织业和印染业是消化不了的,如果处理不好,还会制约制碘工业的发展。当时,国家化工部对此高度重视,动员各地的科研单位主动开展联产品再利用的研究。我及时捕捉到这一信息,主动参与了这一研究工作。

1971 年 3 月,山东海洋学院的水产系迁到烟台,与烟台的水产学校合并。当时的烟台水产学校是一所中专学校,以教学为主,几乎没有科研条件。到烟台去的水产系老师中我是最年轻的一个,环境虽不理想,但没影响我继续从事褐藻胶研究愿望。于是,我与一起来到烟台的其他水产系老师一起开始了碘联产品——褐藻胶再利用研究。大家都让我这个壮劳力多跑跑腿,外出寻找社会支持。随后,我主动找到了原来主管过海带提碘工作的石油化工部的孙晓风副部长,他对我们的想法非常支持。1972 年,我负责的"褐藻胶、甘露醇再利用"研究课题得到石油化工部的立项,该项目的研究内容 1974 年就顺利完成了。我们利用甘露醇研制成功了石油破乳剂、农药乳化剂,用褐藻胶研制成功了食用乳化增稠剂,同时还对破乳剂的工艺工程化进行了研究。为此,孙晓风部长还特批了 20 吨钢材,支持我们建立了一个烟台地区实验化工厂,生产石油破乳剂,供应盘锦油田使用。当时,这个实验化工厂由烟台地区委托水产学校管理,由我负责。我亲自进行了整个生产线的设计,也主抓了产品的工艺过程,工厂的效益很好,成了当时水产学校的主要收入来源,该厂至今仍旧在生产运行。

1978 年全国科学大会召开,石油破乳剂、农药乳化剂和食用乳化增稠剂三个产品分别都获得科学大会大奖。我在烟台参与的由陈世阳老师主持的"低聚藻酸钠代血浆"研究,也获得了全国科学大会奖。

在烟时期,正是我个人家庭生活最困难的时期,两个孩子相继出生,爱人又没有工作,生活上很是艰苦。但是,我在工作乃至生活上都得到了老师们的支持,使我能在海洋生物综合利用的研究领域走出关键的一步,奠定了一生的科研基础。我的一些关于工厂建设与管理、如何与工人师傅们打交道等很多经验,都是在那时开始总结的。这是我非常珍惜的一段回忆。

二、以 PSS（藻酸双酯钠）打开海洋药物领域研发之门

1978 年，水产系从烟台迁回青岛，回归山东海洋学院。尽管在烟台我的科研事业前景不错，但面对母校老领导的召唤，我还是毅然决然地回到了青岛。

我们在烟台时期的课题组又以褐藻胶为基础原料开始研制降糖素。时任学校科研处处长的施正铿教授，还专门批给我 2 000 元的科研经费。没有实验室，我们就将水产楼闲置的厕所改造一番作为实验室加以利用。由于科研的需要经常和医院打交道，了解到医院非常需要一种胃肠双重造影硫酸钡制剂，我们就在研究降糖素的同时也开始了分散剂的研制。1982 年，

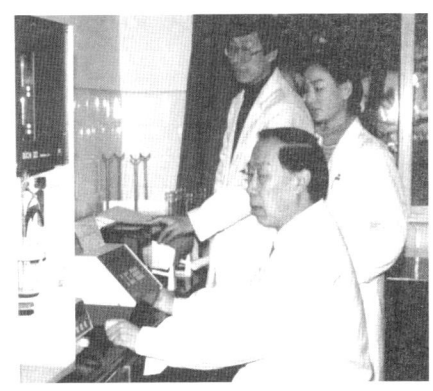

管华诗在海洋药物实验室工作

课题组降糖素和胃肠双重造影硫酸钡制剂双双研制成功，1983 年通过国家农业部及山东省的技术鉴定并投产上市。

有时候科学研究的方向只是来自一个偶然的发现，我的海洋药物研究道路正是从一次制作硫酸钡分散剂的实验中偶然发现开始的。由于硫酸钡加水后黏稠度很大，要让它均匀地附着在胃壁上，分散剂的性质与效力就成为关键。在一次做实验时，为了降低硫酸钡制剂的黏稠度，我尝试着添加一点从海藻中提取的分散剂——一种多糖类溶质，结果发现：硫酸钡制剂的黏结现象瞬间消失了。这种多糖类溶质是褐藻胶里的一种生物表面活性剂，其分子经过修饰就可以增加分散性，我在制作石油破乳剂时正是利用了它这个特性。此前，我曾经参加过褐藻酸钠代血浆的研制，对心脑血管疾病和医疗知识有些了解。这个意外的发现结果促使我进一步思考：既然这种多糖类溶质能解决硫酸钡的黏结现象，那它能不能用来解决心脑血管疾病中血液黏稠问题？能不能对这种高效能的生物活性剂进一步研究，开发为治疗心脑血管病的有效药物呢？

对医学问题，我是个"门外汉"，于是就赶紧补充医药学类知识，开始查阅大量相关的资料，并向国内外医学专家学者请教。查阅资料要明确几点：类似

的研究有没有人做过？此项工作处在什么样的工作状态？有哪些研究成果可以借鉴？

海洋中生活着地球上90%以上的生物物种，海洋的高盐、高压、低温、低营养、低/无光照的特殊环境造就了海洋生物的多样性，许多海洋生物体内有着陆生生物无法比拟的结构独特、活性多样的化合物，海洋是我们开发新药物的源泉。在20世纪60年代，国际上就曾掀起向海洋要药的热潮，但由于海洋生物采样困难，分离和生物试验工序繁杂，研究工作停滞不前，有人甚至提出"海洋药物是神话还是现实"的疑问。但在我国医学文献《黄帝内经》中，就记载有饮鲍鱼汁治病的事例。《神农本草经》中收录的海洋药物有10余种，也就是说，海洋药物的利用在我国已有2000多年的历史。我们今天有古人没有的化学和其他科学技术，在海洋药物的研究上一定会大有作为。我相信海洋药物的研究方向是正确的。

在进一步明确研究方向后，为了集中研究力量，在制作降糖乐和造影分散剂的同时，我向学校正式申请成立海洋药物研究室，并于1980年4月正式成立研究室。当时，我专业的主要科研方向在水产品加工利用上，而食品与药物是两个不同的学科门类，我从事药物研究很多人不能理解。当我们申请课题时，人家第一个问题都是问我：你又不是搞药物的，来凑什么热闹？在我们的科研设计中是以褐藻胶为原料，根据分散剂研究的启示，对这种多糖类溶质的分子结构进行修饰，并在药学研究的基础上进行毒理和药效学试验研究，达到毒性最低、药效最大的目标。1982年PSS（藻酸双酯钠）获准立项，并组织了一个由海洋药物研究室和青岛第三制药厂、青医附院相关研究人员组成的6人课题组，组建了一个集基础研究、应用研究及产业化生产的完整技术体系。

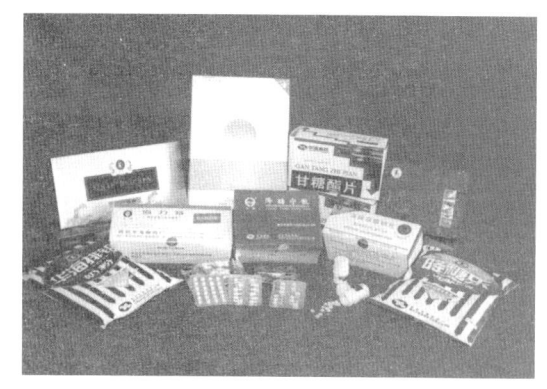

海洋药物研究室研制并已实现产业化的海洋药物及生物工程制品

1985年8月，PSS（藻酸双酯钠）通过了山东省科委和卫生厅组织的专家鉴定,并作为省重点科技推广项目迅速投产。在 PSS 投产 7 年后,我们曾对其临床上治疗 1195 例脑梗死症病例进行统计,总有效率达 93%,治疗高原地区高凝性疾病显效率 78%,并未发现毒副作用,和我们在临床预实验观察时的研究结果相一致。

PSS 新药具有强分散性能,且不受外界因子影响,既可注射,又能口服。药理和临床研究都证明,它具有抗血栓、降血黏度、静脉解痉、红细胞及血小板解聚等前列腺环素样作用,同时具有较缓和的抗凝血作用,还有明显的降血脂、扩张血管和改善微循环的作用,对脑血栓、脑栓塞、脑动脉硬化症、冠心病和上述病症所引起的功能障碍性失语、精神失常、头痛、颈强、记忆力减退、肢体瘫痪等均有显著的预防和治疗效果。著名评剧表演艺术家新凤霞,患脑血栓偏瘫十余载,在连服 PSS 数月后可以走路了。出于感谢之情,吴祖光先生还亲笔题写了"海洋药物研究室"牌匾给我们。1986 年,时任国务院副总理的万里同志来青岛与海洋科学家共商开发海洋大计时,专门来到我们海洋药物研究室,关切地询问 PSS 的研制情况和疗效,并鼓励科研人员要向大海要宝、为人类造福。

PSS 新药问世后的第二年就获得了"山东省科委科学技术进步一等奖"和"山东省优秀新产品一等奖",以后又不断获得国内外重要奖项 20 多项。到目前为止,PSS 仍然是被公认为治疗高凝性疾病较为理想的一种海洋药物,是国内医院的常备药和处方药,亿万患者因其而受益。1990 年,PSS 转为地方正式标准后,全国有近 40 家工厂生产 PSS 制剂,到现在还在继续生产,近 30 年来创造的产值以数十亿元计。1994 年我们又开发出 PSS 的二代新药"甘糖酯"。

青岛第三制药厂也因生产 PSS 新药,由一个效益较差的小厂发展为一个连年盈利的大厂。

国家海洋药物工程技术研究中心

PSS 于 1986 年试产,1988 年正式投产。青岛市科委为表彰这一成果,奖励我 1

万元,这在当时是一个很了不起的数目。当时的青岛市科委主任很豪迈地说:"我们就是要让教授们成为万元户。"1992年我又获得山东省科技重奖。同时,1988年,我将从第三制药厂得到的65万转让费,加上奖励费等共105万元,为我们海洋药物研究室盖起了现在还在使用的一座四层大楼,海洋药物研究室也改名为"海洋药物研究所"。

PSS是我国第一个现代海洋药物,此药的研制成功地将人们的关注点由陆地生物延伸到海洋生物,使海洋生物高值化利用受到了极大重视。在此基础上,我与同行向国家有关部门建议,将海洋药物的研究列入国家科技计划,被国家主管部委接受。最终,海洋药物的研究被列入"八五"国家科技攻关计划;"九五"期间,又被列入国家高新技术发展计划(国家海洋863)。国家计划促进了我们海洋药物研发事业的发展。

为让海洋药物的研究成果较好地产业化,充分为人类的健康服务,1994年我开始设计并筹建了青岛华海制药厂,这是青岛市第二家专门生产海洋药物的企业。它起初主要生产国家级首创海洋药物PSS,后来还生产了我们研制的国家专利产品甘糖酯等,目前已经有4个海洋药物和5个生物工程制品投放市场。2001年,华海制药厂又与内蒙古兰太实业有限公司合作组建了海大兰太药业有限责任公司。这个企业拥有通过国家GMP认证的3个生产车间共6条自动化生产线,是我国海洋药物科研成果产业化的重要基地之一。

将科学研究成果转化为产品服务于社会,是一个十分艰辛的过程。为使产、学、研充分一体化,1996年1月我们以海洋药物研究所及华海制药厂为技术依托,又组建了山东省海洋药物工程技术研究中心。在该工程技术中心的基础上,1999年我们建成了我国第一个海洋药物工程化、产业化的中试基地——国家海洋药物工程技术研究中心;并于2000年8月正式通过了国家科技部的验收。这是我国唯一一个国家海洋药物工程中心。在我们第一次申请建立国家级的工程中心时,国家很重视,科技部组织了专家论证。时任副部长的邓楠同志对我们的研究非常肯定,专家们也一致认为我们这个方向是对的,将来海洋药物是一个重要发展领域。建立工程中心是科研成果转化的重要环节,而我们已经有一定基础,所以这个中心的批复非常顺利。现在该中心已经拥有3条现代化的中试体系:药用微藻大量生物培养、浓缩、收集的工程化技术体系;海洋生物活性物质提取分离的工程化技术体系；海洋天然产物化学改性及活性物质人工合成的工程化技术体系。海洋药物工程中心将进一步加速海洋药物开发技术及成果的产业化进程，促进海洋制药行业的快速发展。

三、海洋特征寡糖制备技术搭建了更高的创新平台

在对海洋多糖化学结构和生物活性系统深入研究的过程中，我们逐步发现了海洋多糖的化学本质、结构和活性规律，对其分子进行修饰，形成了不同分子结构、不同的生物活性分子群。例如褐藻胶多糖，经过不同修饰后显示出抗病毒、抗炎、抗凝、降脂、抗氧化等多种生理活性的结构各异的寡糖。

海洋多糖的这种特性，进一步促使我们产生了构建一个海洋生物糖库的新想法。这个课题在1989年9月启动，2000年被列入国家重大基础研究前期研究专项"海洋生物多糖的化学与生物学研究——生物细胞膜'天线分子'的模拟"研究计划，并成为其重要组成部分。该课题研究一开始主要着眼在糖上，随着对寡糖的研究越来越深入，逐渐明确了以寡糖为主要研究和利用的方向。

新药"甘糖酯"比PSS的相对分子质量更小，结构更微细，更容易被吸收，它的研制成功，更使我坚信了研究微细结构这一工作思路。寡糖是短的小分子糖链，由2～20个相同或不同糖残基组成的生物分子，比多糖具有更好的水溶性和体内吸收特性。与陆地寡糖相比，海洋寡糖具有结构特殊和生物学活性广泛的特点。仅仅从药物角度看，褐藻胶寡糖及其衍生物能够抗心脑血管系统疾病、抗神经退行性疾病；卡拉胶寡糖及其衍生物具有抗病毒、抗肿瘤活性等特性；甲壳胺寡糖及其衍生物具有抗动脉粥样硬化、提高机体免疫等特性；琼胶寡糖则具有抗氧化和抗糖尿病活性等特性，它们的开发应用前景十分广阔。而寡糖的结构是复杂的，随着研究的不断深入，对它们的认识积累越丰富，它为人类服务的潜能也就越能得到发挥。

经过不懈的努力，2005年9月我们终于成功构建了我国第一个海洋糖库。该糖库主要以海洋四大多糖（褐藻胶、卡拉胶、琼胶、壳聚糖）为基础原料，采用生物和化学降解等方法，制备出纯度高、结构清楚的海洋寡糖单体化合物，并以此糖类化合物为基础原料获得糖缀合物，解决了海洋多糖降解、寡糖分离等研究中的一些关键技术问题，在国内外首次建立了集海洋寡糖制备、分离、纯化、修饰、分析、鉴定为一体的技术体系。糖库中有21个结构系列、300多个海

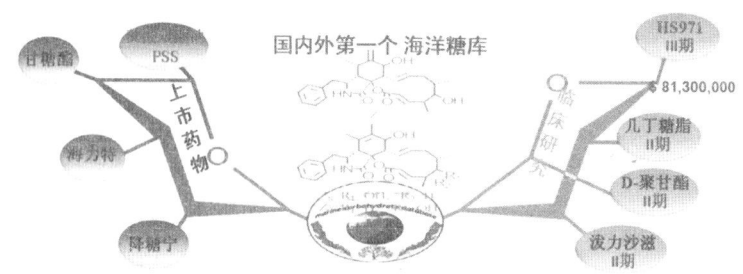

洋寡糖的化合物(到2013年底,已有500个),以及它们的基本信息、结构信息和生物学功能信息,其中至少有100多种具备开发成药物的潜质。

糖库的构建将为现代海洋糖类药物的筛选和发现、现代海洋中药研制,以及生命科学相关基础研究提供物质基础和信息资料;可为抗肿瘤、病毒感染、心脑血管疾病、神经退行性疾病等方面生物学的系统研究提供物质支持,为海洋糖工程创新药物的开发奠定了药学基础。我们制备的海洋寡糖还可为功能制品提供物质基础,目前已经为食品、化妆品、军工及农业等行业提供了活性寡糖原料,为新产业的形成提供坚强的技术支持。这些技术的开发应用又延长了海水养殖产业链,并带动其健康发展。寡糖系列制品质量稳定,单体纯度高,主要技术参数和质量标准达到国际同类制品的水平,技术水平达到国际先进水平,部分制品填补了国内外同类制品的空白。

除已经生产上市的PSS的二代新型高效降脂抗栓药"甘糖酯"、新药口服强力免疫调节剂"海力特""四海回春""降糖宁散""海利心藻维微胶囊""高效海参活素"等保健食品外,目前我们又开发了抗艾滋病的"泼力沙滋"、抗脑缺血的"D-聚甘酯"、抗老年痴呆的HS971、抗动脉粥样硬化的"几丁糖酯"四个国家一类海洋新药,这些药物现在正处于不同的临床阶段。其中,抗老年痴呆的海洋新药HS971,在国内已做完一期临床试验后,2009年与美国一家公司成功实现技术转让。这是我国转让给国外的第一个海洋药物,8 100万美元的转让费也创下了我国药物转让的最高纪录。

海洋寡糖制备技术体系申请国家发明专利46项,已获得授权25项,发表SCI研究论文118篇。2009年,我们的课题"海洋特征寡糖制备技术(糖库构建)与应用开发"获"国家技术发明一等奖"。实际上,这是国家整体上对我们海洋药物研究和开发利用的一个肯定。当初,在2007年我们申报的只是国家技

自然科学部分

术发明二等奖,结果落选了;而2009年再次申报时,我们仍旧申报的是二等奖,结果却获得了让人惊喜的一等奖。后来,一位参评的评委告诉我们,评委们对该项目进行反复对比并仔细审查后一致认为:这样好的项目,堪担一等;于是,便将我们的申报材料推荐到了一等奖的遴选范围。在我们之前,获得过国家技术发明一等奖的只有6个项目,它们主要集中航天、材料、机械领域,对于药物研发尤其是海洋药物基础原料研发这还是第一个。曾经有专家这样说过,21世纪的生物科学中糖科学是未来研究的闪光方向,是生物科学领域的第三个热点。不少国家领导人在不同场合肯定过我们的研究方向。2009年,之所以我们的申报材料能被推荐一等奖并最终获得了一等奖这足以说明糖科学在生命科学中的地位得到了公认,国家对我们海洋药物领域给予高度重视。

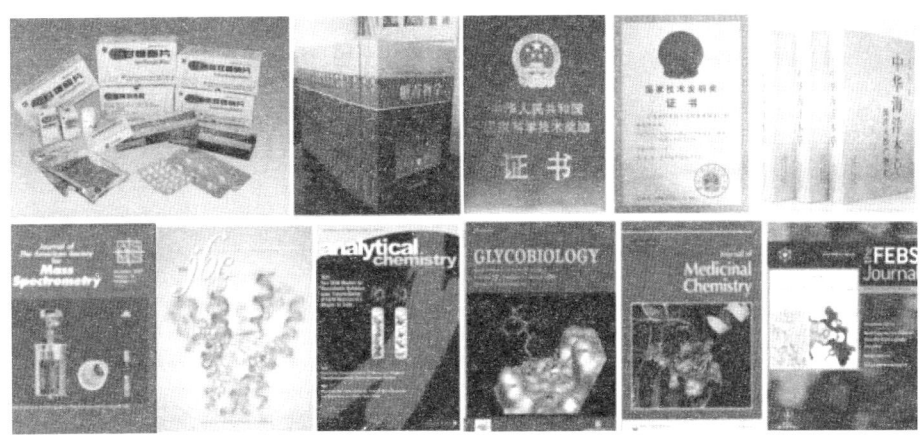

管华诗在海洋药物研究方面的部分科研成果及成果转化产品

海洋事业关系到我国发展的全局,在现代化建设中具有重要的战略地位。尤其近些年来,海洋工作得到了党中央和国务院的高度重视,大力发展海洋经

- 049 -

济,科学开发海洋资源,培养海洋优势产业已是国家层面倡导的趋势。山东半岛蓝色经济区建设已成为国家发展战略,我们的海洋药物研发及其相关产业又迎来了大发展的新机遇。作为一名海洋科技工作者,为了推动国家海洋事业的发展,建设海洋强国,我愿意尽自己的责任和义务。

2010年,我在学院内部倡导成立了海洋药物产业化开发小组,以国家技术发明一等奖为重点,制订并实施了由海洋特征寡糖标准品、功能寡糖中间体、生物功能制品和海洋药物四大系列产品构成的产业化开发计划,意在使寡糖业真正体现出拉动其他产业发展的基础性产业的示范作用。主要通过以下几种途径推进工作:一是利用糖库中300多个化合物生产以毫克计费的标准品,供全球科学家进行基础研究、探讨;二是利用海洋寡糖生产中间体,为农业、食品、化工、军工等行业提供基本原料;三是研发药物及其他终端产品。目前,我们已完成50余个海洋特征寡糖标准品的产业化开发,以及壳聚糖裂解酶的中试放大研究;已有5个海洋寡糖全球标准品;2011年,我们又启动了在临床应用近30年的防治心脑血管海洋药物PSS的二次开发工作。2013年7月,在这个小组的基础上,我们又成立了青岛海洋生物医药研究院,采用企业制、市场化的模式运作,将产学研集为一体,使科研与市场深度对接,以充分发挥科技推动社会进步的作用。我们希望这个研究院可以成为青岛市乃至全国的海洋生物医药行业的孵化器,推高海洋科技成果转化和产业化的比例,使海洋生物医药成为海洋经济的一个典型助增点。

经历了长期从事海洋科学领域的研究工作和部分管理工作,我深感海洋是一个复杂的、开放的系统,它的问题是多学科交叉的,一项关于海洋研究的大课题已经很难由一个单位单独完成。所以,大家总是希望能有一个平台,整合海洋研究领域的各种优势力量,汇聚海洋科技人才,集中力量做大事。综观国际上越来越激烈的海洋领域的竞争,实际上也是体制、机制和人才的竞争。我们要想避免低水平的重复研究,更接近于国际前沿,承担国家大课题,更好地参与国际竞争,参与国际大计划,必须有一个国家意义的科技平台。比如,在海洋药物方面,可以联合国内从事海洋药物研究的优势研究机构和力量共同组建科技创新联盟,以优势互补形成集体协同攻关的合力和动力,加快我国海洋药物研发进程,不断提升自主创新能力和水平,成为国家海洋生物医药产业发展的主要推动者。

在这个理念的驱使下,2000年,我们几经同中国科学院海洋研究所、国家海洋局第一海洋研究所、农业部水科院黄海水产研究所、国土资源部青岛海洋地质研究所四家单位一起申请建立"青岛海洋科学与技术国家实验室"。在省市和国家有关部委的支持下,先后建设了8个功能实验室,从事基础及高新技术研究,以青岛为主体,通过沿海分布的网络化布局发挥协同科研作用;在此基础上,又建设了9个公共技术平台和3个技术支撑体系可对接企业,将研究成果充分产业化。青岛的"蓝色硅谷核心区"概念就是在此基础上形成的,历经了长达13年的论证和筹备,终于在2013年12月获得批准。

2007年,青岛海洋科学与技术国家实验室通过国家论证

青岛海洋科学与技术国家实验室是我国第一个国家海洋科学研究中心,是世界上第7个国家海洋科技中心。它的成立,意味着我们将举国跻身国际海洋科技竞争,显示了我们国家海洋领域的整体实力和进军海洋的信心、决心,是海洋科技领域的一件幸事,是青岛、山东乃至全国的一件令人振奋的大事。它是一个开放的科技创新平台,将汇聚国内外海洋科技领域的优秀人才,学科交叉,整合资源,以创新的机制和体制,将人才的潜能充分发挥出来,其影响力将辐射全国乃至全世界,它的重要意义在今后几年中就将充分显现出来。

(注:此文由管华诗口述,王淑芳文字整理)

中国海洋大学研究大气激光雷达能行吗
——多普勒激光雷达（车载）的研制与应用历程回顾

◇ 刘智深

作者简介

刘智深，1938年12月出生。1961年毕业于复旦大学，中国海洋大学教授，博士生导师。曾任国家教委理科教育海洋科学指导委员会委员，《全球大气-海洋系统》（美、法、德、英联合出版）编委会委员，国际海洋激光雷达专家组成员。

在国家"七五""八五"计划期间，先后主持专题以上国家级项目4项，国家自然科学基金项目5项。在国家"九五"期间，主持了国家预研重点项目、国家科委重点项目及激光探测方面的863项目等。在光学多通道图像处理方面的研究，发表在 OPTICS LETTER 上的文章被誉为"来自中华人民共和国的第一篇优秀论文"，此项研究于1986年获得"国家教委科技进步二等奖"。从国家"七五"计划开始就从事海洋激光雷达的研究。目前，以他为项目负责人研制出不同应用的激光雷达系统已被国际同行多次引用，被称为"中国的BLOL系统"。由他主持完成的国家"八五"项目和"十五"国家863"信息领域"重点项目中,研究并研制完成了我国第一台固体激光多普勒测风雷达系统,可以用来测量海面风场。

一、项目立项背景

多普勒激光雷达是国际上20世纪80年代发展起来的高新技术,在数值天气预报、中小尺度天气系统动力学、航空航天安全、灾害性天气预报、国防军事应用、气溶胶和云探测等方面有广阔的应用前景,当时,只有美国、德国、法国等少数国家掌握这项技术。

大气激光雷达是属于光电子科学和技术范畴,中国科学院有著名的八大光机所,教育部所属高校有著名的理工科大学等,他们在光机电领域的科学研究都有非常明显的优势。虽然我校在海洋科学研究方面成果累累,有特别的优势,对于光机电科学技术在海洋方面的应用,我校也先后投入了不少人力、物力,取得了可喜的研究成果,但是,当年在我们向国家863重点项目组和国家自然科学基金委提出"测风多普勒激光雷达"项目立项申请时,还是有评审专家提出这样的疑问:中国海洋大学是下海的,扑鱼抓虾是拿手戏,也能搞激光雷达研究?

有幸的是,戏言归戏言,专家们对该项目的申请评议还是十分严肃和认真的。功夫不负有心人,经过我们不懈的努力,我校申报的"测风多普勒激光雷达"项目,分别于1999年和2005年通过了国家863重点项目、国家自然科学基金重点项目的评审。正如《中国海洋大学报》在报道中所说:这是国内批准的第一个测风多普勒激光雷达项目。

时至2003年,当国家信息领域863专家组组织对该项目结题鉴定时,专家组组长、两院院士专家组组长王大珩评价说:"该工作是对大气测量始创性的、有意义的贡献。"同时,他要求进一步"满足气象部门业务化运行的要求,达到实用水平"。专家组副组长郭华东(后为工程院院士)还说:"如果安排863项目向朱镕基总理作汇报,这项成果也可以总结在汇报的内容中。"

二、项目攻关过程

2005年,在国家气象局原副局长李黄的推动下,新的"可移式多普勒激光雷达"重点工程项目在国内公开招标,我同我校的有关教师和研究生以及中国电子科技集团第十四研究所的工程师在南京几乎7天7夜没有休息,共同拟定出了参加招标用的"技术标书"和"商务标书"。时任校长的管华诗院士特委派了吴德星副校长带队赴北京的国家气象局投标。经专家评议后,国家气

吴德星代表中国海洋大学在招标会上发言

象局监测网络司李柏司长高兴地告诉吴德星副校长:"参会共13名专家,其中12位专家支持中国海洋大学的标书,祝贺你们学校中标!"

1. 海洋遥感教育部重点实验室在"985"经费分配中的故事

在我校中标该项目以后的2006年,学校各级领导对该项目都给予高度重视,并期望能高质量、高水平地完成标书任务。在学校的"985"项目经费计划安排中,同意安排500万元用于支持海洋遥感教育部重点实验室的各项研究任务,而海洋遥感教育部重点实验室的主攻研究方向是卫星海洋遥感。当时的海洋遥感教育部重点实验室主任贺明霞教授却提出了一个惊人的经费安排方案,拿出总经费的3/5,也就是300万元,用于支持多普勒激光雷达的研制,请各位教授一起讨论。"300万元?比例太高了吧!"这个经费计划方案震惊了激光雷达课题组的所有老师,也是我根本没想到的。那么,实验室的其他老师又会怎么想?令我没有想到的是实验室的其他教师一致表示同意主任的意见,全力支持激光雷达研制工作。最后,贺明霞教授竟打趣地说:"堂堂的男子汉,为了研制我国第一台多普勒激光雷达还不敢接受300万?"当将此经费分配方案向管华诗校长做汇报时,管校长也感慨地说:"只有海洋遥感教育部重点实验室主任贺老师才有这个魄力,这也证明了你们实验室老师是如此团结和睦,真令人欣慰。"

该项目是由中国海洋大学与中国气象科学研究院签订的立项协议,项目由中国海洋大学海洋遥感教育部重点实验室负责,联合中国电子科技集团第

十四研究所参加研制,我作为项目总设计师,并组成由教授、青年教师和研究生为主体的研究队伍。在课题经费仍旧比较紧张的情况下,我们年轻教师和研究生团结一致,日日夜夜努力工作,攻克重重技术难关,创新性地采用了具有自主知识产权的碘分子吸收器作为鉴频器件测量由风速引起的多普勒频移,最

可移式多普勒激光雷达

终胜利完成了我国首台业务化可移式(车载)多普勒激光雷达。这是世界上首次采用高重复频率脉冲激光测量风速风向三维立体分布的多普勒激光雷达。它能够用于大气边界层和对流层大气风场、湍流及气溶胶的监测与预报研究,满足了气象业务化应用的要求。

2. 多普勒激光雷达的试运行

可移式(车载)多普勒激光雷达研究获得成功后,我们分别于2006年和2007年青岛国际帆船赛期间进行了试验运行。首次进行的现场测试开始于2006年的8月18日～30日,激光雷达系统连续测量10天,总计达100小时以上。现场实验中多普勒激光雷达提供出了赛场高分辨率高精度的海面水平风场信息,第一次获得了海面风场实验数据,与同步测量的德国相控阵声雷达、海面浮标等仪器的测量结果吻合较好。这是国际上第一次用激光雷达服务于海上帆船比赛,很好地承担了国帆赛现场气的象保障任务,也为2008年奥帆赛的气象保障积累了宝贵的经验。

2006年,青岛国帆赛多普勒激光雷达与风廓线仪同步测量

在多普勒激光雷达进入青

2007年，青岛国帆赛多普勒激光雷达
与多普勒声雷达同步测量

岛国际帆船比赛现场测量期间，时任我校校长的吴德星、副校长翟世奎，青岛市气象局局长左克进、副局长杨育强等领导都亲临现场，指导工作并提出了重要的建设性意见。经过了2006年和2007年两年的业务化测量试验，该系统的软硬件均得到了实践考验和改进。同时，多普勒激光雷达还与传统的气象测风设备进行了大量的对比印证试验，如探空气球、海面浮标、自动站、风廓线仪、多普勒声雷达等，进一步检验了多普勒激光雷达风速测量精度和数据产品。

在大量实测数据和对比印证实验的基础上，2008年1月，国家气象局监测网络司和中国气象科学研究院共同对多普勒激光雷达进行了出厂验收，对多普勒激光雷达各个子系统和应用情况进行了全面测试。专家一致认为：该激光雷达具备原理与技术的创新性，采用具有自主知识产权的非相干多普勒激光雷达技术，系统运行稳定，软硬件配套齐全，数据产品可靠，能够实时探测三维风场，特别是在海面风场测量方面具有显著优势，对2008年奥运会帆船比赛气象保障能力的提高有重要意义。

验收专家给出的评价意见是：

（1）该项目采用具有自主知识产权的非相干多普勒激光雷达技术，研制单位完成了各子系统的设计制造、整机的集成调试和自测验收。可移式多普勒激光雷达硬软件系统研制完成后，进行了两次奥帆赛测试赛的气象保障演练试验，数据可靠，在晴空海面风场测量方面有显著优势。

（2）这是中国气象局安排研制的第一台可投入业务化运行的可移式多普勒激光雷达，按照中国气象局监测网络司下达的研制任务要求，建议该系统进行晴空风场的试运行，并列入2008年奥帆赛的气象保障。

（3）本系统采用具有自主知识产权的测风激光雷达技术和数据处理系统，

可以进行海面水平风场、三维风场、风廓线、边界层的测量。为帆船提供气象保障，为赛场、开闭幕式场地和重要活动提供极高时空分辨率的能见度分布信息，其核心技术、测量模式和测量精度均达到国际先进水平。

3. 多普勒激光雷达在2008年奥帆赛大显身手

(1) 多普勒激光雷达扫描镜研制的故事。

多普勒激光雷达扫描镜是多普勒激光雷达的关键设备，为保证质量，我们原计划向国外公司订购，但是，经过一个月的磋商，外方公司表示抱歉，由于该国政府规定该产品不能出口中国。后来，新加坡的一个大学教授知道我们要订购激光雷达扫描镜，主动表示愿意帮我们联系。结果，非常有意思的是，该教授刚与该公司联系，对方马上问道：你们是不是为中国订购的？显然，这个新加坡的渠道也是行不通的。无奈之下，我们的协作伙伴——中国电子科技集团第十四研究所的工程师们决定自行研制。这是我国第一次研制激光雷达扫描镜，只能成功，不能失败。经过一年的设计试验，一次完成，一次成功，稳定性和可靠性均达标，几乎没有出任何故障。这一研制成果也得到国际上的认可，使我国成为国际上可以高质量生产大口径激光雷达扫描镜的国家之一。

可移式（车载）多普勒激光雷达通过两年的对比实验验证，测量准确性与稳定性得到不断提高，雷达系统获得国际、国内相关专家的认同及称赞。在2008年8月6日～9月14日的奥运会和残奥会帆船比赛期间，多普勒激光雷达按照业务化观测流程提供了高分辨率的竞赛海域海面风场分布，用于奥帆赛水文气象保障服务。这是国际上首次在奥运会和海上运动中成功应用实时的、高分辨率的海面风场资料，充分体现了"科技奥运"的宗旨。多普勒激光雷达出色地完成了奥帆赛气象保障服务任务，包括中央电视台在内的国内外主流媒体都对其进行了实

2008年8月，吴德星校长、翟士奎副校长、吕铭总支书记、赵朝方所长、王金城系主任专程到奥帆赛现场视察激光雷达工作的情况并与教师和研究生合影

时报道。

多普勒激光雷达在青岛奥帆赛期间共向奥帆中心气象水文工作组提供比赛海区实时高时空分辨率风场数据600余幅,为首席预报员预报天气风场、赛事组织提供了决策依据。多普勒激光雷达常规观测时是每半个小时提供一幅分辨率50米×50米的海面风数据,但由于青岛海域比赛期间小风天较多,气象条件复杂多变,应奥帆中心气象水文工作组要求,我们的激光雷达又随时进行加密观测(自2008年8月17日6:30起至17:00系统进行连续测量)。这种高分辨率的海面风场观测大大提高了赛事组织的工作效率,圆满完成了比赛期间的气象保障任务。

(2) 备战帆船赛期间的"UFO热身"。

在我们备战奥运会奥帆赛期间,还有一件有趣的事情发生。当时,青岛的很多市民对出现在夜空中的"测风激光雷达"激光束进行过种种猜测。正如央视《走进科学》栏目、《青岛晚报》及青岛新闻网等媒体报道的《"绿色UFO"划过青岛夜空?》《"外星来客"起争议,实是备战帆船赛"测风激光雷达"激光束》《UFO再现夜空市民争睹众说纷纭本报读者可揭秘》等。其实,这就是一种发自"测风激光雷达"的激光束。记者现场求证时,我们实验室的几名博士生正在专心操作该仪器。当时,我们的博士生刘秉义就告诉记者,发射激光是我们为18日~31日举行的青岛国际帆船比赛进行"热身";届时我们的测风仪将开赴国际帆船中心,为国际帆船比赛提供最新、最精确的风场数据,其现场时限可被控制在两分钟以内;而且,这种激光束属于纳米量级,对飞机的飞行和植物生长都不会产生负面影响。

(3) 多普勒激光雷达为"神舟七号"返回段提供气象保障服务。

在2008年8月成功完成奥帆赛和残奥帆赛的气象保障服务以后,我带领着研究团队于2008年9月18日从青岛出发,携多普勒激光雷达马不停蹄地奔赴千里外的内蒙古大草原的"神舟七号"飞船着落场,为"神

2008年9月28日,"神舟七号"返回舱成功着陆

舟七号"载人飞船返回段提供气象保障服务。我们的工作任务是每天早8点至晚17点,利用车载多普勒激光雷达每10分钟提供一组从地面至10千米的风廓线数据,高度分辨率100米,为"神舟七号"飞船准确定位提供预报服务。

此次任务是由国家气象局组织,气象探测中心负责实施。载人飞船返回舱在下落段特别是其制动完成后将进入大气层,在下降过程中将受风力作用影响,快速下降的同时在大气中做水平飘移,特别是开伞后风的影响作用更大。在这个过程中多普勒激光雷达所做的实验任务包括:① 为预报员提供现场实测数据,对预报主着陆场的风场提供支持;② 根据多普勒激光雷达提供的风场数据和模式预报资料计算返回舱下落的轨迹,预报出着陆点的参考位置。

通过本次"神舟七号"载人飞船返回段气象保障任务的顺利完成,证明使用传统单点式测风仪器数据,会造成返回舱实际着陆点和理论预报着陆点会出现较大的偏差,给后续搜救造成一定困难。而用多普勒激光雷达风廓线数据,可以更加准确地预测和计算出返回舱下落轨迹,大大缩小了搜救范围和缩短了搜救时间。

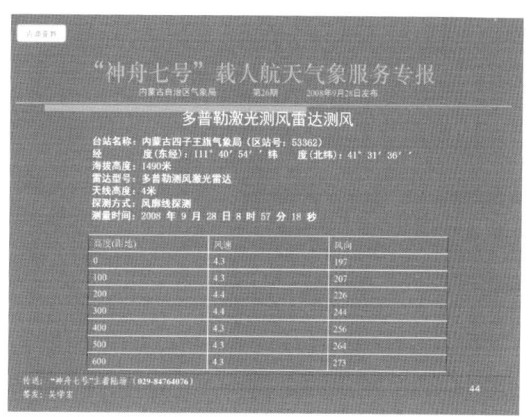

载人航天气象服务多普勒激光雷达测风报告

三、多普勒激光雷达成功研制的影响及意义

我国首台业务化可移式(车载)多普勒激光雷达的成功研制以及随后在国际上首次将激光雷达技术应用于奥运会帆船比赛气象服务的突破性成果,在国际上引起了巨大反响,美国的《科学日报》《今日物理》《光子学技术》和《欧洲光学》等国际科技新闻网站纷纷发表头版新闻予以报道和转载。

《科技日报》对此是这样报道的:"以刘智深教授为代表的中国海洋大学海洋遥感研究团队,以创新为核心理念,在充分吸收前人研究成果的基础上,不断进行改革与突破,成功研发出独具特色的可移动(车载)多普勒激光雷达,具备原理与技术上的创新性。它首次采用具有自主知识产权的碘分子吸收器作为鉴频器件测量由风速引起的多普勒频移,在海面水平风场高精度实时测量方面具有独特优势。"

《人民网》对此是这样报道的:"由中国海洋大学海洋遥感研究所刘智深教授带领的科研团队研制的我国第一台业务化车载多普勒激光雷达,它是第一台列入中国气象装备样本的能够符合业务化运行要求的激光雷达。它的成功研制及业务化应用是科研团队中每一位工作者,包括教授、青年教师和研究生们汗水结晶的产物,是艰苦奋斗的果实,每一项关键技术的突破都凝聚了海洋遥感研究所激光雷达团队师生们的辛勤劳动,承载了多位科研工作者的努力与坚持。"

四、多普勒激光雷达的后续研发工作

我校在国家科委重点项目支持下完成了机载测风激光雷达科研样机,并于2009年4月成功进行了机载测风激光雷达试验。在此基础上,我们又进行了星载测风激光雷达的总体技术指标和模拟实验,为我国发展星载测风激光雷达提供了技术建议。

科学研究无止境,等待我们的是更艰难的工作历程。2010年研制完成的可移式多普勒激光雷达,在交付国家气象局大气探测中心后继续进行业务化运行试验。在中国气象局观测站进行了长达两年的对比测量,并在此期间完成了2010年广州亚运会帆船赛气象保障服务。但是,科技转化为产品必然有很艰难的路要走,在业务化运行中难免会出现各种各样的问题,作为研制方,我们必定会和中国气象局气象探测中心紧密合作,努力推进测风激光雷达业务化工作进程,这是我们激光雷达教师的责任所在!

(整理人:李辉　马玲)

"栉孔扇贝人工育苗研究"科研历程回顾

◇ 王如才

作者简介

王如才,男,1933年9月生,山东烟台人。1958年7月毕业于山东大学水产系。青岛海洋大学教授、博士生导师。曾任水产学院水产养殖系主任、水产学院副院长等职务。曾兼任中国贝类学会常务理事,海洋湖沼学会理事,山东省原良种审定委员会副主任委员等职。1988年曾获山东省总工会授予的"优秀科技工作者"称号,并获得"富民兴鲁"劳动奖章;1989年获"青岛市优秀科技工作者";1991年获"山东高校先进科技工作者"称号;1993年被国家批准享受政府特殊津贴;2001年被国家授予"'863计划'中有突出贡献的先进个人"受到了表彰;同年,被山东省人民政府授予"农业科技先进个人"并荣立一等功;2003年被中国水产学会授予"全国优秀水产科技工作者"称号;2007年被中国贝类学会授予在贝类方面做出突出贡献的个人的称号并颁发了荣誉证书。

从事贝类学和贝类养殖学教学科研工作40余年。先后参加过28部著作的编写,发表论文160余篇,出国交流5次,获省市及国家荣誉称号10余项。先后主持国家攀登计划、国家海洋生物"863计划"重大项目等10多项国家及省部级科研课题,获省市及国家级科研成果奖30余项。2005年"主要海水养殖动物多倍体育种育苗和性控技术"获"国家技术发明二等奖"。2008年"栉孔扇贝健康苗种培育技术体系建立与应用"获"国家科学技术进步二等奖"。1986年栉孔扇贝人工育苗研究获"山东省科技进步奖二等奖"。

一、"栉孔扇贝人工育苗研究"背景介绍

1. 贝类养殖业的缘起

在我1958年大学毕业时,学校既无贝类养殖教研室,也无贝类养殖课程,更没有教科书。毕业后,领导让我教"贝类学"和"贝类养殖"课程,开始思想上有些抵触情绪,因为四年大学我并没有学过这个专业,难以承担起这样的重任,但我又一想:"我是个年轻的共产党员,应当服从组织上的安排,一切只好从头学起。"所以,我下决心搞好"贝类学"和"贝类养殖学"的教学与研究工作。

当时,在我国长江以北还没有群众搞贝类养殖的,我便到长江以南的浙江、福建、广东一带展开调研,参观学习。通过调研、考察和访问,我基本了解了我国牡蛎、缢蛏、泥蚶、蛤仔、珍珠等贝类的养殖概况,为1961年由我校牵头与兄弟院校联合编写、由农业出版社出版的我国第一部《贝类养殖学》打下了良好的基础,从此我国高校有了自己的贝类养殖教科书。

经过多年的研究实践、总结与提高,2008年我校贝类组的老师又重新组织编写和修改出版了《海水贝类养殖学》。2011年,该书获得了"首届山东省新闻出版奖图书奖"。在贝类学研究方面,我们还根据自己多年采集和收集的贝类标本,于1988年组织出版了《中国水生贝类原色图鉴》一书。该书于1990年获得"全国优秀科技图书二等奖"。

除了认真做好学校的本科教学工作外,我们还主动针对全国沿海各地的贝类育苗与养殖需要,先后举办过8期技术培训班,进行养殖技术的推广培训,有力地推动了我国贝类养殖事业的快速发展。

2. 夹缝中求进取——"扇贝半人工采苗的研究"的成功及价值

王如才在贝类养殖技术培训班上讲课

20世纪70年代正处于我国的"文革"时期,由于"四人帮"的破坏和干扰,把新中国成立后刚刚建立起来的山东海洋学院水产系砍掉了,被迫于1971年整建制搬迁到了烟台,与烟台原有的水产学校合并,不仅造成了人力、物力的极大损失和浪费,也使教学和科研元气大伤。在烟期间,我既生气又无奈、迷茫,以后的路子到底该怎么走呢?经过辗转多日的思想斗争,我终于想明白了,这种颠倒黑白的日子不会太长久,于是下决心把事业搞上去,不能浪费我的大好青春,这才是硬道理。从此以后,我便尽量挤出时间到第一线生产基地,去专心搞贝类(扇贝)半人工采苗研究。

当时,在我国栉孔扇贝的苗种大多是靠采集野生的,数量有限,并且很难掌握苗种的数量,具体分布区域和采苗季节完全靠渔民经验,采苗的方法原始、效益不高。而所谓的"扇贝半人工采苗",是根据扇贝的生活史和生活习性,在繁殖的季节里,利用人工的方法,向自然海区投放适宜的附着基,供扇贝的幼虫附着变态、发育生长,从而获得养殖的苗种。扇贝半人工采苗的关键是在扇贝的繁殖季节选择什么样的材料作为附着基。经过两年的反复试验,这种合适的附着基终于被我找到了,并且还研究出了较好的采苗方法。这种采苗方法中常用的采苗器有采苗袋和采苗笼两种。采苗袋用网目1.2～1.5毫米的聚乙烯窗纱制成30×40厘米的袋,袋内装50克左右的废旧尼龙网片或聚乙烯网片、挤塑网片;采苗笼长60～100厘米,直径25～30厘米,采苗笼分成多层,层与层间隔 20 厘米,网笼每层内放 20 克尼龙网片或挤塑网片。

"扇贝半人工采苗的研究"成功后,1985 年获得"山东省教育厅科技成果二等奖";"栉孔扇贝自然海区采苗技术的研究"于 1986 年获得"农牧渔业部科技进步三等奖",并于 1989 年获得"山东科协优秀学术成果二等奖"。

由于半人工采苗的技术原理简单易懂又便于操作,因此很容易推广应用,很快就取得了良好的社会

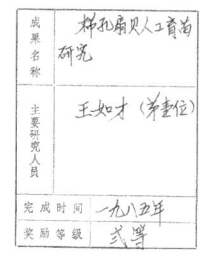

山东省科学技术进步奖荣誉证书

应用效果。山东省长岛县 1984 年采用半人工采苗的方法,单袋采苗数量平均达到 1 000 粒,共采扇贝苗 25 亿余粒,使扇贝养殖量历史上首次超过捕捞量,扇贝养殖成为继海带以后长岛第二个水产养殖的里程碑。1985 年,山东荣成县(现荣成市)的个体养殖户毕庶金进行扇贝半人工采苗收益后,不仅还清了 4.7 万元的银行贷款,还盈利了 2 万多元;不仅全家老少的温饱得以解决,还成了当时远近闻名的"万元户"。1992 年,烟台福山套子湾采扇贝商品苗 100 多亿粒,赢利达到 3 000 多万元。扇贝半人工采苗经济效益和社会效益得到极大成功后,我们又为了推广"栉孔扇贝的半人工采苗技术"先后为全国和地方举办了三期扇贝半人工采苗技术培训班,从而更有力地推动了贝类养殖事业在全国的发展。

二、承上启下的"栉孔扇贝的人工育苗技术研究"

栉孔扇贝的半人工采苗虽然取得成功,但是仅靠采苗还远远满足不了生

产和人们生活的需要,而且还破坏天然资源。因此,我又开始了研究"栉孔扇贝的人工育苗技术"。实际上,"栉孔扇贝的人工育苗"的研究,在"文革"后期就开始了。我们先后对育苗用水的处理、幼虫的选优、改善防除、磁化水培育单胞藻、流水育苗等进行了一系列研究。

在整个长达多年的研究过程中,我付出了很多很多,有困难也有快乐,有艰辛也有愉悦。人工育苗研究开始于"文革"后期,当时我们还在烟台水产学校,由于受"文革"的影响,连实验室的水池都被破坏掉了,起步时期的基础实验条件差得不可想象。但幸运的是在"四人帮"倒台后,党的政策又回暖到我们知识分子身上,我们原水产系的部分教师一致强烈要求:将原水产系的班底重新回归山东海洋学院。经过连续几个月的抗争,甚至冒着被克扣工资的风险,不达回迁目的决不罢休,终于在1977年底,我们海洋学院的水产系又失而复得。正如在我80岁生日的宴会上,有位老教授语重深长说的那样:"当时,如果没有你们努力实现了大家的回迁梦,也许今天的水产学院就不复存在了。"但是,我内心觉得,归根结底还是党的政策好。

回归海洋学院后,系里的广大教师都无比兴奋,在工作中也都焕发了青春和活力,积极投身于各自的教学和科研工作中。我的贝类人工育苗研究也在这时重新起步,并一路顺利地展开了各种研究工作,最终取得了成功。

我们把实验研究的结果,通过认真梳理和总结,编写成《栉孔扇贝人工育苗试验报告》,于1984年获得"中国水产学会优秀论文三等奖";"栉孔扇贝人工育苗研究"成果于1985年获"山东海洋学院科技进步二等奖",1986年获"山东省科学技术进步二等奖"。"栉孔扇贝人工育苗和自然海区采苗研究"成果于1991年获得"国家教委科技进步二等奖","栉孔扇贝健康苗种培育技术体系建立与应用"于2008年获得"国家科学技术进步二等奖"。

在扇贝人工育苗取得一定的研究成果后,1984年为了帮助荣成俚岛海珍品育苗场摆脱亏损局面,我又受邀到他们那里帮助进行"工厂化人工育苗",当年就总结出了利用对虾育苗池进行扇贝加温育苗、流水培育、磁化水育苗、磁化水培育单胞藻等实验方法,取得了许多宝贵经验。该养殖场于1985年实现了扭亏为盈,当年获利达80多万元。场领导为了报答我,要给我报酬,但被我宛然谢绝了。我是一名党多年培养的科技工作者,我们有为生产一线解决生产技术难题的义务和责任！1987年文登小观市养殖二场邀请我到该场进行"海湾扇贝人工育苗"技术指导，我对该场领导说"我是搞栉孔扇贝人工育苗研究的，海湾扇贝人工育苗我没有搞过，今年让我来指导，如果搞好了，明年就不用再来；如果搞不好，明年我还是要再来的。"事实上，当年我在文登小观市养殖二场搞的海湾扇贝人工育苗就获得了成功，当年盈利达到270多万元。尽管养殖场获利丰厚，但我们学校和我个人却分文未取，我们的心情是愉悦的，这种来自灵魂深处的感觉，旁人真的很难感觉得到。作为科技工作者能有机会实现自己的探索梦想，能得到当地领导和职工的通力配合和支持，并能不断取得新的研究成果，我们应该对他们心怀感激才对。这也是为什么至今我们仍然交往热络、友谊源远流长的原因。

"栉孔扇贝的人工育苗研究"项目进行中所面临的环境同样较恶劣和复杂，实验条件比较艰苦，整个科研过程充满着曲折和艰辛，能够顺利完成并获得"山东省科技进步奖二等奖"实属不易。它既是对"扇贝半人工采苗研究"工作的发展，又为开启"贝类多倍体的研究"奠定了基础，科学研究的理论与实践经验就是靠这样一步一步地积累起来的。

就在我们为人们再不必为栉孔扇贝和海湾扇贝的生产苗种发愁而高兴，又在专心致志地为新的研究内容而忘我工作的时候，竟听到了影响我们工作情绪的杂音，说我们的海湾扇贝育苗的成功是学习他人的经验，这使我极其诧异。事实上，海湾扇贝的人工育苗研究比栉孔扇贝的育苗晚了十多年，它完全是建立在栉孔扇贝人工育苗成功的基础上加以改进才取得成功的，技术和方法基本上沿用了栉孔扇贝人工育苗的那一套，怎么能说是学习他人的方法？这可谓颠倒黑白、混淆是非。我觉得每一个人都应堂堂正正做人，正正经经做事，尤其是科技工作者更要实事求是、光明磊落，不应有半点虚假。

得益于党的改革开放大好形势，为了追赶国际海洋水产养殖事业的发展步伐，在以上十几年的研究基础上，1987年我又主动组织了贝类教研室及院系有关教师进行"贝类多倍体育苗技术"研究。通过研究，我们在牡蛎性腺同步发育、获卵技术，卵的体外促熟、诱导剂的筛选、诱导技术，幼虫培育、眼点幼虫的选育和附着技术，无基三倍体牡蛎苗种生产技术，胚胎及成体三倍体检测技术以及养成技术等方面都先后获得了系统性突破。

在重点进行牡蛎多倍体研究的同时,我们也进行了栉孔扇贝三倍体育苗技术的研究,同样也取得了初步成绩。在多倍体牡蛎的研发工程中充分发挥了团体写作的精神,每个同志分工明确,各负其责,共同努力,分工协作,最终所取得的累累硕果是大家心血凝集的结果。

一朵鲜花不是春,万紫千红才是春。想要搞好科研,一个人的力量总是有限的,团队的力量才是无限的,没有团队的支持与协作,要取得成功是十分艰难的;只有发挥各人之所长,取长补短,相互支持,密切配合,才能为科研成功筑好基石。

麦饭石的发现
——"青岛麦饭石研究"科研项目背后的经历

◇ 曹钦臣

作者简介

曹钦臣，男，1934年8月出生。1961年毕业于南京大学地质系，同年10月分配到山东地质学院工作，1962年春转到山东海洋学院任教。

主持完成的"青岛麦饭石研究"项目于1989年获"国家教委科技进步二等奖"。

一、麦饭石发现的经过

1984年至1987年8月底，我曾经多次在《文摘周报》上看到对一种石头的报道，它泡水喝能治病，对人类健康有很大益处。在日本、我国台湾和东南亚等地区，这种石头常被当作礼品相互赠送。看到报道之后，引起了我对"能治病的石头"的研究重视。我时常在想：地球上的岩石共分三大类：火成岩、沉积岩和变质岩，再细分就有数百种岩石之多，可从来没有听说过"麦饭石"一词。这到底是哪一种石头呢？自此，我开始在青岛周边寻找这种石头的踪影。

麦饭石的神奇作用在我国1 000余年前就有记载。早在晋代麦饭石就已经入药医病,宋朝的《本草图经》把麦饭石作为药石记载下来;明代大医学家李时珍在《本草纲目》中也有记载:麦饭石像一个握聚的麦饭团,性属甘、温,无毒,主治一切痈疽发背。"功夫不负有心人",在我对麦饭石苦思冥想之时,真是应了那句俗话:"踏破铁鞋无觅处,得来全不费工夫。"

1987年8月底的一天,《中国地质报》报道了麦饭石的化学成分一览表。对照这一化学成分表我发现,它与我研究的青岛红岛地区的火山侵入杂岩的化学成分相似,我如获至宝。记得当时是中午,学校已下班,我带着报纸立即赶到副校长徐家振家,我说:"如果按照这个成分表,咱们青岛地区的麦饭石有很多。"徐副校长当即对我表态说:"看准就干,事不宜迟!"

1985年,内蒙古和辽宁阜新地区发现了麦饭石矿体,国内地质学界首次给出麦饭石一个准确的地质定义。当时,在校领导的安排下,我与张保民教授、金宝荣老师三人赶赴辽宁地质局,实际考察麦饭石产地。当辽宁地质局的金义泽同志(国内首先提出麦饭石)拿出阜新和内蒙古的麦饭石标本时,我就发现质量没有青岛的好。因为,这两地的麦饭石实际是中偏酸性的石英二长岩,而我们青岛地区的麦饭石是中偏碱性的安粗岩和粗安斑岩,质量要好得多。

(粗安斑岩)青岛麦饭石

我们当即返回青岛,开始了勘探工作。我带着一支由我校学生组成的勘探小分队,在即墨舞旗山和崂山的仲村、午山等地发现了麦饭石,并命名为"青岛麦饭石"。随后,在校方统一领导下,调动了校内化学、生物、地质等多学科进行溶出、吸附、生物学活性试验、急性毒性试验、致突变实验及放射性总量测定等,对青岛麦饭石理化性能及地质特征展开全面研究。

试验结果表明:青岛麦饭石无毒副作用;未发现有致突变作用;与宇宙射

线本底值一致,对人体无害;对几十种有益元素均有不同程度溶出,铅等4种有害元素溶出量极微;吸附性能极强,对铅、镉、砷、汞等有害元素及细菌的吸附量均与吸附时间呈线性增长关系,吸附效果极佳;青岛麦饭石溶出液具有增强受体食欲,促进新陈代谢和动物生长发育的功能;青岛麦饭石溶出液能有效提高受体的机体素质,增加机体体力和忍耐程度。

在地质特征研究方面,我们取得了青岛麦饭石的矿物组成、常量及微量元素的系统分析资料;对青岛麦饭石形成的机制进行研究,提供了麦饭石对人体无害有益、具有保健作用的依据。另外,青岛麦饭石的研究报告中也阐明了青岛麦饭石赋存的区域和矿产的地质特征,论述了矿石类型、成矿条件和矿床成因,测制了部分矿区1/5 000的地形地质图,圈定了矿床分布的范围,计算了地面可采储量,正确提出中偏碱性的安粗岩和粗安斑岩为最优质的麦饭石。

二、青岛麦饭石研究的鉴定与价值

在各方面研究获得充分理论数据后,于1988年4月7日~9日在青岛召开了青岛麦饭石鉴定会。在本次鉴定会上,山东省地质局总工程师曹国权同志代表"青岛麦饭石鉴定委员会"宣读了鉴定结果:

该项研究系统地进行了野外不同比例尺的地质测量、室内岩石矿物、地球化学及成矿机制等方面的分析研究,进行了溶出及吸附性试验、生物活性实验、急性毒性试验、致突变实验和放射性强度测定。与国内外已知麦饭石的特征比较,青岛麦饭石是一种优质麦饭石,该研究成果为青岛麦饭石的开发、利用提供了资料和科学依据。

1988年,全体评审委员参观即墨舞旗山麦饭石产地
(左图左一为山东省地质局总工程师曹国权)

"青岛麦饭石研究"鉴定会及鉴定委员合影

1. 基本查明了青岛麦饭石产地的区域地质和矿床地质条件,对该资源的远景和开发应用做出了初步评价。

2. 查明了青岛麦饭石的物质组成,证明其对人体有益无害、具有保健作用。

3. 含有人体所必需的多种常量元素和微量元素,并有不同程度的溶出性能,具有改善水质的功能。

4. 具有较强的吸附有害元素和病菌的功能。

5. 无毒副作用,未发现致突变作用,能促进食欲和新陈代谢,提高机体素质。

该课题方向正确,采用地学、化学、医学等多学科综合研究,方法合理,测试数据可靠,资料齐全,具有国内领先水平。在引用岩石地球化学研究麦饭石方面达到国际水平。

三、退休不退志

现在,我虽然已经退休,但仍致力于麦饭石的发现与研究。我们又发现在胶东半岛从莱阳到五莲这一胶莱盆地范围内,麦饭石矿体时断时续地存在,这是由1亿年至6 500万年前的火山喷发及地壳运动作用而成的。

科研成果背后的故事

曹钦臣向专家和领导介绍青岛麦饭石相关产品

2011年夏天,我在一个朋友的邀请下到胶州艾山游玩,偶然发现艾山主峰从山脚到山顶整个一座山全部是(粗安斑岩)麦饭石构成。三年来,我走遍了以艾山为中心、从洋河镇到张应镇方圆200平方千米的区域,最终确认该区域蕴藏着丰富的麦饭石资源,这是青岛目前发现并保存完好的面积最大的麦饭石产地。麦饭石本身疏松多孔,具有极强的吸附能力,其去除杂味的功能极强。而整个艾山主峰峰顶,几乎就是一块硕大的麦饭石,这里就是一个天然氧吧。

在胶州,艾山有神泉的传说已经流传了千百年,当地老百姓称这水是治病的中药之"引"。《青岛晚报》记者曾在山上遇到了附近的村民老赵。一问起"神泉",老赵顿时眉飞色舞:"听同村人说有人用神水擦身治好了一种皮炎,还听说有人喝这水把糖尿病都治好了。"

在艾山待久了,我也听说过这个传说。现在谜底已经被我揭开了,其实,所有的神奇都是源于这里有丰富的麦饭石。为了给出权威的数据分析,我在两年内带队进行了前期专业勘察,发现艾山东石附近的深井其实是一处地下矿泉。水源来自地下100余米深处的麦饭石中。由于整个艾山周边没有工业污染,这里的水质

2013年6月21日,《青岛晚报》独家报道曹钦臣教授发现麦饭石

十分清澈、甘洌。判定一处泉水是否为矿泉水、其水质如何,需要对水样在丰水期、平水期和枯水期分别进行抽样检测。我将不同时期的水样同时分别送到国土资源部南京矿产资源监督检测中心、北京市地质工程勘察院实验室以及山东省地质环境监测总站实验室检测,最终得出一致的数据表明,"神水"中含偏硅酸高达 61.25 毫克/升、锶含量为 0.6～0.8 毫克/升,均优于国家饮用天然矿泉水标准的要求(国家标准中,可饮用天然矿泉水偏硅酸含量不得低于 25 毫克/升)。青岛已发现的可饮用天然矿泉水偏硅酸含量均为 25～55 毫克/升,而"神水"偏硅酸含量之高在青岛地区尚属首次发现。

胶州洋河镇姜各庄村村书记王恩杰告诉《青岛晚报》记者,艾山周边的 7 个村子,自古以来就因种出的瓜果蔬菜香甜而在胶州小有名气,大家都说是风水好,现在才知道是因为麦饭石。李子行"羊脂美芋"、山寺石磨面粉、大相家粉条……这些农产品因为有了关于麦饭石的解释,在当地迅速"走红",很多产品出现了供不应求的局面。王恩杰说:"前几年还为这里没有大项目而发愁,没想到原生态的水土给我们带来了这么惊喜的收益。"

中美首次大型海洋合作调查亲历记

◇ 杨作升

作者简介

杨作升,男,生于1938年。1960毕业于原苏联列宁格勒大学(现俄罗斯圣彼得堡大学)地球化学专业。中国海洋大学教授、博士生导师,河口海岸带研究所名誉所长。曾任河口海岸带研究所所长,海洋地球科学学院院长,第九届山东省人大常委,第九届青岛市政协副主席等职。

主要从事海洋沉积学及海洋沉积地球化学、陆架及河口动力沉积学研究。曾担任过三项国家自然科学基金面上项目负责人,一项重大基金第四负责人和一项重点基金第二负责人,两项国家"八五"攻关专题、两项"九五"攻关专题的第二负责人,一项国家"863"项目子课题负责人,多项委托项目负责人,以及中美、中德、中澳海洋合作项目中方首席科学家,中美、中日合作项目主要参加者。

相关成果:"浅海工程环境和海底不稳定性研究"获1989年国家教委科技进步二等奖,"黄河口及渤海南部沉积作用"获1992年"国家教委科技进步三等奖"。

一、中美合作调查纪实

1979年1月31日,邓小平在访美期间与美国总统卡特签署了《中美政府间科学技术合作协定》,开启了两国交往中一个十分重要和富有活力的领域。国家海洋局和美国国家海洋大气局合作,在1980~1982年,以东海陆架和长江口沉积动力学为主题,进行了首次中美多学科大型合作调查研究,成果丰硕,在国内外产生了重大影响。1983年,中国科学院海洋研究所和美国Woods Hole海洋研究所的Milliman博士(首次中美合作美方代表团团长兼首席科学家),也签订了南黄海沉积动力学调查研究合作协议。作为国家教委(现教育部)所属全国唯一的重点海洋院校山东海洋学院(中国海洋大学前身),同样感受到开展大型海洋国际合作的必要性和紧迫性,文圣常院长也对此非常关心。

国际合作以什么为主题、和谁合作,这是首先要解决的问题。

黄河是世界性大河,入海泥沙量居世界第二位,泥沙浓度高居第一位,是研究独特的高浓度泥沙入海过程、效应和高浑浊度河口海域的天然实验室,但其神秘的面纱尚未被揭开,对海洋科学家非常有吸引力。从1980年开始,有多位美方科学家向中方表示了合作调查黄河口的意向。但黄河口和渤海属于我国的领海,在那里进行国际合作调查和资料共享等,是政治上高度敏感的问题。

2010年5月,原美国俄勒冈州立大学副校长、中美合作美方首席科学家Keller教授(左二)访问海大,与陈祥林(左一)、杨作升(左三)、李天明(左四,原海大外事处负责人)亲切合影

1983年,美国俄勒冈州立大学海洋学院院长G. Keller教授访问青岛,他曾是首次中美合作(国内由国家海洋局牵头)的美方副首席科学家,对黄河口调查的意义十分清楚。由于我曾是首次中美海洋合作美方代表团成员,彼此比较熟悉,所以他向我表示了与山东海洋学院合作调查黄河口海域的意向。我建议

他直接向山东海洋学院文圣常院长提出。他随即向文圣常院长提出了与我校开展中美合作调查黄河口的建议。文院长和学校领导经过研究,决定首先探索进行中美合作调查黄河口项目的可能性,其第一步必须获得中央有关部门的批准。这个争取中央批件的任务,落到了我的头上,并由科研处关庆利同志协办。

经过查阅资料,我注意到中央已批准在渤海进行中法和中日石油共同勘探开发,有关区域应该是对外开放的。1983年我到北京找到中国海洋石油总公司外联部的邢江工程师,他给了我一份已批准的渤海中法和中日石油共同勘探开发区域图,图上包括了黄河口和渤海的部分区域,各个区块拐点均有经纬度坐标,非常明确。按照文件规定,在合作勘探开发区内允许中外双方调查和共享海洋环境资料,包括沉积物等地质资料在内。这可是解决了大问题!我赶快把材料复印保存,并回校汇报。

1983年至1984年初,根据文圣常院长指示,科研处协助我们起草了申请中美合作调查的文件,包括内容、对象、实施计划、双方共享资料条目等,调查海域全部限于中法和中日石油共同勘探开发区内水深较浅的渤海中南部;然后,我和科研处关庆利同志一同到国家教委办理审批。国家教委有关负责人听取我们汇报后表示支持,同时要我们自己持教委介绍信到审批国际合作的牵头单位国家科委(现科技部)以及海军司令部(简称"海司")、总参谋部(简称"总参")、外交部、国家海洋局联系6部委会签事宜。到国家科委后,有关负责人也表示支持,但需要"海司"和"总参"批准。我们到"海司"联系,"海司"有关负责人当场表示研究区域没有问题,但还需要上报总参批示。我们又到"总参"递交了申请报告,然后我先返回学校,由关庆利同志继续在北京督办。

大约20天左右,接到了总参和海司批准我们申请的消息,我再返北京,与关庆利同志一同到国家科委联系,还向中央有关领导进行了汇报。不久,国家科委正式通知国家教委,批准了山东海洋学院的中美合作项目申请。通知还指出,每次出海前,必须将详细的实施计划上报国家教委、济南军区和北海舰队司令部审查批准,此外不再需要其他审批手续。国家教委随即下发了批件,由此我校的中美合作项目终于获得了国家法律和行政依据,也开启了我国高校独立与国外科研单位开展大型国际海洋科技合作的先河。

中美黄河口合作调查船只"黄河86"号　　中美黄河口合作调查船只"东方红"号

　　Keller教授在接到文圣常院长的通知后，非常高兴。1984年夏，他和Prior教授到山东海洋学院讨论中美合作事宜，了解合作调查计划、人员、设备和黄河口等情况，最后讨论合作计划并签订协议。山东海洋学院由文院长牵头，由五系二所即海洋地质系和河口海岸带研究所、物理海洋系和物理海洋研究所、化学系、生物系和物理系的教师组成强大团队，会同科研处沈剑平、刁传芳、关庆利和外事处罗青、李天明等领导，制订了合作计划，我参与了计划和协定的起草与执笔。Keller和Prior认真听取了我们的介绍，不放过任何一个细节。例如，当地质系王琦老师介绍到黄河入海泥沙在洪水期较细而枯水期较粗时，他们马上就问：为什么洪水携带的泥沙反而细？在听到合理解释后，他们非常满意。通过访问美方认为，虽然海院在研究水平和仪器设备方面与美方尚有明显差距，但教师素质高，多学科交叉强，团结合作精神好，海上调查经验丰富，还有"东方红"号调查船，相信合作一定能顺利进行。最后，由文院长和Keller院长作为项目负责人签订了合作协议，合作项目名称是"中美合作渤海中南部及黄河口海域沉积动力学调查"。

　　Keller教授回美后，组织了一支研究河口和陆架海的一流科研队伍，成员分别来自4个单位，有路易斯安那州立大学的D. Prior、W. Wiseman、J. Suhayida、N. Rabalais和J. Turner教授，弗吉尼亚海洋研究所的L. D. Wright教授，加拿大太平洋研究中心的B. Bornhold博士等以及辅助技术人员。他们在大河河口和三角洲、陆架海等海域有丰富的调查经验，熟练掌握海上调查技术，所学专业涵盖多个海洋学科领域，发表了大量研究成果（包括 *Nature* 杂志），是所在研究领域内的翘楚。海洋学院也以5个系、2个所的强大阵容参加，教师和学生共 40 余人。

按照计划,调查在 1985 年到 1987 年的春、夏、秋季分 3 次进行,每次 15 天,内容涵盖海洋地质、水文、化学、生物和水声物理等多个学科。在水深大于 9 米的渤海陆架区,由"东方红"号调查船进行,在黄河口浅水区则租用吃水浅的小型调查船进行。美方由 Keller 担任首席科学家和负责人,副首席是 Prior。我被任命为中方首席科学家兼调查队队长,喻祖祥老师任政委,范元炳老师任副队长,由我负责全面协调各方面的工作。

1985 年 5 月～6 月,中美双方在黄河枯季进行了第一次调查,1986 年 7 月～8 月在黄河洪季进行了第二次调查,1987 年 9 月～10 月黄河汛后期进行了第三次调查。每次调查前都有协调会、研讨会,调查后有总结会、下阶段计划会和学术讨论会,而且均有记录,达到了事前准备充分、事后总结经验教训以利再战的效果,中方参加人员每次有 40 多人,美方最少有 8 人,最多达 13 人。除我方的各种仪器外,美方还运来了多种海上大型调查设备共同使用。

中美合作美方首席科学家、俄勒冈州立大学副校长 Keller 教授在"东方红"调查船上施放采样器

当然,调查工作也非事事都一帆风顺,出现过不少未预料到的情况。例如,1986 年调查时,租用的"胜利 502"号浅水船在午夜突然发生机舱、生活舱和淡水舱三个舱同时穿洞进水的事故,情况紧急。船长和我商量后即令船抢滩搁浅,以免下沉,同时叫醒了熟睡中的 6 位美方科学家。这时海水已进到他们住的生活舱,他们很紧张,经用测深仪测定水深只有 0.8 米时才放了心。第二天我通过无线电和胜利油田领导部门联系,他们换了一条同样的双体船,调查得以继续进行,没有耽误原定工作。事后 Keller 教授说,临时换调查船,在美国是不可能做到的。

通过中方人员的努力,特别是"东方红"号调查船的大力配合,我们克服

部分中美合作双方人员"东方红"号上的合影

了多种困难,使调查得以顺利进行。我们海洋学院的真诚合作和执行得力给美方留下了深刻印象,建立了双方合作的充分信心。

通过50天左右的同舟调查和面对面交流讨论,我们海洋学院师生获得了向美方科学家学习的好机会。美方在实施方案、测线布设、仪器使用等方面都紧扣科学问题;阶段性有限目标相互衔接上考虑周密、详细又务实。美方科学家每天都利用晚饭时交流和讨论新发现及问题,做到及时反馈,随时根据实际情况调整实施方案,甚至改变测线。这对及时发现科学问题,开阔思路,提高效率非常有效。每次调查后,都认真总结和提出改进方案,做到科学高效。美方科学家动手能力很强,每人都带有大型仪器。虽然都是著名教授,但这些沉重仪器的施放和回收,都是亲自动手,不怕脏累,走航中也是紧盯仪器记录观察,非常敬业。他们也会临时就地取材、动手制作简便实用的辅助设施来解决问题。这些都是值得我们学习的。

二、中美海洋合作调查成果丰硕、意义深远

1. 中美海洋合作调查成果

中美海洋合作调查首次揭示了黄河口海域独特的沉积动力过程,发现了世界上罕见的高浓度黄河沉积物异重流,这是黄河泥沙入海输送的主要形式。黄河水下三角洲存在大量的水下滑坡、海底塌陷、冲沟和沉积物液化流等复杂的水下沉积物块体运动,水下滑坡在风暴作用下还会重新活动。黄河口海域的海底不是一片平坦的海底,而是被大量海底地质灾害现象切割得支离破碎,令人震撼。我们发现了低强度海底是黄河高浓度泥沙快速沉积的基础,波、流等海洋动力和地形是其触发机制;还发现波高达4米的浅水内波,对水下岸坡侵蚀起重要作用。这些发现首次揭开了黄河口海域及水下三角洲的神秘面纱,

同时还揭示了研究区水文动力特征和季节性变化、三角洲浅地层结构和空间分布等。在黄河口海域底栖生物特征和分布、浮游植物和初级生产力及营养盐的关系、物质扩散过程、沉积物声学特征和地层反射等方面,得到了很多创新性的认识。

这些研究成果在国际上引起极大关注。1986年美国《海洋地质快报》出版了一本黄河三角洲专辑;1987年在美国海洋科学年会上,设立了黄河口海域研究专题讨论会,有20余篇报告。随后中美学者联合发表了数十篇文章,包括在国际著名杂志 Nature 上联合发表的两篇文章(这也是在 Nature 上首次有我国海洋学界作为作者的文章),海洋学院出版了中文专辑。这些成果在国内外同行中产生了重要影响。

以中美合作成果为基础,学校独立自主持续开展了黄河口海域调查研究,获得多个国家项目的支持。几代人通过共同努力,取得了许多重要的科学成果,得到国内外同行普遍认可。在至今近30年的时间里,海大在黄河口海域的研究在我国一直居于领先地位。

2. 中美合作大大促进了人才培养

在这次中美合作调查中,除了以上取得的成果外,一批年轻的教师和海院研究生也大为获益。美方对中方提出的科学问题总是能坦率回答,特别是对研究生能够言传身教。年轻教师和学生不仅学到了先进的科学知识,还初步掌握

野外调查合影(左:徐景平,右:美国弗吉尼亚海洋研究所教授 L. D. Wright)

杨作升在野外作业

了美方先进的海上调查设备的使用方法和解释记录,达到了当时国家科委提出的"跟踪国际科技前沿一步到位"的要求。

另外,美方资助了7人次到美国有关单位合作进修,许多教师和美方建立了合作关系,不少研究生也通过这一渠道到美国留学,仅俄勒冈州立大学就接收了10多名海院师生。当年参加调查的许多研究生今天已成长为国内外知名的学者,包括张经院士和海大"筑峰工程"特聘教授徐景平博士(其博士生导师是参加当年中美合作的Wright教授)。

3. 中美海洋合作调查种下中美深厚友谊

文圣常院长是中美合作项目的中方负责人,在推动和实施中美合作中起了决定性作用,美方科学家对他非常敬佩。Keller教授(1986年升任俄勒冈州立大学副校长)和他结下了深厚友谊。1984年后他8次访华,每次必到海大拜访文院长,圣诞节必致贺卡。2011年,Keller教授自副校长位置上退休,他告诉我想趁他还能旅行时自费来海大访问老朋友,第一位就是文圣常院士。Keller到青岛后文院士设宴招待,见面时二人都非常高兴,友谊之深厚溢于言表。据说这是文院士85岁以后唯一的一次以他的名义宴请客人。

海大师生和美国科学家在调查中相处融洽,相互配合,也结下了深厚友谊,但也有因工作问题和文化不同发生摩擦的个别情况。1985年Keller教授要求"东方红"号船陈祥林船长改变第二天的航线,俩人发生争执,吵得脸红脖子粗,甚至出现了"把你扔下海去"之类的话,我当时只能两边"灭火"。当晚午夜Keller教授主动向陈船长道歉,陈船长也检讨了自己不够冷静,二人握手言和。1986年Keller再上"东方红"号,二人已是好朋友,每年都互寄贺卡。2011年Keller自费来海大访问老朋友,指名要见陈船长,见面后热烈拥抱,真可谓"不打不成交"。

美方副首席Prior教授在2006年担任美国Texas A&M大学常务副校长期间,邀请我访问该校,并以洛克希德-马丁住该校世界学者的名义提供一切费用。当时海大吴德星校长非常支持,并提出指导性意见。访问期间我和Prior讨论了两校合作事宜,他也非常支持。该校张平教授和我根据Prior副校长和吴德星校长的意见起草了多项合作文件,最重要的一项是双方联合培养博士研究生,毕业后获中美两国教育部都承认的博士学位,最后回海大领取学位证书。在 Prior 副校长大力推动下,两校合作得到了美国教育部的首肯。后来张平教授告诉我,Prior 曾对他说,中美合作调查中我曾救过他一命(指 1986 年浅水调查船三个舱穿洞进水的事故),言下之意他要做出做出回馈。海大吴德星校长和美国德州农工大学(Texas A & M 大学) R. Gates 校长(后调任美国国防部部长)相互表示支持这一合作。2007 年吴德星校长率团访问该校,正式签订了合作协议,这是我国高校第一个获得双方教育部都承认学位的联合培养协议。2008 年 Prior 常务副校长率团回访海大,加深了双方友谊。至今已有 20 多位海大学子在该校读联合培养博士且成果丰硕。例如,地学院博士生张锦昌作为第二作者与其导师 Sager 教授在 Nature 上发表的世界最大的塔穆火山文章,被 Nature 评为"2013 年十大发现之一"。

4. 中美海洋合作调查的应用——胜利油田埕岛海域地基失稳研究

应用中美合作调查成果解决了胜利油田黄河三角洲浅海油气钻井平台地基失稳问题,并取得重大经济效益。胜利油田 1984 年在黄河三角洲埕岛海域发现大型含油气构造,但是 1984～1987 年的 4 年中在该海域的钻井平台均因海底地基失稳,全部失败,经济损失重大。

正如上文提到的,我们通过中美合作调查,首次揭示了黄河水下三角洲存在大量的水下滑坡、海底塌陷等复杂的水下沉积物块体运动,水下滑坡在风暴作用下还会重新活动。黄河口海域的海底地貌不是一片平坦海底,而是被大量海底地质灾害现象切割得支离破碎。黄河三角洲海域存在大量海底不稳定性现象,和美国密西西比河三角洲类似。同时,美国方面的研究也证实,密西西比三角洲海域海上采油平台发生过倒塌事故,其根本原因是由于该海域海底不稳定性现象(如海底滑坡)导致海底失稳造成的。

1988 年,我们在了解到胜利油田埕岛海域的钻井平台发生倾斜移位等事故情况后,向胜利油田刘兴田总地质师展示了中美合作现场记录的大量支离破碎的海底图像和复杂过程,打破了他们认为海底是一片平地的概念,提出了海上平台失稳的原因很可能是海底失稳造成的。刘兴田当场委托我们对平台位置进行优选。我们应用中美合作的思路和技术进行 4 个井场位置优选,使当年 4 个平台钻井一次成功,试油结果证实了埕岛大油田的存在。胜利油田因此获石油部特等奖,山东海洋学院也获"国家教委科技进步二等奖"。胜利油田把平台井场调查纳入规范,并一直沿用,还委托我们编写了180万字的《埕岛油田开发勘探海洋工程环境》(我是第一主编),由青岛海洋大学出版社出版,该书至今仍是该海域的经典性著作。

在改革开放的春风中,中国海洋大学第一次独立组织实施的中美合作大型海洋调查取得了丰硕成果和成功经验,也为我校开展的中法("黄河口痕量金属和有机物的地球化学行为研究",1985年5月)、中日("东海水团分布机制多学科研究",1987年5月)等联合海洋调查研究提供了经验。这种国际合作是一个双向、互动、双赢的过程,双方都因此而受益匪浅。

"河豚鱼安全食用和河豚毒素检测、提取、制备技术体系构建"项目研究背后的故事

◇ 宫庆礼

作者简介

宫庆礼,男,1965年生。教授,博士生导师。承担省部级课题多项,在国内外学术刊物发表科研论文30余篇,参编著作2部。申请发明专利26项,获得授权的发明专利22项;申请并获得授权的实用新型专利7项。1999年至今,研究开发河豚鱼安全食用食品和河豚毒素检测、提取、制备技术,是项目总体规划和方案设计者及专利技术主要发明人。

作为项目负责人所完成的"耐高温良种海带——'荣福海带'的培育与开发"项目,2006年获"教育部科技进步一等奖";"生物毒素和中毒控制中常见毒物快速检测技术研究"项目,2007年获"中华医学科技奖三等奖";"河豚鱼安全食用和河豚毒素检测、提取、制备技术体系构建"项目,2011年获"山东省科学技术奖技术发明二等奖"。承担"十五""863"海藻育种项目,于2004年

获得"荣福海带"国家水产新品种证书(品种登记号:GS02-002-2004)。

一、获奖项目基本情况介绍

1998年9月7日,卫生部卫生法制与监督司印发了《关于同意在山东省扩大河豚鱼人体试食试验的批复》,同意了由山东省食检所组织青岛海洋大学水产学院和青岛庆理河豚料理技术咨询有限公司开展鲜河豚鱼人体试食试验的请示。之后,我们实验室先后承担并完成了山东省科委的"河豚安全食用食品产业化开发及河豚毒素提取利用"和"河豚毒素提取技术开发""十五""863"计划的"生物毒素和中毒控制常见毒物检测技术""十一五"国家科技支撑计划的"新资源食品——河豚鱼安全食用研究"等项目。2011年我领导科研团队所完成的"河豚鱼安全食用和河豚毒素检测、提取、制备技术体系构建"项目获得"山东省科学技术奖技术发明二等奖"。

二、获奖项目进行中的难忘经历

"山东省科学技术奖技术发明二等奖"这个奖项是对过去十余年间,我们针对河豚鱼安全食用等进行艰难技术攻关所取得成绩的肯定,也是我国河豚鱼真正实现安全食用和资源高效利用的一个突破。我和团队成员欣喜不已的同时,也深深地感到成果的来之不易。

回首项目的源起、立项,科研工作的开展、昼夜攻关、技术难题的突破,往事历历在目,触发内心感慨万千。

在我早期的科研历程中,河豚鱼占据了十分重要的地位。在十余年的科研攻关中,河豚鱼的研究都是首要的。之所以将河豚鱼的研究摆在首位,主要源于我早年所接触的有关河豚鱼的故事。我在中国海洋大学学习水产养殖及留校任教期间,听闻了许多故事,眼见了一些场景。这些故事令我痛心、许多场景让我忧虑,促使我与河豚结下不解之缘。在黄海边,每年都会有许多人不明就里捡拾河豚鱼甚至河豚鱼籽回家炖着吃,发生中毒死亡事件;甚至有报道说福建等地发生过有人从垃圾箱中捡拾河豚鱼籽后,一家人食用后全部中毒死亡的惨剧。每当看到诸如此类中毒事件的报道,我备感痛心。而有好几次,当我去黄海边给水产养殖户作技术指导时,常常会发现当地渔民在捕鱼回来后随手就将河豚鱼丢弃在沙滩上。此类情景引发了我许多遐想:河豚鱼味道鲜美,自古有名，古人甚至不惜"拼死吃河豚"，为什么我们不能通过去除河豚鱼体内的毒素，实现安全食用呢？这样一来，既可以为想吃的人提供鲜美的河豚鱼美食；也能让不了解河豚鱼的人知道河豚鱼的剧毒，避免中毒事件的发生；更可以使海洋中资源丰富的河豚鱼得到充分利用，这一举多得的事情应该有人来做。

打那以后，我经常在学术报告会等场合，在学术交流的间隙，在好友间的交流中，多次表达对河豚鱼这一野生资源没有得到有效保护和充分利用甚至不被广大人群所了解的焦虑之情。说起来，做科研是需要契机的。我对河豚鱼食用安全性的关切，对开发利用野生河豚鱼的构想，对宣传推广河豚鱼知识的热情，给卫生部和山东省科协的许多人留下了深刻的印象。1998年的一天，卫生部决定在全国开放几个河豚鱼安全食用的试点单位，而山东省科协也有意在河豚鱼的安全食用方面做一些尝试，他们首先想到的就是让我承担一些河豚鱼安全食用的研究工作。其实，当时的研究条件比较薄弱，但是，对河豚鱼安全食用的研究又是我一直想要开展的工作，它既是一件利国利民的好事，又跟我的专业研究相关，我感觉自己有一种义不容辞的责任。

1998年10月，我们取得了卫生部鲜活河豚鱼试点的正式批准，1999年4月开设了"青岛庆理河豚酒店"，并运用HACCP管理体系展开了河豚鱼安全食用试点工作。万事开头难。在科研项目刚刚起步的时候，面临着资金短缺、技术空白、人才缺乏等问题，绝大部分的工作都是从零开始，大小事务必须亲力亲为。为了一些必需的仪器设备，需要四处联系采购；为了项目进展顺利，必须多方协调。当时，河豚鱼的食用在国内还是禁区，有关的研究讯息一片空白，没有可供借鉴的任何资料，很多事情都得"摸着石头过河"。项目开展过程中，在了解到日本河豚鱼食用的情况后，我先后多次专程赴日本考察，与有关专家进行交流，并获取某些资料。当时，国内外河豚鱼的加工食用方法都比较粗糙。在国外，基本上是在放血后，三去（去头、去内脏、去皮）留下胴体，冲洗后即制作相关的食品；而在国内，则是去内脏后放一些中草药如芦根等，或者直接煮食，食用并不安全。

经我们研究后发现，河豚鱼之所以会引起食用中毒，是因为其体内含有剧毒的河豚毒素，其毒性甚至达到氰化钠的1 250倍，一个体重为60千克的人只需摄入2.0毫克河豚毒素即可能致命，经过高温加热煮沸后毒性都不能被破

宫庆礼向专家汇报项目完成情况

坏。河豚毒素的这一特点,为一些地区的人们蒸煮河豚鱼后依然会发生中毒事件提供了解释,也给河豚鱼的安全食用带来了巨大的挑战,这就要求在河豚鱼安全食用的过程中务必做到彻底除毒。

河豚毒素无色无味,一般的检测手段根本不能检测出来。为了实现河豚鱼的安全食用,对其体内河豚毒素含量进行检测就变得极为重要。当时,普遍流行的检测河豚毒素的方法是"小鼠生物法",简单地说就是将河豚鱼肌肉等的提取液注射到小白鼠体内,看其在一定时间(如30分钟)内是否死亡来进行判定。这种方法较为简单,但也显得粗放,会出现假阳性情况,偶尔也会有不准确的情况。随着研究项目的推进,我们对河豚鱼食用的安全性要求标准越来越高。我们实验室首次提出零缺陷和绝对安全的概念。在这一思想的指导下,我们对河豚毒素的检测以及整个食用处理过程提出了严苛的要求。在检测河豚毒素方面,我们在改进小鼠生物法的基础上,进行了更高精度检测方法的摸索。为此,实验室花费30多万元购进了先进的高效液相色谱检测仪,使河豚毒素的最低检测量达到8纳克,这在国际上都是领先的。在河豚鱼安全食用的整个环节中,我们还借鉴国际食品安全管理方面的先进经验,运用HACCP管理体系,实现了河豚鱼食用的流程再造,确保了河豚鱼食用的绝对安全。

在完成山东省科技项目之后,由于实验室在河豚毒素检测方面已经积累了许多先进技术和经验,当卫生部在下达"生物毒素和中毒控制常见毒物检测技术"研究项目时,我们实验室又承担了河豚毒素的快速检测技术项目内容。在前期经验和技术的基础上,我们针对国内常见的河豚鱼种类,分别建立了河豚毒素快速检测方法,包括小鼠生物法和高效液相色谱检测法两种,并利用高效液相色谱检测法,分别在辽宁、山东和福建等地针对红鳍东方鲀、暗纹东方鲀和黄鳍东方鲀进行皮、肉、肝脏、卵巢和血液的抽样检测,摸索出了我国主要河豚鱼产地、河豚鱼种类及各部位的含毒情况，为人们了解不同地域、不同种类河豚鱼的含毒情况提供了科学依据。

在河豚鱼安全食用项目取得成功的基础之上，由我作为负责人的中国海洋大学太平角实验室也受到了媒体的广泛关注。2004年3月25日，我作为特约嘉宾，应邀出席了中央电视台12频道专栏"新闻夜话"的访谈节目，对河豚鱼的相关知识、河豚鱼中毒的预防及治疗、河豚鱼的安全食用等相关研究工作做了

宫庆礼参加"新闻夜话"访谈时在直播间留影

详细介绍和阐述。《南方日报》《新民晚报》《新华日报》《青岛财经报》《都市便民报》《半岛都市报》等都对本项目的研究工作给予了关注和报道。通过新闻媒体的宣传，河豚鱼食用和河豚毒素危害的相关知识得以更多地传播，使更多的人了解河豚鱼，避免误食河豚鱼造成中毒。

十年寒暑，不改初心。是对科研一如既往的执着，对科技服务社会的公心，最终促成了河豚鱼安全食用项目的成功。回想当初自己悲天悯人的情怀和科技创新的热情，一切仿佛就在昨天。我深知在河豚鱼项目上所取得的成功还只是刚刚开始，人们对河豚鱼的了解还远远不够。河豚鱼这一独特而重要的生物是上苍赐予人类的礼物，它早已不只是为勇者而存在，再普通的人也有享用河豚的口福，误食河豚而中毒的人群也难见到了。这些也许只是该项目所有意义中最微小的一点，但因为关乎生死而突显其社会意义，这也是我完成河豚鱼项目后感到最宽慰的一点。

三、科技成果的创新性和实际效益

事实上，在河豚鱼安全食用取得巨大成功的基础之上，实验室并没有对所取得的成绩沾沾自喜，止步不前。研究发现，河豚鱼离人类的亲缘关系虽远，但其基因组与人类高度相似，已成为基因研究的模式生物。我们研究了河豚鱼中的微卫星，建立了早期性别鉴定技术，也研究了河豚毒素的化学结构并利用

原子发射光谱技术进行了分子结构的测定。在不断地研究过程中,我们还发现河豚毒素作为神经钠离子通道阻滞剂已经得到医学界的高度重视,其所具有的镇痉止痛的神奇疗效更是受到医学界的关注,国内外对河豚毒素的需求与日俱增。在国际市场上,一克河豚毒素的价格已达 21 万美元,高纯度河豚毒素更是供不应求。实验室还进行了河豚毒素的提取和精制,利用传统的提取工艺从加工后的河豚鱼下脚料如卵巢、肝脏中提取出河豚毒素,并利用高效液相色谱技术进行精制。我们还将膜技术应用于提取工艺,为河豚毒素的大量生产打下基
础。这一技术的突破更是充分发掘了河豚鱼资源的价值。为了实现河豚毒素的可持续生产,在当前野生河豚鱼资源匮乏的前提下,也开展了利用海洋微藻生产河豚毒素技术研究。正是因为我们在国内首次围绕河豚鱼开展了涉及河豚鱼食品开发、河豚毒素检测和高效制备、微生物生产及分子生物学研究等一系列科研工作,构建了一整套河豚鱼资源高效可持续性利用体系,并服务于社会和地方经济,我们的工作获得国内专家的一致认可。

从 1999 年起,我们的研究项目成果——河豚鱼精细加工技术实现了应用示范,共加工河豚原料鱼近 1 000 吨,生产食品 500 多吨,累计创产值 1.2 亿元,实现利税 600 余万元,安排社会就业 1 000 多人次。已有 300 万人次试食消费了河豚鱼系列食品,未发现一例中毒症状和体征。从 1999 年起,项目成果河豚鱼综合加工技术在山东省东方海丰贸易有限公司和唐山海都水产食品有限公司示范应用。加工出口河豚鱼产品 1 万多吨,产值超过 13 亿元,新增总利税近 1 亿元;其中,近三年新增利润 2 746 万元,创外汇新增利税 400 万美元,节支总额 3 725 万元,安排社会就业千余人。

"大型海藻生物技术研究及其应用"科研成果背后的故事

◇ 戴继勋

作者简介

戴继勋,男,1936年5月出生。1959年四川大学生物系本科毕业,1963年北京大学生物系研究生毕业。1964年分配到山东海洋学院工作,曾任中国海洋大学教授、博士生导师。2009年4月退休。

40多年来,一直从事海洋生物遗传育种和海洋生物技术的教学和科研。先后主持或参加国家科技攻关、"863"、"973"、自然科学基金、重点基金和省部级等重大科研课题20多项;创立了多项海洋生物技术成果,取得了显著的社会效益和经济效益;培养硕士、博士、博士后40多名;在国内外独自或合作发表科技论文160余篇,获得5项发明专利授权;曾经获得"国家科技进步二等奖"1项,"全国科学大会奖",以及省部级奖10余项。曾经被评为2000年山东省高等学校优秀共产党员,2001年山东省优秀科技工作者(立二等功),2003年全国水产优秀科技工作者。

获奖项目基本情况

2001年"大型海藻生物技术研究及其应用"荣获国家科技进步二等奖。该项研究由青岛海洋大学牵头,山东荣成市水产养殖场、荣成市海兴育苗场、山东日照市海水育苗场等单位参加,由戴继勋、张学成等科研人员奋力拼搏,刻苦攻关,历时近30年完成。

获奖项目研究背景

海藻人工养殖在我国起始于20世纪50年代初,为海水养殖业的发展做出了巨大贡献,但海藻遗传育种理论和技术研究起步较晚。以海带为例,60年代海带品种培育只能采用常规的选择育种方法,而紫菜生产基本上采用了坛紫菜和条斑紫菜两个区域性较强的地方种。这些经济海藻的育种工作与农作物相比,其技术和水平相差甚远,在一定程度上限制了生产的进一步发展,只有加快生物技术的研究和应用,才能缩小差距,促进海藻养殖业的发展。

获奖项目研究过程——30年科研路

一、海带配子体细胞工程研究及其应用

20世纪50年代末60年代初,海带的育种是选择育种,即从自然群体中通过连续的自交分离选择来培育新品种。20世纪70年代,高等植物的单倍体育种已成为国内外研究的热点,它可加快育种进程,缩短育种时间。为了海带品

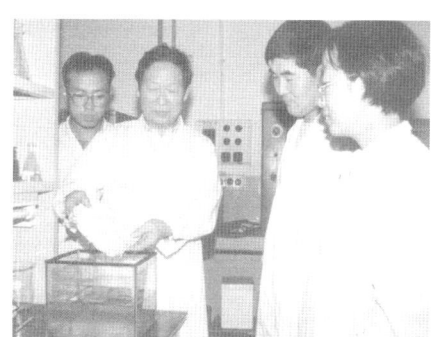

戴继勋在实验室做海带鱼种培育研究

种的快速育成，1973年冬天，在"文革"中，我们课题组顶住了"四人帮"的压力，自己动手，在极其简陋的实验条件下开始了海带的单倍体育种研究，努力探索如何进行海带雌、雄配子体分离、附着和隔离培养的方法，跟踪观察每个配子体的生长、发育情况，在短时间内我们获得了海带雌配子体的孤雌生殖，并生长发育成小孢子体。要使小孢子体度过炎热的夏天，需要建设低温实验室，到秋天再放海里养殖。经过1年多的艰苦奋斗，1975年我们建成了低温实验室，小海带成功度过夏季；又经过3年冬春季节的海里养殖试验，迎来了1978年科学的春天。在方宗熙教授的领导下，我们课题小组完成的"海带单倍体育种"研究成果，获得全国科学大会奖。

该成果探索出用海带配子体进行单倍体育种的一套方法，培育出"单海1号"海带新品种；首次培育出全雌性海带；发现了海带新的生活史，即雌性生活史；创建了海带配子体无性生殖系长期保存技术，并培育出若干海带配子体无性生殖系。这些成果为加快海带育种进程和为基础研究开辟了新途径，但单倍体育种不能解决优良个体之间基因的重组。在以后的几年中，我们利用无性生殖系杂交，选育出高产、高碘、抗病力强的杂交种——"单杂10号"海带新品种。"海带单倍体的应用"1985年获得了"山东省教育厅科技进步一等奖"。

1985年方宗熙教授去世后，在"七五""八五""九五"期间，我们相继承担了国家科技攻关、"863"和省部级有关海带的细胞工程育种、品种选育等课题。这期间利用不同雌、雄配子体无性生殖系两系杂交，培育出具有杂种优势的杂交苗种，利用不同物种远缘杂交，培育出"远杂10号"海带新品种，其产量超过对照品种13%以上。1999年，"海带配子体细胞工程研究及其应用"获"教育部科技进步一等奖"。

经过近30年与课题组合作研究，在海带良种选育中，培育出"单海1号"

和"远杂10号"海带新品种,总计推广面积66.1万亩,增收效益7.8亿元(据2000年统计)。海带的育种试验是一个十分艰苦的工作,课题组在严寒的冬季,迎着海上风雪刺骨的侵袭和头痛、呕吐、晕船的折磨,从0℃左右的海水中取出不同生长发育时期的海带,进行观察测量;在海带收获的季节,烈日照晒的夏天,进行经济性状的比对称量。冬去夏来,年复一年,虽然工作艰苦,但看到科研收获的成果,我们都感到十分高兴。

二、紫菜生物工程的应用

1. 基础研究和遗传育种应用

陆生植物细胞工程的工具酶,不适宜紫菜细胞工程的研究和应用。从1993年至1995年,我们负责国家科委"八五"攻关项目,进行工具酶的研究。我们从海洋微生物和海洋动物中进行了大量的筛选,制备出褐藻酸酶、海螺酶Ⅲ、石鳖酶等,这些酶能使紫菜、裙带菜、海带的细胞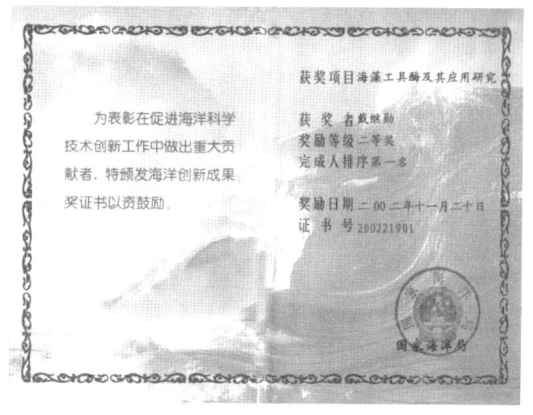解离率达80%以上。我们于1994年下半年在日照市水产开发公司进行了紫菜叶状体细胞酶法采苗和海上养殖试验,试验结果表明紫菜酶法育苗的种苗密度和生长情况都符合生产要求。1995年春季,在日照顺连水产育苗公司进行了扇贝亲体的紫菜单细胞饵料生产性试验,结果扇贝亲体存活率、产卵量和孵化率都有较大提高。

我们首创的海藻工具酶(2002年"海藻工具酶研究及其应用研究"获"国家海洋局海洋创新成果奖二等奖")分离的紫菜原生质体具有相同的遗传基础。因此,以原生质体作为一个实验体系,在基础研究中具有广泛的用途,如进行遗传操作研究遗传变异规律,纯系培育、诱变育种、细胞融合、基因转移等,为品种选育开辟了新途径;不同类型细胞的分离,研究其基因调控,是发育生物学的好材料,同时也是细胞生物学、实验生态学、病理学等实验科学的好

科研成果背后的故事

材料。"紫菜叶状体和原生质体的研究"1993年获"国家教委科技进步三等奖（甲类）"。

2. 紫菜酶法育苗的应用

紫菜酶法育苗是国家"七五"和山东省"八五""九五"科技攻关课题。专家鉴定该成果的结论为："具有重大的经济效益，社会效益和环境效益，其技术水平属国际领先。"20世纪80年代，我们首创的紫菜酶法育苗使紫菜育苗由传统的5～6个月，缩短到5天左右，并在世界上首次培育出"工程紫菜"。1990年被称为日本紫菜养殖之父的东京水产大学藻类养殖学教授三浦昭雄参观了我们紫菜酶法育苗的试验，认为这是21世纪整个紫菜养殖的方向。日本紫菜研究会主办的养殖和市场流通综合性杂志《海苔と海藻》在1991年第36期发表了编辑部文章《在中国以紫菜为对象的生物技术研究》，详细介绍了我们在《遗传学报》《生物工程学报》上发表的研究成果。1999年，在第二届国际亚太藻类学术研讨会上，我们报告了研究成果的新进展，引起了同行专家的极大关注。"酶法解离紫菜的育苗工艺"发明专利于2006年4月26日授权。

3. 酶解紫菜生产单细胞活饵料

海产动物都是以单细胞藻类为饵料。在海产动物育苗中，由于缺乏单胞藻饵料，常采用人工配合饵料代替单胞藻，由此引起病原体滋生和水质污染，每年造成海产动物育苗的损失高达亿元以上。由大型藻生产单细胞活饵料，改善了水质，净化了环境。该技术生产的饵料，由传统的3～4个月的单胞藻培养缩短到3～4小时。酶法生产单细胞饵料具有产量高、成本低、工艺简单、不污染环境和供应及时等优点,为海产动物育苗的单细胞饵料提供了可靠的保证,经山东蓬莱、威海、日照等地在贝类、虾类、刺参育苗生产单位的应用,取得了良好的经济和环境生态效益。1997年,第二届亚太生物技术会议和第二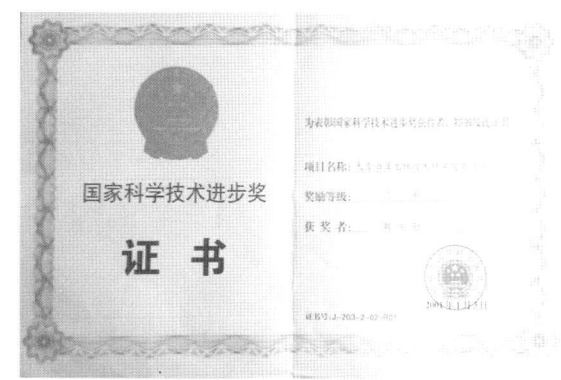届亚太藻类生物技术会议上,我们的论文《大型藻活性单细胞在贝类育苗中的应用》受到国内外专家的高度重视和好评。2001年,该论文获"山东省优秀论文一等奖"。"由大型藻生产单细胞活饵料的方法"发明专利于2003年2月12日授权。2006年在日照顺连水产公司的刺参育苗中,单位水体的育苗量提高1倍多,存活率高出常规育苗的50%,增加产值225万元,增加利润67.5万元。

从20世纪70年代开始,在老一辈科学家方宗熙教授的亲自指导下,后经过三代人的传承,我们在海藻遗传学研究方面取得了重大研究成果。终于,2000年"大型海藻生物技术研究及其应用"获"国家科技进步二等奖"。该成果包含在海带单倍体细胞工程研究及其应用、紫菜酶法育苗以及大型藻生产单细胞活饵料等多个研究方面取得的成果,创立了多项海洋生物技术,不仅首次揭示了一系列大型海藻特有的遗传规律,在我国创立了海藻遗传学,而且在海藻育种和育苗应用中收到了极为明显的经济效益和社会效益,总体上居世界先进水平,部分成果处于国际领先水平。

虽然过去在专业领域里也取得了一些骄人的成果,但我想任何一项创新成果的取得都不是轻易能获得成功的。没有多年的执着追求与孜孜不倦的探索,是不可能享受到丰收的喜悦的。过去为了紫菜酶法育苗和大型藻生产单细胞活饵料的产业化开发,本人和自己的学生、课题组成员常在沿海的渔村、海岛进行科技转化。目前,对于"酶法解离紫菜的育苗工艺"和"由大型藻生产单细胞活饵料的方法"两项发明专利,还需要接班的年轻科技工作者们继续实施创新成果,为实现海水养殖的健康育苗、生态育苗,提高人民生活质量、增加渔民收入再做贡献。

走创新之路
——国家海洋环境数值预报（海温）科技攻关纪实

◇ 王赐震

作者简介

王赐震，男，1940年7月出生。1963年山东海洋学院海洋气象专业毕业，同年留校任教。1981~1983年日本筑波大学访问学者。1993年晋升教授，1993~1997年任气象系主任。2004年退休。

作为项目负责人的"近海异常海温分析及预报研究"项目，于1997年荣获"国家教育委员会科技进步二等奖"，该项目是由青岛海洋大学与国家海洋局第二海洋研究所共同承担的国家"八五"重点科技攻关项目；"中国海海温数值预报模式研究"项目于1991年荣获"山东省科技进步二等奖"。

项目产生的历史背景

"天气数值预报"始于 1922 年英国气象学家 L. F. Richardson 发表的 *Weather Prediction by Numerical Processes* 一书,发展至今已有近百年的历史,数值预报发展的道路十分艰辛。在我国,国家海洋环境数值预报研究始于国家的第七个五年计划(简称"七五"计划)。由于海洋环境在国家四个现代化建设中的重要性,加之它又是刚刚起步,基础薄弱,所以这项研究,被国家科技部列为"重中之重"的国家科技攻关项目。该研究项目包含了海浪、海流、风暴潮、海冰、海温以及海洋跃层等多个研究专题。我所从事的是该项目中的"中国海表面海温数值预报"专题。整个海洋环境预报攻关研究,前后经历了长达 20 年的时间:"七五"计划是起步研究,搞出了一般性的"数字模式";"八五"计划是对异常海洋环境的分析和预报进行研究;"九五"计划是"灾害海况研究";"十五"计划才进入"海洋环境数值预报业务化"。这 20 年的连续海洋攻关,除"九五"(无海温项目)外,我一直坚持在该项目研究第一线的,大概是唯一的一员"老兵"。此研究过程的艰辛,我感触颇深。

科技攻关纪实

1985 年,国家海洋局报请国家科委批准"中国海海洋环境数值预报"作为国家"七五"计划重点科技攻关项目,我校责无旁贷地担当起这项攻关任务。学校对此相当重视,时任院长文圣常先生亲自担任项目组组长,校党委书记施正铿亲自参与组织策划。因为我懂得一些数值天气预报的知识,在日本留学期间还运转过一段海洋环流模式,并开设过"海洋大气相互作用"课程,所以海温专题组的负责人苏育嵩教授邀我一起参加此次攻关研究,并把建立"表面海温数值预报模式"的任务分配到我身上。据说,当时的国家海洋局攻关项目总负责人巢纪平院士也在学校领导面前极力推荐我参加。

其实，当时我只是海洋气象系的教师，从未搞过海温预报研究，担负这么重的担子，压力之大不言而喻。但是，困难并没有压垮我，原因就在于这是一项国家科技攻关任务，而且又是"重中之重"，参加这项攻关任务真正是用我所学的知识报效祖国，是为国家争光的天赐良机，何况还有学校的大力支持，以及专题组负责人苏育嵩教授为我挡风遮雨、架桥铺路、指点迷津。因此，我横下一条心，排除万难，全身心地投入到这项建模工作中去。在这段时间里，我放弃了周末和假日，放弃了工会活动，以及攻关的"优待"活动，连大年初一都把自己禁闭在家里。因为时间太珍贵了，既要为解决满脑子的疑难问题查阅文献，又要修改程序，还要备课、写文章，总感到时间不够用，一个问题还没有解决，新的问题又接踵而至，时间就这样快速溜走了。

当时，海温数值预报模式不仅我国没有，世界上也从没有公开发表的报告，真是没有可借鉴的经验。我们只能从最基本的"建模"研究开始，逢山开路，遇水架桥，自己去开辟一条新的探索之路。

一、模式定型的建立

建立一个好的物理模型是建模工作的第一步。首先需要找出在自然环境下影响海温变化的各种因子，包括来自海洋内部的、大气的、热力学的、动力学的各种可能因素，将这些因子有机地组合到海洋动力方程组中，其中包括动量守恒方程、质量守恒方程和能量守恒方程。这样的一个方程组根本无法求解，所以必须对这种"理想"方程组再进行合理简化，这就是第二步，也是最为重要的一步。通过苦苦探索，在 Kraus E. B 的专著 *Modelling and Prediction of the Upper Layers of the Ocean* 中得到启发。海洋的上层有一个同温层，称作"海洋上混合层"，我们将研究的重点聚焦到这一层上，通过对理想动力方程组积分得出了表面混合层的闭合方程组，这就是研究建立的基本模型。因为这是最基础的工作，所以首先在专题组内经过了充分讨论，并得到海温专家们的首肯；进而，我又向文圣常院长提出申请，将这一模型在全系（后来改为学院）进行研讨，并征求意见。经过这些研讨会，凝聚了智慧和共识，也消除了不少疑虑。最后，在北京召开的攻关课题的评审会上，我们向来自全国的海洋界、气象界的"权威"专家们做了建模攻关项目汇报，并得到好评，顺利通过了立项评审。

二、队伍的组织

建立一支好的团队是项目得以顺利进行的保障。数值预报研究工作大部分是需要在大型计算机上进行的,在工作量巨大、攻关时间紧迫而当时计算机还没有在院系普及的情况下,系里的大部分教师对计算机操作并不熟悉,我们只能从学校的计算机中心聘请一名计算机能手,加上本系的两名青年教师和两名研究生,包括我在内6人组成第一批建模团队。大家在一起摸爬滚打了5年。在这5年多的时间里,人员换了一批又一批,前后有多位青年教师和研究生参加了该项目的研究工作。令人感动的是这帮年轻人同我们一样,不计名利,不计报酬,苦心钻研,忘我工作,他们不仅是程序设计能手,还是调控非线性计算稳定性的能手。在整个项目的研究中,除了基本方程组的模式是由我编写完成之外,相当多的子程序、辅助程序、时间积分程序、自动化程序等都是由他们编写完成的。

三、基础资料的准备

要让预报模式顺利运转起来,不仅需要建立相应的计算机程序,还必须有多年的平均海洋结构的数据,包括从海洋表层到深处的温度、盐度、低频流以及混合层的深度、温度随季节和海区变化的实测资料,涉及的预报海区包括从渤海到南海的中国海域。而这些资料是"稀缺资源",必须靠出海调查才能获得。当时,国内相关的海洋资料和数据中心不是没有建立,就是管理并不完善,各个单位甚至同一单位的不同"集团"之间相互保密的现象并不少见,所以,我们只有依靠资深的海洋专家和老教师们从国内相关的海洋调查图集中"扒"出,从发表的文献中"查"出,实在没有办法就只能依靠他们的经验积累来"补"齐了。这种残酷的现实真使人"欲哭无泪"。尽管困难重重,我们依靠坚忍的毅力和必胜的信念,克服了各种困难,最终仍然如期交出比较满意的答卷。

四、计算的稳定性和实现自动化

对于具有"开边界条件并保留弱非线性的海洋预报方程组"进行时间积分,处处隐藏着计算不稳定的问题,有时为了查找和解决不稳定的原因,可能要耗费一段时间,其他的工作都得停摆。比如,东中国海的东边界是一片水域,即所谓开边界。为解决开边界上产生的不稳定问题,我们耗费了大量时间、精力,试验了各种开边界条件,才得以解决。再如,海洋变化离不开大气的强迫,该模式对台风的影响是否稳定?对寒潮大风的影响是否稳定?因为风暴作用到海洋上,海水会涌到陆地上,模式的陆地边界是固定的,这种矛盾也需要解决,也属于影响模式稳定性的重要因素,这就需要进行各种天气条件下的模拟实验。另外,所建海温预报模式是提供给国家海洋预报中心用于实时天气预报用的,要便于实际操作,也就是说,操作人员只需发出一个指令,海温预报模式即可以自动从天气预报结果中读取预报的天气强迫场,从预报中心的资料库中读取预报海域实时船舶测的海温记录,从内存数据中读取已经准备好的储备资料,然后再按程序指令进行运算、积分,做出海温预报并打印预报图,还要能自动停机。其中,对于不同的极端天气还要自动选取相应的稳定化程序等,所以说,必须打造一个高度自动化又十分稳定的预报模式。我们虽然已经做了极大努力,力争万无一失,但仍然会不时地出现一些突发问题,需要随时解决。一言以蔽之:模式研制的整个过程,计算稳定性问题自始至终都是悬在我们头上的一颗"定时炸弹"。

五、项目攻关中的其他问题

在项目攻关中遇到的困难问题还有很多,由于过于专业,在此不易详叙,仅再列举一二。

一是海流问题。它是影响海温变化的重要因素之一。海流可以看作三种形式的合成:一种是低频流,以黑潮为代表;一种是潮流,是由天文引起循环往复的流;还有一种是风成流。三者形式代表着三种时间尺度。为解决这一棘手问题,我们费了很大周折,为此还专门发表了论文(英文版),并受到国外专家的高度重视。

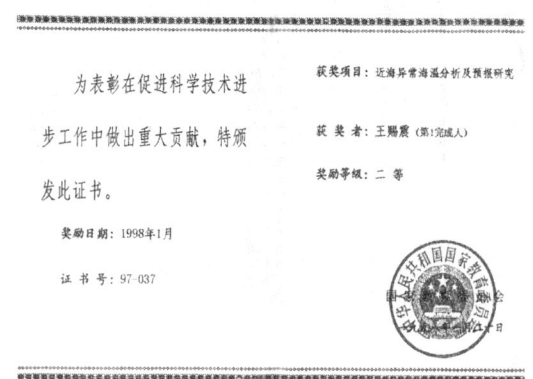

二是建立"初始场"和"初值化"问题。海温预报不同于海浪和风暴潮预

报，海浪和风暴潮是根据风的大小而成长的，他们的预报对初始场要求不高。海温则是在已有温度基础上进行变化，所以对预报之前的既有海温场要求很高。然而，实时(船舶)观测的数据很有限，当遇到恶劣天气时干脆就没有一个实时观测的数据；平时即使有几个船舶报送数据，数值的准确度也很低，卫星遥感资料因为有云层"干扰"也难以使用。所以，为了给出一个好的初始温度场，我们在工作中煞费苦心。首先给出的是多年平均的旬平均海温场作为背景场，再用可信的实时海温数据进行订正，称作"插值法"。"七五"计划期间的模式用的是"最优插值法"，叫作"形成初值"。对于这一环节，评审的评委说"不够先进"。到了"八五"计划时，项目组引进了从英国留学回国的博士后，在新模式中加入了四维同化技术，终于赶上了世界同等水平。后者叫作"初值化"。

再一个棘手问题就是太阳辐射问题。在无大风条件下，太阳辐射成了影响海温变化的最重要因素。太阳辐射不仅是个天文问题，还会受云和水汽的影响，这又要求天气预报必须同时给出准确的云和水汽量的预报数据；否则，海温预报精度难以提高。

凡此种种足以说明：建成一个完善的海温预报模式，是何等不容易，用"九九八十一难"来形容似乎也不为过。

六、成果与效益

多年的海温预报研究攻关，为我国建起了一个具有实时预报功能的海温数值预报模式，并移交给国家环境预报中心使用，也为国家海洋环境预报中心培养了一批"驾驭"模式的人才。此项成果不仅填补了国家在该领域的空白，也为国家海洋环境预报赶超世界先进水平做出了应有的贡献。

我们项目组在国内一级学报上分别用中、英文发表了10多篇论文；获省部级科技进步奖两项：1997年"近海异常海温分析及预报研究"获得"国家教育委员会科技进步二等奖"和1991年"中国海海温数值预报模式研究"获得"山东省科技进步二等奖"（本项目由作者与苏育嵩教授合作完成）。

"真鲷工厂化育苗技术的研究"项目推进与请奖的曲折过程

◇ 姚善成

作者简介

姚善成,1937年生,山东聊城人。1961年毕业于山东海洋学院水产系留校任教;1982~1984年留学日本东京水产大学两年。中国海洋大学教授,曾兼任青岛市动物学会理事。

主持完成的"真鲷工厂化育苗技术的研究"项目,于1992年获得"山东省科技进步二等奖"。

一、获奖项目的立项背景

获奖科研项目的多少及层次的高低,是一个大学学术水平高低的重要标志之一。因此,各高校对于科研项目的立项和科研成果的管理都是非常重视的,但是在科研课题下达之后,在进行实验的过程中被他人窃取的事件却是比较少见的。这里我要讲的是,我的课题及成果"真鲷工厂化育苗技术的研究"是如何立项研究和来之不易获奖的背后故事。

1982~1984年学校派我去日本留学两年,到日本东京水产大学学习海水养鱼技术。回国后,山东省水产厅给我下达了一个科研课题,即"真鲷工厂化育苗技术的研究",经费为人民币1万元,要求3年完成。当项目下达后,因为经费太少,而我校又缺少一个海水鱼养殖试验场,我在思想上一度产生过动摇,不愿接受这个项目。因为,在国外从事这样的海水鱼工厂化育苗技术的研究,至少应

1982年,姚善成在日本东京水产大学鱼类学研究室

该有一个面积100亩以上的海水养殖试验场,亲鱼培育池、鱼苗培育池和活饵料培育池等一应俱全,方可以开展研究工作。而当时我院除了在青岛太平角有一个海带养殖场以外,没有任何海水鱼、虾方面的海水养殖试验场,这样的条件要完成真鲷工厂化育苗研究几乎是不可能的。但是,考虑到国家和社会的急需,我校又是全国重点院校,不是省管学校,山东省水产厅能够下达1万元的科研经费给我们已经很不错了,所以,最后我还是把课题接受下来。

二、艰辛的研究过程

1987年春天,我的实验研究在太平角海带养殖场开始启动了。我们首先是从青岛近海的渔民手中购买了真鲷亲鱼15条。因为亲鱼全是用鱼钩钓上来的,鱼身上大多带伤,经过一段时间的暂养,活下来的只有8条。可当时由于太平角试验场太小,亲鱼暂养池只有两个,实验中换水、清池都很困难,到了夏天,因为水温高又死了两条亲鱼,最后只剩下了6条。看来在这样的实验室里探讨如何进行工厂化育苗研究是没有指望了。于是,我带领课题组成员到附近的区县里去寻找相关的合作单位。功夫不负有心人,最后,我们选中了日照市的一个研究所。该所的养殖场为对虾育苗场,面积很大,有两个室内育苗车间,每个车间的池子都是40平方米,还有饵料车间及室外轮虫培育池50余亩,这样的育苗场完全可以进行我们的真鲷育苗试验。经过我们与该所协商,双方一致同意合作进行真鲷工厂化育苗试验。1987年秋,我们就将真鲷亲鱼运到该水产研究所。

由于该所有完备的亲鱼越冬设备,亲鱼培育池的水温也可以保持15℃~20℃,这就保证了亲鱼的顺利越冬和性腺的发育成熟。时至1989年4月中旬,顺利过冬的亲鱼开始产卵,并培育出全长3~5厘米的鱼苗700余尾。工厂化育苗初步获得成功以后,经我与校科研处商量,

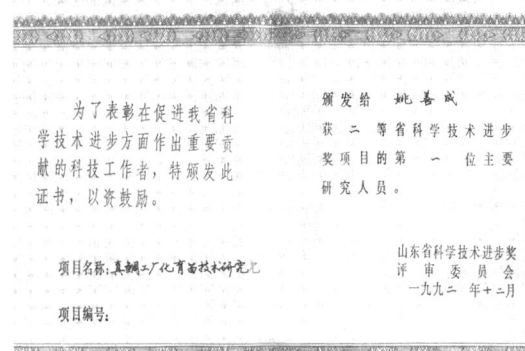

决定可以在该研究所组织召开现场验收会议了。当天参加验收会议的有中科院海洋所的娄康后、吴尚勤及我校的管华诗、陈大刚等著名教授。到会专家一致认为:该项目研究内容是我国首创,育苗技术已经达到国际领先水平。如果将这些鱼苗全部培育成亲鱼,将会培育出至少500余尾,那么这些鱼苗所培育的亲鱼及其所产生的鱼苗,其经济价值是非常大的,至少可达到数亿元的生产产值。当时,《青岛日报》《青岛人广播电台》《山东广播电台》《日照日报》都先后进行了报道,在国内海水养殖界引起了不小轰动。

三、始料不及的成果损失

可是,谁能料想在形势一片大好,我们课题组成员正信心百倍准备大干一场的时候,问题来了。由于缺少与外单位进行合作的经验,刚开始与该所谈合作时并没有签订书面合同,当看到真鲷鱼苗的经济效益很大、前景十分很广阔时,该研究所的负责人起了将我们赶走的想法,他们想自己干,不准我们参加。在长期争执不下的情况下,我们被迫提出一条折中方案,即将亲鱼及鱼苗各分一半的意见,他们不同意,关系越闹越僵。结果,我们被逼无奈只好退出,另找其他实验养殖出路。

更让人不可思议的是,1990年该研究所自己又召开了一次"真鲷工厂化育苗技术研究"的鉴定会,参加会议的雷齐霖院士及李荣光教授对我都十分熟悉。在会上,他们义正词严地提出:该课题是山东海洋学院的姚善成老师立题的,整个前期的技术研究都是他做的,不让姚老师参加鉴定会是不应该的。后来,省科委及山东省水产厅科教处都明确表态说:该课题是姚老师作为负责

人,要上报评奖必须与姚老师合报才行。就这样,在正式颁发的获奖证书上我的"项目第一完成人"才得以保住。但遗憾的是,完成单位却变成了该研究所,山东海洋学院的课题研究成果竟被该研究所剥夺了。

四、感悟与心得

通过该课题研究的曲折过程,我们课题组总结出以下几条经验。

(1)高等学校一定要建设自己的教学及科研试验基地,该基地应包括基础实验室、中试场所及室外实验场所,鱼虾类养殖基地应该尽量大一些,既有亲鱼培育池,也要有育种培育池及活饵料培育池,这样的基地可以完成鱼虾类的初试、中试及大规模实验。据了解我校在即墨鳌山卫已建成一个这样的基地,这正是抓到点子上。如果当年有这样的实验基地,我们的"真鲷工厂化育苗技术的研究"课题就不会遇到那样的困难。

(2)如果是学校的研究课题与外单位进行合作,双方的书面协议是必须的,这是避免后续一切利益纠纷、名誉纠纷等的重要凭证,万一在研究过程中双方发生了争执,依据合同约定可以确保校方的合理利益,这方面我们的体会是非常深刻的。

(3)大课题的验收及鉴定会,除了聘请专家、校方和课题组及协作单位参加外,上级主管部门相关人员参加也是必须的;即使合作双方在某些方面有分歧,也方便及时得出合理的裁定。

"莱州湾开发整治研究"项目的过程回顾

◇ 李进道

作者简介

李进道,男,1939年7月出生,山东省海阳县人。1960年考入山东海洋学院生物系生物物理专业,后改读海洋动物学专业。中国海洋大学海洋生物学教授。

1965年本科毕业后,被分配到山东省淄博市有机化工厂做技术员工作。1979年调回到山东海洋学院生物系,从事教学和科研工作。期间在学校成人教育学院从事成人教育的教学和管理工作。

承担完成的"莱州湾开发整治研究"项目,于1993年12月由海洋出版社出版,并于1994年12月获得"山东省科学技术进步奖励二等奖"。

一、获奖项目基本情况

"莱州湾开发整治研究"项目由山东省计划委员会列项,由青岛海洋大学(现中国海洋大学)、国家海洋局一所、山东省社科院海洋经济研究所和国家海洋局北海检测监视中心等单位共同完成。此项目于 1990 年 2 月开始,1993 年 12 月结束,历时 3 年 10 个月。通过对莱州湾的自然、地理和社会经济环境,渔业、盐业和港口等资源的现状和发展潜力的全面研究,做出了开发目标预测,并做了 10 年规划和效益分析,对环境质量的变化进行了预测并提出整治对策。

二、科研项目研究背景

20 世纪 80 年代,国家正处于改革开放的初期,经济体制也正处在计划经济向市场经济转型时期。国家和地方的经济结构正在调整,人们的思想也处在激烈的变化和适应之中。在一种旧体制被一种新体制取代的过程中,经济生产结构的不协调、人们思维方式的不协调乃至整个社会的不协调是难以避免的。"莱州湾开发整治研究"项目涉及国家经济和地方经济、国家利益和地方利益甚至个人利益等方方面面的问题。这种课题的研究注定会遇到某些困难,但是有趣味的事情也不少。

莱州湾是渤海三大海湾之一,素有"渔业摇篮"之称,又有集"鱼盆""盐盆""油盆"于"一湾"之说,是我国重要的海洋产业基地。随着人类对海洋开发的重视,莱州湾地区兴起了开发海洋的高潮,并已成为山东省最大的对虾养殖基地、盐化工基地和石油开发基地。海上交通、港口建设等其他海洋产业也方兴未艾,海洋产业已成为本地区重要的支柱产业之一。

但是,由于对莱州湾的海洋资源状况、开发潜力和环境容量等问题尚缺乏深入系统的调查研究和分析,开发过程中缺乏统一的规划和管理,所以开发的同时也带来了资源衰退、海盐水入侵、海域污染等一系列问题,阻碍了海洋产业的进一步开发。如何搞好莱州湾的海洋产业开发,在开发的同时搞好环境治理,做到效益的统一,已成为山东省政府、地方各级政府及广大人民群众极为关注的问题。为此,1990 年受山东省计委、科委及国家海洋局委托,在省计委国土办的直接领导下,组成了由青岛海洋大学、国家海洋局一所等部门构成的"莱州湾浅海滩涂治理与开发规划课题组"。

三、项目研究的相关内容

在该项目的研究工作中,我主要负责渔业生态基础、渔业生产潜力、渔业资源与开发现状、开发条件与存在的问题、开发目标预测和海上农牧场建设的研究内容;全面收集了莱州湾生物资源的种类组成、分布、生物量以及它们的季节变动等资料;对该地区的初级生产力和渔业生产潜力、

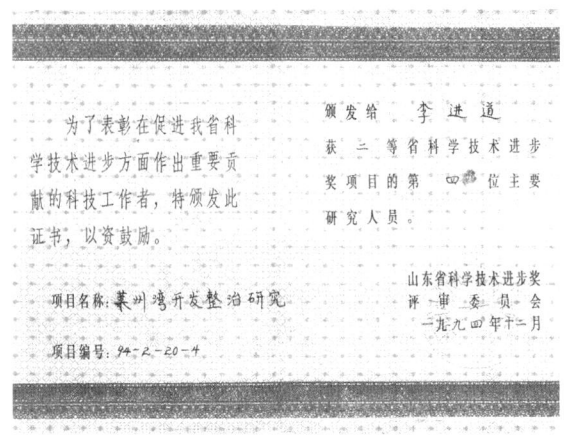

食物链和能流现状及其潜力进行了系统分析,对 1980 年至 1991 年 10 年期间的渔业资源和开发现状进行了实际的调查研究,对渔业从业人员与技术力量、渔船与渔港、保鲜与加工、饵料与育苗等技术经济条件进行了广泛的调查研究;实地考察了近 10 年中该地区渔业环境的恶化、资源的衰退、捕捞和养殖渔业结构的失调、保鲜加工落后和科技力量及其管理环节薄弱等状况;对今后 10 年该地区的渔业发展趋势进行了分析研究,做出了海洋捕捞业和海水养殖业发展目标的 10 年预测,做出了莱州湾及其沿边地带海上农牧场建设规划,包括渔业生态环境恢复和生态结构的调整,以及保鲜加工系统和渔船渔港建设计划,提出了高投入、高产出的集约化水产养殖系统建设的新理念。

四、项目进行中的困难与艰辛

因为该课题研究内容涉及国家和地方经济,所以收集的许多资料是属于机密级的。但是,有山东省计划委员会的支持,莱州湾沿岸各地市的有关档案对该项目的研究实行了开放,收集资料并没有多少阻力,可是要收集到真实的、准确的资料并不太容易。一次,我来到滨州市水产局抄录这个地区 10 年的渔业生产数据,时任当时的滨州市水产局局长也是我校校友真切地告诉我:"你抄的那些数据是我们依据上级每年下达的年生产任务制作出的月生产计划上报用的,并非实际数据。"考虑到我们研究项目的科学性需要,他提供给了

我真实的按月按年的实际生产记录。当我到当时的惠民地区和烟台市水产局查询资料时就没有那么幸运了,没能拿到他们的实际生产数据。无奈之下,我们只好深入到隶属于他们的县级水产局逐个索取。好在有山东省计划委员会的"尚方宝剑",尽管工作量加大、遇到的困难重重,最后我们都一个个克服了,收集齐全了我们所需要的全部实际生产记录。

那个年代开展基层社会调查,交通和住宿是一大难题。当时的莱州湾沿岸各地市,尤其是中西部的区县,经济、交通较为落后,市区内也很少有公交车,公路和马路基本都没有硬化,多为泥土路,旱天尘土飞扬,雨天道路泥泞。我们每次前往区县收集资料都要乘坐火车或长途汽车。当到达目的地时,水产管理部门往往已经下了班,需要先寻找旅馆住下,待第二天才能开展资料查阅工作。正是因为经济落后,我们时常找不到合适的旅馆可住,不得不寄宿于条件十分简陋的小旅馆里。这种旅馆冬天没有采暖设施,夏天没有蚊帐,苍蝇、蚊子满屋飞,虱子、臭虫满床爬。在这种旅馆里下榻,冬天要把头藏在被子里御寒,夏天再热也得将头藏在被单里面防止蚊虫叮咬。为了防止房间里的虱子、臭虫钻进随身穿带的衣物里,我们经常是夜间将行李和衣服挂到墙上赤身睡觉。就是这样也未能幸免,在我们项目研究的调查期中,我家里的跳蚤、臭虫并不罕见,查杀它们倒成了当时我们全家苦中作乐的一件事情。

当地的交通状况并不比旅馆的遭遇好到哪里去。虽然在一个地级市区或者在一个县城里,从下榻的旅馆去查询资料的场所直线距离并没有多远,但是由于缺少市内交通车,租赁自行车往返或者步行是常有的事。如果遇上雨天,在泥泞的道路上"车骑人"也是时有发生,当遇上连自行车都不能骑的时候,那就只能徒步跋涉了,鞋子被黏土沾掉的事也不足为奇。

五、逸闻趣事点滴

记得有一次,为了索取渔业资料,经火车转长途汽车傍晚时来到了山东东营。为了解除跋涉一天的饥肠辘辘,在东营长途汽车站一家熟食店买了两只红烧猪蹄。我拿着猪蹄走向一个路边小饭店,想买点酒,暖和暖和冻得发抖的身体。突然一位正在晒太阳的五六十岁的村民跑过来挡住了我的去路,手指着前方饭店的门头,喊道:"咳!你抬头看看那是个什么地方啊?"我抬头一看,原来是个回民饭店。那人接着说:"如果你拿着猪蹄走进去了,不被打出来才怪呢。"

我顿时吓出了一身冷汗,道谢之后灰溜溜地找了个小旅馆住下了。

更让我难忘的事情是前往辽宁省水产局索取资料,那真正称得上是一次"惊险之旅"。记得在资料查完返程的路上,早晨5点多钟,我走下了大连至烟台的客船,来到了烟台码头广场旁边的一个小饭馆,想买吃的。当时,饭馆刚开门,我走进去问了一声:"有什么饭没有"?两个年轻女子中的一位说:"有面条,两块钱一碗。"我当即要了一碗,准备吃了后转乘长途汽车赶回青岛。面条很快拿到了我的面前,按价付了钱就吃了起来。面条刚填进嘴里就有一种酸溜溜、软软的感觉,我随即端起面条走进了她们的制作间。发现那里根本就没有刚下过面条的迹象,昨晚剩下的卤子倒是刚热过的,墙角的垃圾桶里倒有一些烂面条。我对她们说:"这面条是否是昨天剩下,已经酸了。"其中的一个女子说我撒谎。当听到我要求退货时,站在门外的两个彪形大汉立刻冲进门来,二话没说就劈头盖脸地向我打来,硬说我调戏妇女,我的脸部被打破流着血,我奋力夺门逃出门外,忍痛尽快地逃离了这个是非之地。当我回到青岛之后,因为害怕同事和家人担心,只能对他们说"脸是乘车不小心被路边的树枝划破的"。

六、研究成果的实际效益

现在回想起来,当时该项目的研究确实艰辛曲折,有时候还不得不苦中作乐。但是,一想到当初为山东省开发整治莱州湾做出的长达10年的具体规划,如今已经基本得到实现,而且实践证明研究制定的这个规划是科学的;一想到本人能为搞好该地区的海洋开发研究提供出重要的科学依据,为国家和地方发展做出了一定贡献,我就备感欣慰。

"龙须菜品系选育研究"的科研历程回顾

◇ 张学成

作者简介

张学成，1940年9月出生。1965年毕业于山东海洋学院生物系。自1978年调回生物系工作，师从我国海洋生物遗传学与育种学奠基人方宗熙教授。在这期间曾经赴加拿大、瑞典等国家进行访问学习，在藻类遗传学家 J. P. van der Meer 的指导下进行龙须菜遗传学研究，学习新品种培育技术；回国后组建了藻类遗传学研究团队。

学风端正，治学严谨，数十年如一日地在教学、科研和生产第一线勤奋工作，先后完成国家和省市科研项目30余项，获得"国家科技进步二等奖"1项（第二位），"省部级科技进步一等奖"3项（第一位）。主编出版了《海藻遗传学》《中国主要经济海藻的繁殖与发育》和《分子生物学》等教材，发表学术论文200余篇，受到国内外藻类学界的高度评价。主导并创建了我国重要产琼胶海藻龙须菜栽培产业、我国北方螺旋藻和小球藻养殖产业、我国北方裂壶藻生产基地,提高了藻类生物工程研究水平,推动了大型经济红藻和经济微藻产业化和高值化开发利用,为我国藻类生物工程及其相关产业的更新发展做出了重大贡献。

2000年,作为负责人的"龙须菜遗传学研究"项目,获得"国家海洋局科技进步一等奖";2005年,"龙须菜品系选育的生物学研究、大规模栽培和开发应用"获得"教育部科技进步一等奖"。

一、龙须菜研究的重要意义与社会价值

龙须菜是江蓠属中重要的产琼胶经济海藻,是提取琼胶质量最好的种类之一,它的琼胶含量达20%～25%,琼胶凝胶强度可达1 000克/平方厘米。它具有生长速度快、抗逆性强等优点,非常适宜大规模养殖。它还是鲍鱼的理想鲜活饵料,与鲍鱼混合养殖,能够更好地促进海水养殖业的持续发展;而且龙须菜

龙须菜"2007"

在生长过程中能大量吸收海水中的氮、磷和二氧化碳,释放氧气,有利于改善海洋生态环境,减缓赤潮发生,因此具有重要的经济价值。

此外,龙须菜是一种高膳食纤维、高蛋白质、低脂肪的富含维生素和矿物质的海藻,因外形细长、状似龙须而得名,有"长寿菜"的美誉。我国沿海居民皆有食用龙须菜的习惯,它味性寒,具有清热解毒、利湿助消化的功效,在营养、药用、生物、水产养殖等方面都具有重要价值。经常食用龙须菜还可以预防肥胖、胆结石、便秘等代谢疾病,以及起到降血脂、降胆固醇等作用。它与海带、紫菜一起构成了目前我国的"三大海藻栽培品种"。

二、从野生到"981":龙须菜成为南澳岛上的常住"居民"

我国的龙须菜栽培业始于20世纪末。原产于山东沿海的江蓠属海藻龙须菜,生长速度较快,琼胶质量较高,有栽培和开发应用价值。但是,野生龙须

菜适宜在 10℃～23℃的水温中生长，不能耐受原产地夏季高水温和冬季低水温，出现两个分隔的生长季节，不能有效地积蓄生物量，难以在原产地形成栽培产业。

从 20 世纪 80 年代起，国际上对琼胶和琼胶原藻的需求持续增长。为了发展我国的龙须菜产业，我在以往研究工作的基础上，开始与中国科学院海洋研究所费修绠研究员合作进行龙

2014 年，张学成（右一）与费修绠（左一）及加拿大藻类遗传学家 J. P. van der Meer（右二）在方宗熙教授纪念塑像前合影

须菜的基础和应用基础研究。如何提高龙须菜的适温范围，延长栽培期，提升琼胶含量，把这一藻类向更大范围推广，曾是困扰我多年的难题，只有攻克这一难关育出良种，才能彻底改观我国龙须菜产业发展低迷的态势。

我们在开展江蓠属海藻细胞突变体的遗传分析、突变体光合特性的变异、琼胶质量和酶活性的变异等基础研究的同时，提出并开展了龙须菜南移栽培试验。试验结果表明，将在北方海区分割生长的龙须菜移植到南方海区即可实现秋冬春连续生长，可以克服在北方原产地不易形成栽培产业的困难。我们先后数次将原产于青岛的龙须菜移植到福建连江、广东湛江等南方海区栽培，均取得了成功。

但是，龙须菜仍然不能耐受高温，如果海水温度超过 23 ℃，藻体就会溃烂，影响了龙须菜南移效果的充分发挥。因此，开展以提高藻体的耐高温特性的品系选育研究，就显得非常必要。经过多年的探索和试验，我与中科院海洋所费修绠研究员一起潜心研究，合作采用化学诱变技术和选育技术，终于在 1998 年选育成功了一个抗高温的龙须菜栽培品系——"981" 龙须菜。

"981" 龙须菜具有耐高温、速生抗逆、琼胶含量高、质量好等优良特性，适温范围从 12 ℃～23 ℃提高到 l2 ℃～26 ℃，栽培期延长 1 个月以上。与野生品种相比，新品种生长速度提高了 30% 以上，亩产提高了 3～5 倍，琼胶含量

提高了10%,凝胶强度增加80%。2000年春,"981"龙须菜在广东汕头的南澳岛栽培成功,立刻引起当地渔民的极大兴趣,很快发展成为当地的主要产业。在此研究成功后,我们还建立了包括苗种培育、栽培、采收、病害防治等的整套技术集成,制定了技术规范,为我国龙须菜栽培业的建立和发展打下坚实的基础。由于龙须菜不能像海带和紫菜那样用孢子采苗,而是用营养繁殖的方式增加生物量,苗种用量由一般的每亩100～200千克减少到20千克,解决了营养繁殖藻类栽培的又一个难题。由于江蓠属、石花菜属和麒麟菜属海藻都是通过营养繁殖增加生物量,我们在龙须菜栽培中解决了苗种问题,所以对石花菜和麒麟菜栽培业也有重要的借鉴意义。

如今的南澳岛上,途经的路边以及各个晾晒场处处可见养殖户辛勤晾晒龙须菜的身影。由于栽培龙须菜技术比较容易掌握,是一项从小孩到老人均可以从事的行业,有能力的可以搞养殖,亦可以受雇于人。当地人告诉我们,如今的南澳岛,龙须菜栽培面积已达到两万亩以上,几乎家家都在养殖龙须菜。龙

张学成在实验室做研究

须菜收获的季节,看着大片大片晾晒的龙须菜,我感到很欣慰,龙须菜就这样成了南澳岛上的常住"居民"。

"981"龙须菜在汕头栽培成功的消息不胫而走,福建省莆田市捷足先登。那里的龙须菜栽培始于2000年12月,经过3个月的试验栽培成功后,2001年11月开始大规模栽培作业,现已建成的标准化龙须菜栽培企业50多家,栽培面积达到90 000亩。龙须菜栽培也极大地促进了当地琼胶制造业的发展,使那里成为我国最大的龙须菜栽培和琼胶制造基地。除了显著的经济效益以外,龙须菜栽培业还使莆田的海洋环境得到改善,赤潮发生次数大为减少。

由于经济效益好,易于家庭操作,龙须菜栽培业深受沿海渔民欢迎,从2000年开始,仅用了10年时间,已从广东到福建,继而延伸至浙江、江苏、山东、

辽宁沿海，成为继海带、紫菜和裙带菜之后的又一个成功海藻栽培产业。

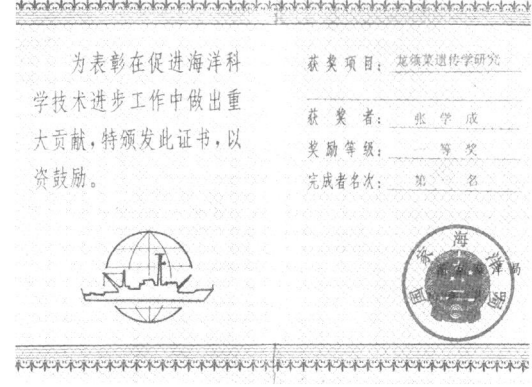

作为我国自主培育的首个龙须菜新品种，"981"龙须菜于2007年获得农业部水产新品种证书，并在我国东南沿海得以推广栽培。多年来，为工业生产提供了源源不断的琼胶原料，为鲍鱼养殖提供了新鲜的饵料。龙须菜栽培不仅给广大养殖户创造了丰厚的收入，也点缀着老百姓的餐桌，改善着人们的饮食，还为改善海域生态环境做出了巨大的贡献。

三、从"981"到"2007"：龙须菜家族再添新成员

"981"的培育成功，只是为龙须菜的良种选育工作开了个好头，要实现龙须菜栽培业的健康可持续发展，就要在良种选育的道路上不断前行。当时已70岁的我毅然决定在龙须菜新品种选育的道路上继续走下去。

任何生物品种都有其存续发展的规律，时间久了其优良性状就会退化，抗病性能变差，产量也会逐渐降低，"981"龙须菜也不例外。随着"981"龙须菜栽培规模的不断扩大，栽培过程中出现的问题也日趋严重。当时已有龙须菜栽培品种的一些优良性状逐步退化，如出现了优良苗种缺乏、敌害生物危害和琼胶原料质量下降等问题，现有的栽培品种已经难以满足高产高质、可持续发展的龙须菜产业化需求，所以，开展龙须菜新品系的选育研究也显得尤为重要。

在"培育龙须菜新品种，摆脱一个物种养殖、物种品种单一化的局面，推动我国龙须菜养殖持续发展"这一想法的推动下，我组建了藻类遗传育种研究团队，以"981"龙须菜四分孢子体为种藻，采用诱变结合L-羟脯氨酸抗性、高温筛选以及性状评价体系筛选等方式，选育了龙须菜新品种"2007"，并在汕头大学陈伟洲教授等人的配合下，成功在南方海域进行了实验性栽培。历时7年的栽培试验，龙须菜"2007"以其优良的性状最终通过国家水产良种审定，成为水产新品种。

之所以称之为"2007",是因为选育出新良种正是在 2007 年。其实,选种是个很辛苦的过程,我们通过诱变和耐高温的实验进行筛选看似简单,然而在诱变的过程中,大量的负突变藻种会很多,从中选出一个"宝贝"来,是一件很不容易的事情。而实验室选育成功后,必须尽快拿到养殖区进行栽培看养殖能否成功。遇到风浪大的收获时期,可能会影响到观测数据的准确性,就只能等到来年再重新观测。

经过 11 个继代的栽培测试后,得出的观测结果是龙须菜"2007"的优良性状显著。与"981"相比,外观上枝条更为粗壮、手感更加有弹性、抗拉力较强,耐高温能力也从 26 ℃ 提高到 28 ℃;平均每亩年产量为鲜菜 3 189 千克,干品产量为 637 千克,比"981"龙须菜提高了 17.7 %。从琼胶特性方面来比较,龙须菜"2007"的琼胶含量比野生型提高 20.6 %,比"981"提高 14.2 %;凝胶强度比"981"提高 11.5%。龙须菜"2007"展露出明显的产量、质量和抗逆优势。

截至 2014 年,"2007"龙须菜在广东汕头,山东荣成、青岛等地累计示范性栽培面积为 9 190 亩,新增产值 4 909.5 万元,新增利税 2 338 万元,有效地提高了龙须菜琼胶含量和质量,增加了养殖户的养殖效益,再次书写了海洋生物遗传育种技术促进海洋经济发展的新篇章。

坚持,有的时候是没有头绪的。有的实验可能要花费六七年时间,但是,前四五年可能毫无头绪,只要发现新的苗头我们就要及时抓住它。也许就是因为我们的坚持,我们在与大海"抢"时间、与种质退化"抢"时间的信念驱动下,最终取得了成功。

四、新种培育:一场永无休止的蓝色农业革命

在新品种选育中,当下的龙须菜养殖还存在一个问题,那就是仍采用南北轮栽的模式,将北方育好的苗送到南方养殖,这样不仅浪费时间还大大增加了

运输成本。能否有一天不需要长途运输，直接在南方育苗就地栽培呢？这成了我下一步的努力目标。我积极推动在福建宁德地区建立藻种中心，方便南北运输，进而降低养殖户的时间和运输成本。为这些勤劳、朴实的养殖户多做一点事，也可称之为"一位科学家的幸福"。

  同时，在龙须菜的栽培中，海里动植物的生态平衡是非常重要的。一味地养殖海洋经济动物固然重要，但如此一来也常会伴随一些不太好的生态变化，如病害、环境等问题的出现。目前世界上的海水养殖系统，大多已进入半集约化或集约化养殖阶段，饵料的投入和残饵的生成是促成养殖自身污染的一个重要因素。这些物质中所含的营养物即氮、磷和有机质，对水体和底泥将产生富营养化的影响。而龙须菜在生长过程中能大量吸收海水中的氮、磷和二氧化碳，释放氧气，有利于改善海洋生态环境。

  据了解，在南澳岛等沿海地区，当地养殖户不断改良创新，对龙须菜和太平洋牡蛎进行混养，表层栽培龙须菜，下层养殖牡蛎。这样，既可以增加创收机会，大大提高养殖效益，又相当于在海中建了一个巨型的污水处理厂，有效地净化了海水污染。自2000年引进龙须菜之后，附近海域就再没发生过严重赤潮，所以解除了最初人们对大面积养殖龙须菜会引起水质污染的怀疑，龙须菜栽培业在减缓海水富营养化、减少赤潮发生方面起到不可忽视的作用。这种产业模式俨然形成了一条绿色、环保、健康、可持续的蓝色农业发展新道路。

  在这个与广东汕头市隔海相望的安静小岛上，淳朴热情的渔民至今沿袭着独特的生产生活方式，积淀起潮汕文化的深厚底蕴。只是与过去不一样的是，岛上的渔民安居乐业，家家户户盖起了小楼。年轻人也不再外出打工，留下经营自家的养殖区。细想下来又不觉突然，龙须菜在南澳岛已然"定居"了十几个年头。南澳岛上的百姓就像我的亲人一样，每次走在路上打个招呼，让我感到十分亲切。因为我们的成果，百姓们的生活水平都有所提高，这使我感到非常幸福。

  我与龙须菜打了几十年的交道，在我心里，这一株株密密麻麻生长在海水中的红色植物已经成了我亲密无间的老朋友，是生命中不可分割的一部分。大学时代，我曾师从海洋生物遗传学与育种学奠基人方宗熙教授，正是在这位名师的指引下，我选择了龙须菜这一研究方向，并在海藻学奠基人曾呈奎院士的

科研成果背后的故事

张学成（左二）在加拿大海洋生物所开展合作研究

1987年，张学成与导师 J. P. Van der Meer 在一起

举荐下，前往加拿大师从藻类遗传学家 J. P. van der Meer 学习新品种培育技术。曾呈奎院士在世时大力倡导海洋农牧化和蓝色农业，希望把藻类栽培业发扬光大。这是一场永无休止的革命，我们当尽心尽力做好继承与发扬工作。

"海洋-大气相互作用"研究中的难忘经历

◇ 刘秦玉

作者简介

刘秦玉,女,1946年3月出生。1968年毕业于山东海洋学院,1981年获山东大学数学系硕士学位。1981年至今在中国海洋大学任教,1992年晋升教授,1993年任博士生导师。兼任《海洋与湖沼》、《海洋学报》编委,《中国海洋大学学报》常务副主编,《中国海洋大学学报(英文版)》副主编,世界气候研究计划中国委员会海洋-大气相互作用专家委员会主任等职。

研究方向为海洋-大气相互作用及其在气候变化中的作用。担任项目负责人的"副热带北太平洋和南海海洋-大气相互作用及其与热带太平洋的关系"于2006年获得"教育部自然科学一等奖"。

一、获奖项目基本情况介绍

"副热带北太平洋和南海海洋-大气相互作用及其与热带太平洋的关系"

研究项目是在国家自然科学基金委支持下,针对副热带北太平洋和南海海域一些重要的、具有鲜明局域特色的海洋-大气相互作用现象,开展并揭示这些现象动力学机制的基础性研究工作,建立了相应的理论体系,阐释了它们与热带太平洋年际变化之间的联系,对于深入理解这两个海域海洋-大气相互作用的特殊性,为研究气候长期变化规律,开展海洋环境问题研究奠定了基础。

二、获奖成果的意义与价值

该成果发现了副热带北太平洋和南海在季节内尺度上的振荡现象,揭示了该现象在海洋调整过程中的重要性;发现了夏威夷群岛附近海洋-大气相互作用产生的超长的"尾迹"效应,提出了副热带海洋和大气相互的耦合要比以往人们想象的更紧密;引起了学者们对于海岛附

近海洋-大气相互作用独特性的重视,开辟了海岛附近海洋-大气相互作用的新领域;给出了北太平洋副热带地区海洋-大气相互作用通过"海洋内部通道"和"大气桥"与热带太平洋海洋-大气相互作用的可能途径;建立了南海上层海洋环流动力学的理论框架,依此理论推断并发现南海冬季的冷舌,为阐明海洋动力过程在气候变化中起重要作用提供新的证据;阐释了副热带北太平洋海洋-大气相互作用的信号通过黑潮影响南海的方式。

在该成果发表的50余篇论文中,有12篇在 *Science* 等国际一流学术刊物上发表,曾被美国国家航空航天局办的刊物确定为"地球上11个重要科学发现之一"。部分成果曾被美国著名的气候学家 Mark Cane 在"世界海洋环流研究2002"国际大会上作为"气候动力学研究中重要发展之一"介绍,曾经被2004年国际季风研讨会邀请作特邀报告,2007年曾在日本(PAMS/JECSS)国际会议上做大会主题报告(两个主题报告之一)。

三、获奖项目进行中的难忘经历及体会

1."一句话"的启示

我国科学家早就认识到南海主要受季风控制,南海海洋环流具备非常明显的季节反转特征,但与南海毗邻的热带西太平洋也受季风控制,为什么那里的海洋环流就不存在季节反转特征呢?带着这样的问题我于1998年获得了国家自然科学基金委重点项目的资助,开始了有关南海海洋环流机制的研究工作。

2007年,刘秦玉在日本召开的(PAMS/JECSS)国际会议上作主题报告

该项课题的研究工作曾经先后得到过多位同行科学家的帮助,特别是现在美国Wisconsin大学大气海洋科学系工作的刘征宇教授的"一句话"对我们建立南海上层海洋环流动力学理论起关键作用。1998年6月,刘征宇教授到青岛访问,当他在中科院海洋研究所和我校做完学术报告后,我和我的研究生杨海军一起送刘征宇教授去青岛流亭机场。在路上,我向他请教"如何将大洋的风生环流理论应用到南海"的问题时,他说:"南海海盆非常窄,海洋对外强迫调整时间短,是否能直接用风生环流中的Sverdrup平衡关系?"把他送上飞机,在从机场回家的路上,我便与杨海军讨论起刘征宇教授的建议来。当天晚

上,杨海军就利用历史气候平均风场的相关数据,依据 Sverdrup 平衡关系推算出南海海洋环流的理论解。第二天我们立即将季节平均的海洋环流理论解与前人观测得到的海洋环流比对,得出的环流空间分布形态基本一致,我们终于找到建立季风驱动南海海洋环流理论的突破口。刘征宇教授回到美国后就收到了我们发给他的邮件,得知他"一句话"的猜想被我们的研究结果所证实,非常兴奋,并决定与我们开展长期合作。1998~2003年,我们做了一系列研究工作,从不同角度证实了 Sverdrup 平衡关系在南海环流季节反转中起到的决定性作用,将南海海洋环流动力学的基本理论框架建立起来,并得到国内外学术界的公认。依据该理论研究成果,我们又继续做了一系列工作,揭示了南海季节和年际变化的物理本质,建立了南海与热带太平洋之间的联系。这个小故事可以说明:学者之间的学术交流与学术研讨不一定就要在办公室,随时随地地交流同样非常重要。"一语道破天机"是我们找到建立"季风驱动南海环流新的理论框架"的关键。

2."想不通"与科研创新

回顾我的科学研究历程,之所以能取得新成果,几乎都与解决在观测资料的分析时发现的科学问题或在阅读文献或聆听学术报告中没有想通的科学问题密切相关。从一开始遇到问题的"想不通",再对这些"想不通"的问题提出科学猜想,反复论证,最后自己想通,并发表论文也让读者想通,这是新的科研成果诞生的基本套路。以下的两个实例更能说明这一点。

第一个例子是有关"热带印度洋影响夏季风的研究"。1999 年我在 Nature 杂志上发表了两篇有关发现热带印度洋海温"偶极子"模态的论文,并指出该模态是热带印度洋局地海洋-大气相互作用的产物,主要取决于海洋动力学过程。该发现指出了热带印度洋海洋-大气相互作用的重要性,接着许多学者就开始研究热带印度洋海温"偶极子"模态对东亚夏季风的影响问题。2000 年,一篇有关热带印度洋"偶极子"模态可以影响东亚夏季风的论文引起了我的注意。在阅读完他们的有关论文时有一个问题我一直想不通:热带印度洋海温"偶极子"模态在秋季最明显,为什么他们要研究该模态发展期(夏季)对东亚夏季风的影响?究竟哪个季节印度洋海温异常会影响北半球夏季风?带着这个问题,我翻阅了许多相关文献,发现许多论文只是作了同期热带印度洋温异常与同期东亚大气环流的统计分析,而无法找到两者之间的因果关系。因此,我感觉"在热带印度洋海温异常影响大气环流研究方面可能找到新的突破点",并猜想"春季热带印度洋海温异常的主要模态(海盆一致模态)可能会成为控制东亚夏季风的主要因素"。

于是,在2004年我建议我的博士研究生杨建玲开始从事有关的研究工作。在她做了大量观测数据分析和模式实验研究并与同事们认真地分析和讨论后,不仅证实了我的猜想,还得出了一系列新的研究成果。杨建玲博士研究提出的有关"印度洋海盆一致模态对亚洲夏季风影响",改变了前人对这一问题的传统认识。由于春季热带印度洋海温异常的海盆一致模态是太平洋ENSO影响热带印度洋的结果,我们的研究不仅阐明了热带太平洋与热带印度洋之间的联系,也将东亚夏季风的可预报性提前了一个季节。"热带印度洋海温异常的海盆一致模态"研究成果,已经被国内外气象部门采用作为气候预测的新指标,2007年发表的一篇论文已经被SCI论文引用200多次。相关的其他研究成果也都在国际气候学研究的一流学术期刊上发表,极大地推动了国际有关"热带印度洋海洋-大气相互作用的研究"工作的进展。

第二个例子是有关"南海环流研究"。1996年我听了一位学者的学术报告,他认为冬季逆风的北上"南海暖流"是冬季风将南海水向南吹将海水在南海南部堆积形成了自南向北的流。听完这个报告我就一直想不通。因为,第一,风生海流是由海面风应力旋度决定,而不是由风向决定的;第二,在南海冬季风的东北风,其导致的水体堆积和海平面升高不应在南海的南部。由于对这两个问题的"想不通",诱发了我想开展"南海海洋环流的研究"的欲望,于是我开始与国家海洋局南海所的甘子钧教授合作,于1998年申请了一个国家自然科学基金重点项目,有关"南海海洋-大气相互作用与海洋动力学的研究"工作就这样开始了。通过该项目的研究,我们建立起"南海海洋环流的动力学框架",在国际刊物上连续发表了一系列论文,同时也认识到"冬季南海北部的'南海暖流'不仅与局地的风应力旋度有关,黑潮通过吕宋海峡时的形变也在一定程度上影响了南海暖流"。

以上两个例子说明:许多新的科学思想是在对已有研究成果思考和理解的过程中产生的,是在对前人研究成果不断修正的基础上形成的。科学研究就

刘秦玉在学生博士论文答辩会现场

刘秦玉与学生们在海洋馆前合影

是从"想不通"到"探明真相"的过程。人类对浩瀚大海的认识还太少,基本还处于"瞎子摸象"的阶段,每个研究成果都具有一定的局限性,我们更应该在多总结前人工作的基础上,独立进行思考,少盲从。

3. 学术研讨与科研创新

许多科研成果中不仅凝聚着老师们的心血,还有研究生付出的辛勤劳动和他们在探索与求证过程中表现的聪明才智。如何在科学研究过程中将研究生培养成为具有创新能力的人才,这是我们作为研究生导师所面临的难题。我的体会是:培养学生们的创新意识才是培养和提高创新能力的核心内容;改变学生满足于教科书或者传统知识的学习,必须从改变学生的思维方式入手。为此,在培养学生中,我除了欢迎研究生在遇到问题随时与我讨论外,还采取每周召开研究生小型学术研讨会的方式帮助学生建立创新意识、改变思维方式。1992年以来,我和我的研究生们一直坚持每周半天进行学术研讨。在研讨会上,主讲的研究生就是"老师",其他人都是"听众",大家都是平等的,可以畅所欲言。有时,可能因为一个基本概念的理解不同,会争论得面红耳赤。这样,对研究生改变思维方式、主动提出问题会起到积极的促进作用。参加过这类研讨班的研究生们都认为,在这种研讨班上学到的知识不仅不会忘记,而且使他们养成了独立思考问题的习惯,促进了他们主动提出新观点的思想意识,拓展了他们从不同角度分析和理解新知识的视野,提高了他们学习他人分析问题方法和技巧的能力。

除此之外,我还与学生通过电话、Skype 和 QQ 等方式保持密切联系,经常将我所思考的问题或参加会议学习到的东西抛出来让大家一起讨论。通过这些措施,使原来有独立思考能力的研究生能及时表达他们的思路,阐述他们研究成果,确保在研究工作中少走弯路;也使得原来缺乏独立思考能力的研究生,逐渐学会如何去思考问题、提出问题和解决问题。同样,在与研究生的交流与研讨中也会及时发现自己的错误,有时会激发自己想出新的科学问题。学术研讨促使我不断吸取新的思维方式和方法,使我不断进步,一直能够有新想法、新成果。

我今年已经 68 岁,还能在科学研究的一线与研究生一起学习、研讨、进步,这是一件多么美好的事情!在培养教育我的中国海洋大学九十年华诞之际,我感谢多年来支持我从事教学和研究的各位领导、同事和学生们,我还会在以后的日子里继续享受科学研究和学术讨论带给我的快乐,继续为人才培养多做贡献。

《海洋生物趣谈》一书出版前后的故事

◇ 童裳亮

作者简介

童裳亮，1936年5月21日出生于浙江省临安市昌化区河桥乡蒲坑村。1961年毕业于山东海洋学院生物系，并留校任教。历任生物系主任、生物工程研究所副所长，兼任中国生理学会和中国海洋生物工程学会理事、青岛市高新技术开发咨询委员会委员等职。1993年10月1日起，获国务院"政府特殊津贴"。

毕生从事人体及动物生理学、海洋生物技术学的教学和科学研究。1980～1982年在美国加州大学神经科学系和斯克利普斯海洋研究所留学。1986～1987年又去美国马里兰大学海洋生物工程研究中心进修。曾经承担国家攀登计划、国家科学基金、国家农业部等部门的科研项目，在国内外学术刊物已发表论文几十篇，出版的个人专著有《海洋生物趣谈》《鱼类生理学》《海洋生物技术》《仿生技术》《中老年健康自助》等；与他人合作已编著出版的图书有《海水养殖动物的免疫、细胞培养与病害研究》《高技术百科词典》《海洋科技名词》《大辞海》等。其中,《海洋生物趣谈》一书于1998年荣获"国家教委科技进步二等奖"。

作者的人生信念是:"不图富贵,只求平安;不怕劳苦,只求进取;用汗水滋润禾苗,用心血培育人才。"

一、《海洋生物趣谈》写作的时代背景

1961年7月,我从山东海洋学院一毕业便留校任教,并到复旦大学生物物理学专业进修。一年后回到母校,第一次给新建生物物理学专业的学生开设了"生物物理学"这门新课程。但不久之后,该专业因条件不成熟而下马。我被分配到生理学教研室继续从事教学工作。

业务工作的好景不长。1965年,我和其他教职工一起到崂山县北宅公社搞"四清运动"。1966年回到学校时,"文革"又开始了!那时,学校已经停课,一片狼藉。

我感到很茫然,不知所措。由于整天无所事事,把业务都荒废了,真惋惜。我怕把过去费力学到的英语全部忘掉,便买了一本英文版的《毛主席语录》,天天通过学毛主席语录来学习英语。

二、开始科普创作

1971年起,学校开始招收工农兵大学生,但学校的教学秩序还远远没有恢复正常,教学工作量很少。我觉得无事可做,便开始大量阅读英文的图书资料,写科普文章,以介绍国外的科技动态。1974年,我的第一篇科普文章《有关仿生学的几个问题》在《科学实验》杂志上发表。

1976年,系领导要我们教研室派一名教师去参加青岛市的人防工程劳动——挖防空洞。该工程是响应当时的"深挖洞、广积粮、不称霸"的号召而在校园内开挖并与全市防空地道贯通的工程,这是分配给文化教育部门的任务。参加劳动的都是本市大学、中学和研究所的工作人员。作为当时的教研室主任,我便自觉地带头报名前往。按规定,每人只轮流劳动半年,但后来因为无人接替,我一直在那里劳动了两年多。

在这期间,我利用劳动之余更加卖力地搞起科普创作来。在短短的两年多时间内,我在《科学实验》等杂志上连续发表了十几篇文章;其中,有关生物发光、生物电、生物钟等几篇还被中央人民广播电台编辑部看中,要我改写成广播稿,在该台的科技节目中向全国播放。当时,在人防工程劳动的人们听到广播后都大为惊讶。有人说:没想到,这暗无天日的地洞竟是"卧龙伏虎"之地!这些科普文章,为我后来编著《海洋生物趣谈》一书奠定了基础。

三、赴美留学,该书成形出版

1978年秋,邓小平同志重新担任中央领导。他提出要"改革开放",并向国外派遣留学生。为了选拔出国人才,全国几所重点大学开始举行英语考试。当时的政策是"先考试,后政审",以广觅人才。我听到这则消息后,立刻从防空洞里"爬"了出来,参加了学校的英语考试。考试一举成功,接着,我又参加并顺利地通过了全省的考试。

1979年初,我到上海外语学院的"出国留学生预备部"集训英语口语。那时的大学教师能看懂英文书就算很不错了,至于英语的口语和听力,几乎都是"哑巴"和"聋子"。一方面,这是由于那时的大学里很少有外国专家来访,用不着外语交流;另一方面,即使有外宾来访,也都配有外语翻译,用不着教师直接与他们交流。教师学习外语的唯一目的,就是查阅专业外文资料,以充实教学内容。

经过半年的英语口语强化训练,我终于能开口用英语说话了。那次招收的留学生中有50人被派往美国,我是其中之一,国外的导师则由留学人员自己

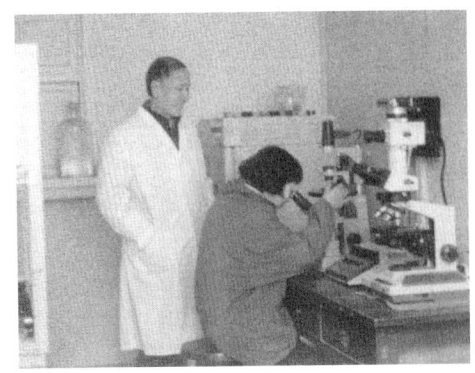 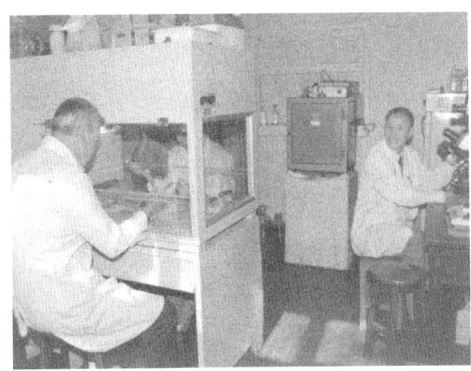

童裳亮在美国马里兰大学专家讲学和合作研究时的照片

联系。因为我在防空洞劳动期间就从英文著作中得知，美国加州大学神经科学系和斯克利普斯海洋研究所有一位"生物电"专家，那就是布洛克（Theodore H. Bullock）教授。因我对"生物电"的研究内容特别感兴趣，故申请到布洛克教授那里去留学。没想到，他欣然同意了。

出国留学，这是我做梦也没有想到过的事。我非常珍惜这次大好机会，所以在那里我拼命地工作和学习。为了多出成果、快出成果，我经常夜以继日地通宵做实验。功夫不负有心人，在短短两年的时间内，我便发现鱼类的两个电感觉中枢——小脑"后侧核"与脑干"前隆核"，查明其神经通路，并在国际《比较生理学》和《比较神经学》杂志上连续发表了 5 篇论文。这让布洛克教授喜出望外，也使研究室里的其他人对我刮目相看。

在留学期间，我还有许多其他不平凡的经历。在那里，我第一次看到能发电的"电瞻星鱼"，并亲手用它来做实验。在自然界，这种鱼喜欢躲藏在海底的泥沙里，只有两只眼睛露出沙面，观察动静，一旦发现有小鱼小虾从身边经过，它便实施电击，把它们击昏，然后捕而食之。当我用小鱼网从水族箱里捞取此鱼做实验时，它却不肯从沙土中出来。无奈，我只好徒手去抓。我知道它是强电鱼。但我又想，一尾 20 多厘米长的小鱼，能有多大的能耐。于是我卷起袖子，壮大胆子去抓。当手刚伸到水中，便遭到电击。顿时，手像被铁锤敲击似的麻木，并不由自主地缩了回来。有了这一次的沉痛教训，后来再也不敢贸然尝试了！

在美国的西海岸还有一种非常奇特的小鱼，它总是在每年的 4～6 月，选择阴历十五、十六日这两天月亮最圆、潮水最大的夜晚产卵。雌鱼和雄鱼双双乘滚滚的浪潮冲上海滩。雌鱼用力摆动尾部在沙滩上挖洞产卵，雄鱼则向洞内排放精子。待第二个海潮到来时，它们便随浪潮回到海里，所以人们称此鱼为"赶潮鱼"。在分类学上，它属于银汉鱼科的一种。这一天，我专门安排了一个通宵实验。在午夜时分到来时，我暂停实验，到研究所前面的海滩上去观察"赶潮鱼"的产卵场景。

这些人生经历和自己的科研成果，是我后来编著《海洋生物趣谈》的生动材料。1982 年，以过去发表的科普文章为基础，又经过大量的文字内容补充和修改，终于写成了《海洋生物趣谈》这本书，并由科学出版社出版发行。

四、《海洋生物趣谈》出版的社会反响

《海洋生物趣谈》出版后引起了读者的极大兴趣和强烈反响。要知道，那个年代国内的科普图书，特别是海洋类科普图书少之又少，人们纷纷来信谈自己的读后感受或请教问题。有一位下乡知识青年，看了"生物发光"一章后给我写信。他说，夜间在乡下的一条小溪中看到一尾小虾在闪闪发光。我当时回信说，至今还没有一位科学家发现淡水虾能发光，如果这是真的，那将是一项重大发现！我鼓励他继续认真地观察。有

一位幼儿园老师看了"生物电"一章后来信说，她们那里有一位小朋友精神不太正常。她问我，这是不是身上的"生物电"出了问题。我回信告诉他，最好带这位小朋友去医院做个脑电图，这样就可知道他有没有精神疾病了。还有一位因工伤而截肢的残疾人，看到书中介绍用生物电的原理来制造活动假肢的内容后，急切地来信问：国内有没有制造这种假肢的单位。同样，我也回信作了相关内容的详细介绍。

《海洋生物趣谈》的第一章"海洋与生命"，因为构思巧妙、语言生动、文字流畅，1985年起先后被编入全国高中《语文》课本第六册、中等专业学校《语文》课本第二册、成人高中《语文》课本上册、中等师范学校《语文》课本第一册、幼儿师范学校《语文》课本第二册中。2003年起，该文又被编入全国高等学校对外汉语教材《现代汉语高级教程》上册。2004年起，该文还被编入《普通话水平测试实施纲要》，作为外国留学生入学考试的朗读材料。

正是由于深受广大读者的喜爱和国内众多教育机构的高度认可，该书于1998年荣获得"国家教委科技进步二等奖"。

"齐鲁石化公司排海管线(广饶段)泄漏调查评价"项目的联合科研攻关历程

◇ 刘贯群

作者简介

刘贯群,1964年12月出生,河北省晋州市人。1986年于长春地质学院(现吉林大学)获学士学位,1992年于长春地质学院获硕士学位,2002年于中国海洋大学获博士学位。现任中国海洋大学教授。

研究领域为地下水资源勘察评价与管理、地下水环境保护

与治理、海岸带陆海相互作用。承担和参与完成国家自然科学基金项目、水利部公益性行业科研专项和中日合作项目等。主讲本科生专业基础课《水文地质学基础》《地下水动力学》,研究生学位基础课《渗流理论》。

"齐鲁石化公司排海管线(广饶段)泄漏调查评价"项目于1999年获得"教育部科技进步二等奖"。

一、课题立项时的社会背景及其基础条件

齐鲁石化公司为了防止工业废水对当地环境产生污染,1984年投资1亿多元,建设了一条途经淄博市临淄区、东营市广饶县的工业废水排海管线,将处理达标后的工业废水通过这条排海管线排入东营市广饶县境内的小清河。这条排海管线全长59.6千米,其中广饶县境内30千米。该排海管线建设为区域内的环境保护做出了贡献。

排海管线内的废水虽然经过处理,但毕竟还含有一定量的石化污染物,如石油类、氨氮、挥发酚、氰化物和苯、二氯乙烷及COD、氯化物等,其气味还会通过检查井等挥发,废水也可能发生泄漏而对管线两侧的地下水和土壤发生污染。

当地农民在20世纪90年代经常因怀疑排海管线泄漏投诉到当地环保机构,因为没有检验管线是否存在泄漏的良好方法,环保机构只能经常进行开挖验证。该方法一方面需要耗费大量资金,工期又长,另一方面对排海管线也容易造成损伤。

1993~1997年,我和邱汉学教授一直从事齐鲁石化地下水的评价与保护工作,与时任齐鲁石化环保处的王基成副处长接触较多,经常交流企业生产中存在的环境保护问题及探讨解决的办法。1996年是排海管线的泄漏投诉比较集中的年份,齐鲁石化公司为了彻底解决排海管线的泄漏问题,委托我校承担"齐鲁石化公司排海管线(广饶段)泄漏调查评价"课题任务,其主要目的就是要查清管线是否泄漏和确定泄漏点的分布情况,为排海管线管理提供科学依据。

二、项目的总体设计思路

排海管线属无压水泥地下管线,输送的是工业废水和生活废水,当时世界上还没有十分成熟的探测方法。我们在工作之初进行了广泛的调研。

(1) 现有仪器设备。在地下管线探测(寻找)上已经有许多仪器设备在使用,如美国的810金属探测仪、日本FUJI公司的PL-801GXⅡ型地下管线探测仪等,但这些仪器主要用在寻找金属管线上,对非金属管线应用大部分不太理想;在泄漏探测方面,主要有用于自来水(有压)管网泄漏的听漏仪及噪声相关

仪等；而对非金属无压地下管线泄漏的探测更困难，现场实地开挖观察常是当时很多单位不得已而选择的最有效方法，但其耗费的人力、物力、财力是相当巨大的。

（2）探测方法。美国曾经利用电法来探测佛得角某水库大坝的泄漏，因其泄漏量大形成的异常比较明显而得以利用，对于像水泥管道这样泄漏量较少的泄漏探测还没有见到报道。在地质研究上是利用化探方法进行找矿，由于矿产资源较为集中，利用化探方法比较经济实用，而利用此方法来查明管线泄漏状况则需要布置相当多的观测点，工作量很大，也不是一种经济、可靠的方法。

（3）新方法的使用 20 世纪 90 年代探地雷达技术发展迅速，在地质调查，工程与环境勘察，农业、考古调查等领域均得以利用。

（4）本课题研究特征及其解决方法。由于管线泄漏，势必会造成泄漏影响区内的介质（包括土体和水体）和成分发生变化，这就与非泄漏影响区形成差异，可以利用化探解决，但必须知道泄漏位置才能进行；由于泄漏污水向外流动，从而形成过滤电场；泄漏水和地下水溶液浓度不同，又形成了扩散电场。上述原因使影响区的电磁性质、电场及物理化学特征有明显改变。由于水流的流动形成的过滤电场和浓差扩散形成的扩散电场，均可以利用测量其自然电位的方法来实现，那么，泄漏造成的介质电磁性质的差异也可以利用探地雷达探明。

（5）影响探测的因素。自然电位法经常受到农田灌溉的影响，易于同灌溉下渗水的流动形成的电位曲线混淆；用探地雷达探测主要反映的是介质的电磁性质，由于某段地层的差异或其他原因造成的差异（如由于开挖后回填造成介质的差异）导致的异常与管线泄漏形成的异常，在探地雷达图像上难以区分。因此，将两种探测方法互相补充，就可以增加探测的确定性。由于地表（面）污染也会造成化探和物探方法探测的结果，同样也必须进行相应的调查。

（6）科学的探测方案。选择探测在旱季进行，以消除自然降水和农田灌溉等的影响；先布设电法测线，进行自然电位测量，待发现异常后，再进行面上测量，并圈划出异常地段；然后利用探地雷达进行探测，解译探测结果；在异常地段分上、中、下部采集土、水样判断其是否由于管线泄漏引起，从化学成分上加以确定。这样，既加快了调查速度，又节约了资金，也提高了探测结果的可信度。

三、项目的周密策划与推进

我们充分考虑了广饶县当地群众、主管部门和齐鲁石化公司的意见,结合当地地质、水文地质及社会环境的情况,合理布置了整体探测工作。

在工作中,由于任务较重,必须事先周密策划、分工明确,各种工作协调配合。其中,项目组的贾永刚老师负责探测人员的组织、探测线路的野外布设等组织协调工作,刘红军老师负责雷达设备的操作等工作,我主要负责野外编录和电法的探测工作。探测工作初步完成后,需要进行认真地解译,弄清到底什么样的异常是由泄漏造成的、幅度是多少,当时颇费了许多周折。通过采用定性与定量相结合的原则,将 61 个探测段的数据进行逐一分析研究后,对电法曲线和雷达图像均进行了详细分类。雷达图像划分为三类:Ⅰ类:异常明显,异常范围大;Ⅱ类:波形较杂乱,反射较强烈异常范围小;Ⅲ类:波形规则,或由于

开挖验证的泄漏点

探地雷达探测小憩

野外电法探测

冰上探地雷达探测

其他影响造成的异常。同样,将电法曲线也为三类:Ⅰ类:曲线呈"v"型或"u"型,异常明显;Ⅱ类:异常极值小,异常幅度不大;Ⅲ类:曲线平缓,局部略有跳动。对个别有疑问的探测段再次进行了补充探测。最后,再利用化探法对电法和雷达法的Ⅰ类与Ⅱ类的结果进行检验,对个别Ⅲ类也进行再分析。通过综合运用上述三种探测方法,在61个探测段中确定出了8个泄漏可疑段。

四、成果的创新点及其社会效益

从1998年8月开始,对以上8个可疑段进行开挖验证,开挖结果证明了:报告中提出的可能泄漏点中,Ⅰ、Ⅱ类泄漏点确实存在异常现象,与探测结果相符。以探地雷达、电法和化探相结合的勘探方法,探测技术方法先进,结果可靠,为地下无压水泥管道泄漏情况的调查提供了一个可靠的探测、调查手段,为企业节约了大量的人力、物力和财力,具有明显的经济效益;同时,为地下水环境保护和当地人民的身体健康做出了贡献,具有良好的经济效益和社会效益。

同时也得出结论:凡是地下管线的泄漏,无论是有压的供水管线和地下输油等液体管线的泄漏,还是无压的下水管线的泄漏,均可以利用该方法进行泄漏调查结论,该项研究具有广阔的应用前景。国外的同类研究虽然与我们同步,但效果不如我们。

自从该课题完成后,再没有发生关于排海管线泄漏的投诉问题;反而,近年来企业私自将污水排入排海管线的现象日益增加。

科研就像寻宝，时时会带来惊喜
——忆我的科研经历

◇ 薛长湖

作者简介

薛长湖，1964年11月生，江苏省兴化人。中国海洋大学水产品加工与贮藏工程国家重点学科带头人，山东省"泰山学者"岗位特聘教授，教育部"长江学者和创新团队发展计划"创新团队学术带头人。

主持承担了国家自然科学重点基金、国家"863"计划、国家科技支撑计划、农业部"948"等国家级及省部级课题20多项，横向项目8项，国际合作项目2项。在大宗海洋水产品蛋白质、糖类及脂质资源的高效利用及养殖海珍品精深加工等方面取得了创新性成果，并取得了显著的经济和社会效益。先后获得省部级及以上科技奖励8项，其中国家科技进步二等奖1项；累计发表学术论文500余篇，其中SCI/EI收录论文150余篇；获得授权发明专利60余项。在"十一五"期间，作为技术负责人，组织编写了科技部"863"计

划——"海洋水产品加工新技术与设备及科技支撑计划"和"海洋食品精深加工技术研究与产业化示范"两个项目的可行性论证报告,两个项目均已由科技部组织实施并通过验收。

一、初露端倪

1980年,我考入山东海洋学院水产系的水产品加工专业,一路攻读本科、硕士直到博士,1990年获得博士学位后留校工作,开启了自己科研与教学的艰辛而快乐的人生历程。

工作之初,国内从事水产品加工的专业人士寥寥可数,国内相关产业与国际先进水平相比有很大差距。我工作后的第一个科研项目是参与导师陈修白先生主持的山东省水产局项目——"鲲鱼综合利用",从此开始了我的"大宗低值海洋水产品高效利用技术"的研究之路。当时,在工作中我碰到了许许多多的困难和问题。比如,实验室的分析测试条件特别差,仅有的一台大容量离心机还是利用几台报废的离心机重新组装而成的;而研究高EPA/DHA含量鱼油乙酯的分子蒸馏分离及利用气相色谱仪分析脂肪酸组成等实验都需要到上海水产学院及上海市鱼品加工厂等单位完成。

面对科研实验中的这些困境,在陈修白先生和管华诗先生的不断鼓励和支持下,我毅然选择了坚守和开拓。我坚定地相信,通过我以及同行们锲而不舍的努力和舍我其谁的勇气和决心,我国水产品加工业必将能迎头赶上世界的先进水平。

二、崭露头角

至20世纪90年代末,我国水产品总量已位居世界第一,但是占海洋渔获物总量50%以上的低值水产品及其加工下脚料的高值化利用率仍旧较低的现状却没有改变,这已经成为制约我国海洋水产品行业发展和提升总体水平的关键。在完成了第一个低值海洋水产品高效利用项目——"鳀鱼综合利用"的基础上,我又率领团队重点针对鳀鱼、秘鲁鱿鱼、海带等低值大宗水产品资源及虾蟹壳、鱼皮等海洋水产品加工下脚料中的蛋白质、糖类及脂质的高效利用,进行了产业化关键技术与产品的开发,创新或建立了大宗海洋水产品资源高效利用的理论和技术体系,提升了我国海洋水产品加工行业的技术水平与效益,推动了我国海洋生物产业的持续健康发展。这些成果先后获得"中国水产学会科技进步一等奖""教育部科技进步一等奖"及"国家科技进步二等奖"。

针对推动我国第5次海水养殖浪潮兴起的海参产业中海参工业化加工方面存在的关键技术问题,我带领团队,通过10多年的原始创新与集成创新,突破了制约海参工业化加工的瓶颈,将我国海参产品手工作坊式的加工模式提升为机械化、标准化的生产模式,大大提高了我国海参加工业的整体技术水平,带动了海参行业的跨越式发展,此技术成果获得2013年度"山东省科技进步一等奖"。

为了更好地搞好科学研究,我通常积极参与国内外学术交流活动,拓展研究思路,掌握国际研究前沿信息,推动本学科快速发展。我充分发挥担任中国水产学会水产品加工和综合利用分会主任委员的优势,积极组织科研团队成员进行国内外学术交流与合作,并通过组织国内、国际学术会议,邀请本领域有影响的专家来华进行学术交流。几年间,我们先后邀请了日本、韩国、美国、西班牙、英国、泰国等国家的数十名知名专家来华访问和进行学术指导。

薛长湖在国际学术会议上做报告

三、成果转化

我始终认为,就我们水产品加工专业而言,评价一个科研成果的好坏,关键要看它最终能否成功转化和应用,是否能为企业或社会带来显著的经济效益。而从企业寻找课题、建立技术成果中试转化基地、与企业合作共同开发是实现科研成果快速转化的关键。为此,从2004年起,我逐步开展了"海洋食品中试基地"的组建工作,该基地于2009年被农业部认定为"国家海洋水产品加工技术研发分中心"。2011年,该中心争取到山东省发改委"两区"建设项目340万元资金支持。2012年,以中试基地为基础申报的"山东省海洋食品工程技术研究中心"获得山东省科技厅批准,正式列入"山东省工程技术研究中心"组建计划。我还先后主持组建了"中国海洋大学-獐子岛集团股份有限公司海洋食品研究开发中心"、"中国海洋大学-山东东方海洋科技股份有限公司海洋食品研究开发中心"和"中国海洋大学-青岛贝尔特生物科技有限公司海洋生物研发中心",并担任研发中心主任,使本学科专业服务于社会的实力上了一个新台阶。

邀请国外专家(日本专家加藤登)指导新型鱼糜制品开发

薛长湖(右一)考察国内万吨级海上加工船

薛长湖(右二)在企业现场考察

多年来,为推进科研成果实际运用和转化,国内从南到北的很多海洋水产加工企业都留下了我的足迹。2013年,当得知省内一企业与浙江舟山一家企业合资修建了国内第一艘万吨级大型海上加工船后,我立即带领团队对该船船进行了实地考察,并深入探讨了合作开发海洋水产品船上加工技术的可能。2014年,我的研究团队又与中国水产有限公司签订了共同开发南极战略资源的合作协议。

四、个人感悟

有人曾经问我:何以能坚持二十多年如一日,不懈怠地进行科学研究工作?我是这样回答的:科研就像寻宝,时时会给自己带来惊喜,给自己继续做下去的激情和动力。

我们科研团队在做关于鱿鱼黑色素的实验时,偶然发现其超强的生物活性使得它与铁离子很容易结合,这在国内也是独家报道。在此基础上,我们以鱿鱼墨为原料开发了一种新型的补铁功能食品。在研究海带中高硫酸根含量岩藻聚糖硫酸酯的分离提取时,也是在发现另一种生物材料溶液和海带硫酸多糖混合后产生沉淀的基础上,发明了利用生物材料亲合沉淀法,解决了从海带中分离高硫酸根含量岩荡聚糖硫酸酯有效方法。正是这种不断"寻宝"的动力在激励着我们,使得我和我的团队能够在海洋水产品高效利用这个领域坚持走到现在,并将继续坚持下去。

四倍体牡蛎与"非典"的故事

◇ 王昭萍

作者简介

王昭萍,女,生于 1966 年。中国海洋大学教授,博士生导师,中国贝类学会理事;山东省教学名师,国家精品课程《贝类增养殖学》主持人,国家级教学团队——海洋无脊椎动物学课程教学团队带头人。

多年来致力于贝类繁育及育种的研究,在牡蛎繁殖生物学、多倍体育种及育种生物学方面做了大量细致的研究工作,曾多次赴美国、澳大利亚进行贝类育种的合作研究。

先后主持和承担国家"863 计划"项目、"973 计划"项目、国家自然科学基金、中外合作交流项目及省部级科研项目 20 余项;在国内外核心刊物发表研究论文 100 余篇,出版《贝类增养殖学》《贝类苗种培育技术》等专著 12 部,申报专利 18 项;研究成果获省部级及以上奖励 12 项,其中作为第一完成人的《三倍体牡蛎快速生长机理研究》与《四倍体牡蛎培育技术及生产应用》分别获得 2004 年度及 2007 年度海洋创新成果二等奖;个人曾获得"青岛市青年科技奖"、"齐鲁巾帼发明家荣誉"称号。

一、获奖项目研究背景

"四倍体牡蛎培育技术"是我们在"十五"期间承担的国家"863 计划"青年基金项目。该项目以我国重要的养殖贝类太平洋牡蛎为研究对象,开发牡蛎四倍体诱导技术,获得存活的四倍体牡蛎,建立并延续四倍体牡蛎群系;通过四倍体与二倍体杂交的方法,生产全三倍体牡蛎苗种。

三倍体牡蛎由于育性差、生长快、品质好等优点深受消费者喜爱。但是,在生产中所使用的理化诱导三倍体方法有较大的缺陷,诱导率一般低于 70%,且三倍体不能自我延续种群,需要每年进行诱导,操作烦琐,生产稳定性差;同时,诱导剂的安全性还有待于进一步验证,诱导处理带来的胁迫也大大降低了幼虫的成活率和产量,因此寻求一种高效安全的替代技术是当时生产上的迫切需要。

四倍体牡蛎的培育是解决当时三倍体牡蛎生产中主要问题的最根本、最有效途径。通过四倍体牡蛎与二倍体杂交生产三倍体,方法简单,操作方便,三倍体率可稳定地达到 100%,且四倍体可以自群繁殖,是生产三倍体贝类的最佳途径,也是控制种群、保护生物多样性的最为理想的方法。

二、研发过程——四倍体牡蛎在"非典"中诞生

"四倍体牡蛎的培育技术"作为国家青年基金项目,仅有两年研究时间(2002~2003 年),而四倍体贝类的培育技术当时是一个国际性的难题。2002 年,我们在实验基地——威海承天海洋水产集团公司海珍品育苗厂通过室内升温培育牡蛎亲贝,进行了一系列实验,然而均未取得令人满意的结果。

2003 年,我们从年初就开始进行准备工作了,先是鉴定实验用牡蛎的倍性,将三倍体和二倍体分离开来,做好标记后放回海里暂养;3 月中旬,将所需的牡蛎拿到荣成寻山基地进行室内促熟培育,待 4 月底 5 月初牡蛎发育成熟后就可以开展研究工作了。就在我们做好了充分准备想要大干一场的时候,"非

典"悄悄地降临了,并且随着春天的到来和天气的渐渐回暖,愈演愈烈。各种报道、各种传说铺天盖地般涌来,"恐慌"笼罩着华夏大地。我们学校里很多留学生离开了,4月份的研究生复试取消了,"五一"假期也取消了,药店里各种据说能防非典的中西药物抢购一空,紧张的气氛致使人人自危……

尽管全国上下一片"恐慌",我们的研究却并未就此中止,一直坚持进行中,似乎"非典"与我们的实验和实验基地无关。3月和4月,我们一直在青岛和荣成两地间穿梭,进行亲贝培育工作及基础生物学研究。4月底和5月初,进行了几次四倍体诱导试验,并在5月初取样回青岛测试,留下两名学生在基地进行幼虫培育工作。由于青岛测试的结果仍然不如人意,还必须继续努力工作。但此时"非典"却如洪水猛兽来势汹汹。为了避免"非典"的传播,青岛与荣成间的长途汽车停运了。那时我们还没有私家车,长途车停运,意味着我们无法返回基地继续开展研究了,且荣成当地为了安全起见也不愿意我们在此非常时期前往。我们只能焦急地等待,不时地与基地那边联系着,询问着那边亲贝和幼虫培育的情况。

到了6月中旬,"非典"疫情渐渐得到了控制,我们终于在6月17日来到了寻山基地。亲贝已经在室内培育了3个多月,超出了正常培育时间一倍多,基地的牡蛎育苗生产早已结束了。我们心急如焚地连夜开始了实验,这一次却有了意外的发现。按照通常的经验,三倍体的亲贝经过蓄养促熟后解剖,会发现亲贝的性腺发育较差,只能获取少量的卵子。但今年被"非典"延误之后,培育时间增加了一倍的三倍体亲贝发育程度出乎意料,虽然不是所有个体性腺都发育,但有部分个体性腺发育饱满,精卵质量非常好,数量也增加了很多,受精率大大提高,给我们的四倍体诱导奠定了成功的基础。

虽然因工人操作失误,将我们先前鉴定过倍性的二倍体和三倍体牡蛎弄混在了一起,时间

四倍体采苗

紧迫也不允许重新进行鉴定,但非常时刻会令人急中生智,我们临场开发了利用卵子大小快速鉴定倍性的方法,准确地区分了二倍体与三倍体牡蛎。连续3天,进行了3批次诱导试验,获得了17组四倍体诱导组牡蛎的幼虫。

又经过一个多月的焦躁等待,终于有了可喜的回报。3天后在用流式细胞仪对取回的幼虫进行倍性分析时,终于发现了明显的四倍体峰,17个诱导组中有16个组得到了四倍体,四倍体诱导率最高达到75.59%!这真是一个振奋人心的消息,做了无数次的实验,承受了无数次的失败,今天终于有了结果,那种激动的心情无以言表。但我们知道现在说成功还为时过早,这只是开始,幼虫能不能成活下来还很难预料,早就有过不少文献报道过获得了四倍体贝类的胚胎或幼虫,但都不能培育到变态成为稚贝。我们这才是刚刚迈出了第一步呢。

其后的日子除了继续做一些诱导试验,最主要的工作就是幼虫的培育了。这些经过诱导后获得的牡蛎幼虫对我们来说比珍宝还要珍贵,每天照料它们就像照料婴儿一样,精心地为它们投饵、换水,然后就是趴在水槽边上观察幼虫到深夜。幼虫的一举一动都牵扯着我们的心,看到它们吃得饱,游得欢,我们为之高兴,若是它们吃得少或者沉到底部,我们的心也跟着下沉……这些幼虫的死亡率很高,幼虫的数量每天都在减少,但是即使幼虫减少到培育水体中检查不到幼虫的存在了,我们依然不会放弃,哪怕只剩下一个幼虫也要继续精心地培育下去。功夫不负有心人,经过了近20天的培育,这些幼虫虽然死亡

放大展示贝壳上附着的小稚贝

率很高，但仍有一小部分活了下来，在扇贝壳上固着变态成了小牡蛎。有了初次的经验，我们在7月上旬又进行了几组实验，加上前面的那批，一共获得1毫米大小的四倍体群牡蛎稚贝2 345粒。

幼虫死亡率高是预料中的事情，因为诱导过程三倍体卵子减速分裂被抑制后会产生很多

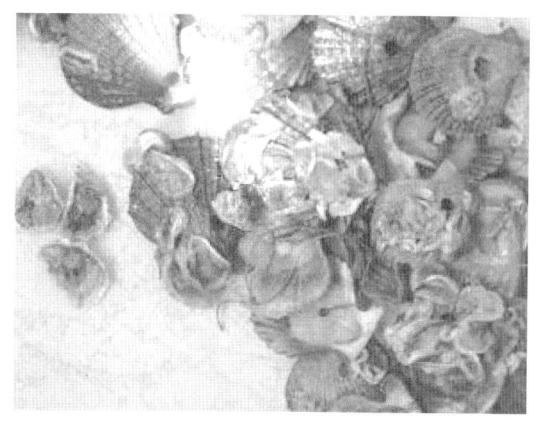
固着在扇贝壳上长大的牡蛎幼贝

难以存活的非整倍体，这些非整倍体虽然能够孵化出幼虫，但在随后的培育过程中会渐渐死亡。两个多月20多组实验，用卵量超过5 000万粒，孵化幼虫近300万，最终仅有2 345个固着下来成为稚贝，这么低的存活率在生产上是不可思议的。如果我们在面对培育槽中宛如过滤海水般不见蛎苗的培育水体时，意志稍微薄弱一点点，就会失去信心而放弃实验。幸运的是，我们坚持到了最后。这里要特别感谢我的两位学生，现在在日照职业技术学院任教的李慷均和在农业部工作的姜波，是他们两个在我回青无法返回基地的日子里一直坚持在基地培育亲贝，也是他们每天精心的管理让幼虫发育成了稚贝。

能够存活下来的多是整倍体，且很有可能就是四倍体。但刚固着变态的小稚贝个体很小，数量也不多，我们舍不得杀死它们进行倍性检测，就将所有变态的稚贝收集起来，装进扇贝笼里放到海上挂养。2004年3月，经过8个月的生长，前后几批诱导的四倍体群共收获了395个小牡蛎，它们已由原来的0.3毫米大小长到壳长2厘米以上了，可以做活体倍性检测了。于是，将所有小贝取回

王昭萍在验收现场采用流式细胞仪检测倍性

实验室，用硫酸镁麻醉后，用镊子取一小块鳃组织，经荧光染色后用流式细胞仪分析倍性。由于牡蛎个体很少，取鳃组织时要十分小心，组织块取大了会引起牡蛎死亡，取得太小又不利于检测。所有这些取样工作都是我亲手操作的，只因为担心害怕别人会不够细心而弄死那些"宝贝疙瘩"。

直到此时，我心里还是相当紧张，不知这些活下来的小牡蛎中是否真的有四倍体存在。样品上机分析的时候，是学生操作的，因为我心里太紧张，害怕测出的结果显示没有四倍体。当学生告诉我，已测的十几个样品都是四倍体时，我悬着的一刻颗心终于放下了，同时情绪激动极了，从水产馆1号楼的二楼一步跳下几个台阶跑到2号楼里，找到我的导师王如才教授，语速急促地告诉他："成功啦，检查的几个都是四倍体！"我说得有点语无伦次，但他一下子就明白了，也激动地差点跳了起来。难以诉说当时自己的兴奋与激动，只是清楚地记得那一路上对遇到的每一个同事都报告了这个喜讯。

2004年5月12日，我们组织了专家对四倍体牡蛎进行了现场验收，专家组对我们培育的四倍体群牡蛎进行现场随机取样，并应用细胞流式仪进行活体倍性检测，四倍体率高达92%。专家们对这一结果兴奋不已，一致认为这是多年来我国贝类四倍体育种研究取得的首次成功。

在此基础之上，以后的研究工作都开展得很顺利。项目验收之后，我们接着进行了四倍体的自群繁殖研究，建立了四倍体群太平洋牡蛎，并利用四倍体与二倍体杂交进行了全三倍体太平洋牡蛎的育苗生产，圆满地完成了项目的研究内容。同时，为期两年的国家青年"863计划"项目获得了进一步的滚动支持，可以继续进行深入的研究。"牡蛎四倍体培育技术及其应用"于2007年获得"海洋创新成果二等奖"。

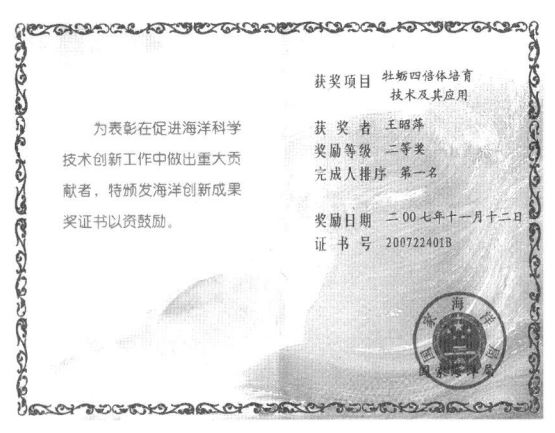

三、心灵感触

2003 年的"非典"给中华大地带来了严重的灾难,造成了物质上的巨大损失和精神上的极度"恐慌"。但是,我们却因祸得福,因为"非典"的延误,使得三倍体亲贝得以充分发育成熟,奠定了实验成功的基础,也让我们找到了以前实验不成功的原因;否则,我们仍将会步以往失败的后尘,根据固有的经验在三倍体牡蛎还没有达到充分成熟的时候就开展实验;也因为"非典",让我们对生命的珍贵有了真实的感受,因而也更珍惜实验中的每一个幼虫。感谢逆境,让我们更加明白"坚持"的意义:坚持不懈,不放弃,成功就一定会到来。

台风灾害概率预测理论的研发、巨灾验证及工程应用

◇ 刘德辅

作者简介

刘德辅,男,生于1936年。1956~1961年留苏学习,获俄罗斯国立水文气象大学工程师学位。先后在天津大学、中国海洋大学担任教授,博导;曾在日本神户大学、国立新加坡大学、俄罗斯国立水文气象大学、日本广岛大学、日本京都大学讲学。曾受美国特拉华大学、佛罗里达大学特邀开展合作研究;先后担任挪威科技大学客座教授、挪威海洋石油工程公司顾问、中国海洋石油总公司高级顾问、交通部一航院高级顾问、韩国国家海洋研究和开发院(KORDI)高级
顾问等职。1991年获"国家有突出贡献专家"称号,1992年获国务院政府特殊津贴,2001年被评为"山东省科技拔尖人才"。

于1971年开始了持续40年的防灾研究,有关成果在国内外重要刊物和国际会议发表论文120多篇(英文论文65篇,被引用300多次),并在国内外60多项工程设计及研究中得到应用和引用。有关防灾研究成果获得的奖项有:

"海洋工程环境条件设计标准新理论及应用"获1991年"国家教委科技进步二等奖";"海洋环境因素概率预测新理论,联合概率模拟"2001年获"国家海洋局海洋科学技术创新二等奖";"复合极值新理论及其在青岛前海海岸工程设防标准中的应用"获2002年"青岛市科技进步奖一等奖";2008年被英国剑桥国际信息中心(IBC)评为"世界100强工程师";"海洋工程设施安全与防灾关键技术研究及工程应用"(第二主持人)于2009年"获山东省科技进步一等奖",2010年该项目又获得"国家科技进步二等奖"。

一、防灾研究的起伏之路

1970年本人"文革"中"劳改"提前释放后,参与了交通部海港水文规范工作。我亲眼目睹了1972年大连遭遇的史无前例的台风灾害,台风所掀起的巨浪重创了大连港。1975年尼娜台风在福建登陆,经历108个小时北上至河南省,台风带来的暖湿气流遇到了北方的冷空气,导致三天之内降水量达到1

2001年,作者在日本京都大学讲学

米,板桥水库及下游62个水库的溃决、17万人死亡。而按照我国国家行业规范,使用P-Ⅲ型曲线无法合理推算出上述特大值的重现期。为此,在顺序统计学和测度论的理论基础上,我与马逢时一起,经过严格的数学推导,首创了适用于我国大风、巨浪概率预测的"Poisson-Gumbel复合极值分布"理论。因为上述理论对当时国内一致采用的"P-Ⅲ型曲线"存有异议,《中国科学》拒绝发表,而不得不改投美国的重要学报(*Journal of Waterway Port Coastal and Ocean Division*, *ASCE*)。该学报于1980年发表了此文,此文也成为该学报首次发表的中国论文;随即,我又收到美国三个大学(特拉华大学、佛罗里达大学,夏威夷大学)和以色列海洋研究所(对方资助)的邀请函。我于1981应邀赴美,1982年将"复合极值分布"理论用于美国大西洋和墨西哥湾飓风灾害概率预测;随后,又开发了应用于我国援建努瓦特肖特港设计波高概率预测的"二项——对数正态复合极值分布"理论,上述理论进一步研发为"多维复合极值分布(MCEVD)"理论。

迄今为止,上述理论已在60多项工程中得到应用。例如,1990年使用联合概率法解决了我国南海陆丰131海区中方与投资方(美、日)有关风、浪、流环境条件设计标准的争议,使项目正式启动;中国海洋石油总公司委托项目——"南海北部湾油田早期生产系统海洋环境设计标准",1995年经部级鉴定为"国内领先,国际先进"水平;完成国家"九五""十五"攻关项目子课题,被评为国际先进水平;2008年奥运会委托项目"奥帆项目风险分析(奥帆水工结构及极端环境影响的风险分析)"于2005年完成并经专家审定接受,用于工程设计,保证了奥帆项目顺利进行;另外,还完成了渤海石油公司委托项目、挪威石油公司项目、韩国国家委托项目等。

自1983年起,中国科学院南海海洋研究所一直采用"复合极值分布理论"对近岸、港湾工程的各种重现期波浪要素进行极值统计。应用的工程项目共26个,其中包括大型核电站工程、大型石化项目、大型跨海峡工程、火车轮渡工程、机场护堤工程、LNG工程和军事工程等。交通部一航院、三航院、四航院以及海军设计总院在20余项港口海岸工程中也采用了上述理论制定设计标准。此外,CEVD模式已正式被列入了我国教育部港工专业、海工专业全国统编教材的正式内容。

由于新理论将极值过程取样与联合概率结合起来,增加了资料信息,缩小了概率预测的误差范围,既可满足特大值的概率预测,又可进行多种致灾因素联合出现的概率预测。自"复合极值分布理论"公开发表后,美国、加拿大、新加坡、埃及等国家的学者在北大西洋、地中海、尼罗河口等多项工程设计中引用和应用。美国学者在"美国洪水概率分析总结"中引用了"复合极值分布"理论,并指出:"把事件取样(过程取样)和联合概率结合起来,将大大推动特大洪水概率预测的发展。"MCEVD正是能满足这种期待的唯一理论模式。

二、2005年美国发生的Katrina飓风重灾,使新理论进一步得到国内外公认

2005年美国发生的Katrina飓风重灾,新奥尔良市遭到毁灭性破坏,

2009年,刘德辅在国际飓风及气候变化峰会作特邀演讲

1600人死亡,造成80亿美元经济损失。飓风的强度和特征,不仅验证了使用"复合极值分布"理论模式1982年预测结果的正确性,也显示了2005年灾后使用MCEVD复核结果的合理性,美国国家海洋和大气管理局(NOAA)制订的上述海区防灾标准——可能最大飓风(PMH)和标准设计飓风(SPH)过低是巨灾的主要诱因,这一事实已得到公认。

2006年的一个晚上,我接到了素昧平生的钱正英资深院士打来的电话,推荐我们承担国家防汛抗旱总指挥部办公室委托项目"中国沿海台风灾害区划、防台风标准应急制定、防台风应急评估标准制定"。在这期间,我们又进一步研发了基于"多维复合极值分布"理论的"双层嵌套多目标联合概率模式",用于沿海各区防台风设防标准的概率预测及灾害区划,于2008年经国家防办组织专家验收并下达执行命令。2008年,美国的佛罗里达国际飓风研究中心在海岸防护飓风灾害工程研究中,引用了我们的4篇论文正式用作防护飓风灾害设计标准的依据。

我于1980年研发的"复合极值分布"理论(CEVD)在2008年被批准正式纳入"海港水文规范"条文,并于2013年出版。应用MCEVD理论于洪水概率预测,在 ASCE Journal of Hydrologic Engineering(2011)发表的论文《三峡大坝防洪分析》详细讨论和分析了三峡工程的防洪安全隐患。2012年10月美国桑迪飓风再次验证了2005 Katrina飓风灾后使用CEVD1982年预测的费城周边百年一遇风暴增水达到10英尺(3米),完全为2012年10月30日8时06

分桑迪飓风对费城大面积淹没的 10.62 英尺实测水位所证实，而美国国家海洋和大气管理局（NOAA）对该区的预测值仅为 7.52 英尺。

2013 菲特台风诱发上海超警戒水位（500 年一遇），验证了 2006 年使用上述理论预测 50～100 年一遇结果的正确性。2013 美国 NOVA 科学出版社出

版的有关《自然灾害》专著中，特邀我们免费编写第一章《台风、飓风灾害概率预测》共 72 页（全书共 14 章 358 页，由美、俄、英、法等国学者共同编写）。

三、跌跌撞撞的防灾研究之路何时了

至今我国沿海多个核电站的防护工程设防标准仍然是仿照美国（NOAA）导致重大灾害的 SPH（标准设计飓风），PMH（可能最大飓风）模式使用"可能最大台风"（PMT）、"可能最大风暴潮"（PMSS）、"设计基准洪水"（DBF）以及国际原子能工程机构（IAEA）规定的"可能最大洪水"（PMF）等做法，忽略了这些定义和计算中存在的各种不确定性因素以及各种极端海况联合出现的概率。

我们以岭澳核电站防护工程为例，使用 MCEVD 理论，计算取得 500 年一遇联合出现的波高、暴潮和天文大潮的组合，远远高于岭澳核电站按相应"可能最大"组合的设防标准。按照我国水利工程设计标准，重要工程都需采用 2 000～3 000 年一遇校核值，国际核电组织 IAEA 新建议采用 10 000 年一遇的风暴增水、天文大潮和波高组合作为防灾标准，而岭澳核电站的"可能最大"组合，连 500 年一遇设计标准都达不到。2006 年桑美台风诱发的 7 米巨浪和 3.8 米风暴增水，造成沙埕港千艘船只毁坏，570 人死亡。如果台风延后两小时登陆，则恰逢天文大潮，这种"三碰头"的组合，可完全淹没包括核电站在内的福建、浙江大部分土地，其灾难性后果难以估量。面对极端气候条件，这种小概率极端事件的发生是完全可能的，如果核电防护工程遭到破坏，后果不堪设

想。

自 2008 年起,我的博士生涉及核电站防护工程风险分析的 5 篇论文,先后在 World Journal of Nuclear Science and Technology 等重要刊物及促进核电站国际会议(ICAPP)上发表,得到高度重视。2011 年,我曾三次上书国务院建议对核电站滨海防护工程进行风险分析。2012 年 12 月,我又持学校正式证明信赴国家核安全局,反映我们的研究成果,同样的海岸,不同的防灾规范,在短短的 32 年中,我们的概率预测结果已得到三场灾害的验证。出于一位学者对国家利益和人民生命财产安全的责任感,我向上级上书的工作还在进行中。

综上所述,我们建议针对我国滨海核电站防护工程设防标准中有关含混不清的定义(如 PMSS, DBF 等),分别计算台风各种特征的不同组合及其对暴潮、巨浪形成的影响,充分考虑其在输入、输出计算中的不确定性和敏感性,应用 GUA(Global Uncertainty Analysis), GSA(Global Sensitivity Analysis)反复计算,最终引入"多维复合极值分布理论",获得不同极端海况同时出现的联合重现期,对我国规划、设计和已建的滨海核电站防护工程进行风险评估,以确保在全球气候变化、海平面上升的新形势下我国核电站防护工程的安全。

"水产动物营养与饲料学研究"成就了我的学术梦想

◇ 麦康森

作者简介

麦康森,1958年出生,1982~1985年就读于山东海洋学院,获农学学士和硕士学位。1985~1990年在湛江水产学院(现广东海洋大学)工作。而后赴爱尔兰国立大学学习,1995年获博士学位后回中国海洋大学工作。1997~2002年先后担任中国海洋大学水产学院院长和副校长。2002年辞去副校长职务,被教育部聘任为"长江学者奖励计划"特聘教授。现任中国海洋大学教育部"海水养殖重点实验室"主任和农业部"水产动物营养与饲料重点实验室"主任。兼任国际鲍鱼学会理事、国际鱼类营养学术委员会委员、中国水产学会副理事长、中国饲料工业协会副会长和中国生物工程学会副理事长等职。曾任或现任 Aquaculture Research、Aquatic Living Resources、International Aquafeed 和 Engineering 等国际学术刊物的副主编或编委;是我国第十、十一、十二届全国人大代表。2009年当选为中国工程院院士。

长期从事水产动物营养与饲料学的教学、研究与开发工作,先后主持了"国家杰出青年科学基金"、国家"973"、"863"、科技攻关等一系列科研项目。先后被聘为国务院学位委员会学科评议组成员、国家"863计划"海洋生物技术主题专家组成员、国家自然科学基金委员会学科评审专家组成员和生命科学部咨询专家组成员。共发表学术论文300余篇,国家授权专利30余项,科技成果获得省部级奖励7项,国家奖和国际奖各1项。

一、为上大学选冷门,专修海水养殖;为学术梦想择热点,情迷营养饲料

1977年,国家恢复高考的消息就像严冬过后的一缕和煦的春风,吹醒了沉睡多年的往届高中毕业生。一群迷茫的年轻人顿时欢欣雀跃,纷纷参加高考,我就是其中的一员。高中毕业回乡四年来,我一直在"今生读书的日子不会再来"的郁闷中煎熬。高考的消息让我激情勃发,挑灯夜战,果然考了个不错的成绩。然而,那时心高气傲的我却不会填写合适的志愿,结果未被录取。被透透地浇足了几桶冰水的我,终于冷静了、清醒了!为了圆大学梦,1978年我改变了志愿策略:选冷门!第一志愿就填了南方人不愿来的北方高校——山东海洋学院,选择了估计多数人不愿选择的专业——海水养殖。

1978年我终于如愿以偿。9月底,我从广东化州乘火车赶赴青岛,三天三夜一路未合眼,激动的心情难以言表:读书的日子终于又来了!从未出过远门的我终于能一路饱览祖国的大好河山了……在山东海洋学院求学的漫长四年里,我仅回过一次家。不是不想家,而是根本没有路费回家。四年全靠国家的助学金完成学业,但是,生活的幸福指数却极高,可能是我们那代人最懂得珍惜那来之不易的读书机会吧。我也从心底爱上了这个不得不选择的专业——海水养殖。1982年7月,我从海水养殖专业本科毕业,并获得农学学士学位。

本科毕业就可以拿到工资对一个从未尝到"拿工资"滋味的农村孩子是何等巨大的诱惑?然而,1982年山东海洋学院水产学科恢复了研究生招生。是参加工作拿工资还是考研究生继续深造?当真正面临选择的时候,我却犯了难!四年的大学生活既培养了我的专业兴趣,也孕育了我的学术梦想。要做

好学术研究,理应选择继续深造,因此,我决定报考本学科的硕士研究生,并终于成为当年我国水产养殖学科录取的三个研究生之一。

攻读硕士学位又要面对研究方向的选择。我国的水产养殖秉承3 000年的历史积淀,到20世纪80年代初,正在乘着改革开放的东风飞速发展。作为中国近代海洋科学研究前沿阵地的青岛,科学家们已经在国内率先解决了对虾的人工育苗问题,推动了我国对虾养殖业的快速发展。然而,市场经济初期那种缺少宏观调控的爆发式发展,很快就暴露出对养殖营养学研究方面的空白,从而无法解决开发人工配合饲料的瓶颈问题,制约了对虾养殖的健康和可持续发展。当时,我校的李爱杰教授为填补我国水产动物营养研究与饲料开发的空白,已逾花甲之年还"改行",成为我国水产动物营养研究领域的重要奠基人之一。我对水产动物生理与生化学科特别偏爱,水产动物营养研究与高效人工配合饲料开发又是国家和行业发展的重大需求,当时我想,如果选择水产动物营养研究作为我的研究方向,一定能很好满足自己的科技好奇心,成就我的学术梦想。因此,虽然我的硕士研究生挂在导师尹左芬教授名下,却一直跟着李爱杰教授从事对虾营养研究。

改革开放解放了人们的思想,推动了社会各项事业的发展,社会进步也体现在人们对职业选择的自由度上。我从学士到硕士的专业和研究方向的选择,体现了从"干一行,爱一行"到"爱一行,干一行"的转变。能够从事自己喜欢的工作,本身就是一种极大享受。虽然,当时进行水产动物营养研究的设备还很落后,条件还十分艰苦,但是我三年的硕士研究生生活是快乐地面对困难挑战的三年,也是取得良好成绩的三年。我的研究成果正式发表了6篇学术论文,其中一篇发表在国际刊物上,这大大地增强了我继续从事学术研究的自信。我于1985年毕业,并顺利获得了硕士学位。由于家庭原因,我到了湛江水产学院工作。

1986年,我的母校——山东海洋学院获得我国水产学科第一个博士学位授予权点。国务院批复的我国第一位水产养殖学博士生导师李德尚教授诚邀我回校报考攻读博士学位。但是我想,已经在山东海洋学院学习七年了,我应该到国外留学,优化我的知识结构,进一步开拓视野。我婉言谢绝了李教授的热情邀请,并请李老师帮我写留学推荐信,李老师爽快地答应了。

20世纪80年代末,国内不同的学科领域已经有越来越多的专家学者走出国门进行国际合作、交流、访问或深造。然而,当时国家留学政策规定:凡用国家助学金完成学业的学子,需要为国家服务五年后才能出国,或者要交足培养费后再出国。我在高校学习七年,仍然身无分文。那时也成了家,还得养家糊口,当然没有培养费可以交。当时,正是我国南方对虾养殖业迅猛发展,养殖饲料工业刚刚起步,对技术人才有殷切需求的时候,这也正是我大显身手之时:把学到的知识和获得的研究成果应用到生产实践中去检验,为企业、产业服务。同时,在那个国家科研经费极度缺乏的年代,利用与企业合作经费,可以继续进行科学研究,另外也可以获得一些技术咨询费改善家庭生活。当见到利用自己的知识拟就一纸饲料配方,为饲料企业和养殖户创造了巨大的经济效益时,我感到了无比地欣慰和自豪。那就是早期的"产、学、研"结合的范例吧。

在国内工作满整五年后的1990年,我有幸获得国家公派到爱尔兰国立大学作访问学者的机会,后来又在那里攻读了博士学位。爱尔兰水产养殖种类不多,仅有大西洋鲑、鲍鱼等几种。国际上对大西洋鲑的营养研究已相对成熟,但被我国传统美食誉为"八珍之首"的鲍鱼的营养研究几乎是空白。在比较动物营养学中,贝类营养研究还十分薄弱。当时我就意识到这个研究冷门虽有难度,但却是机遇。我决定以鲍

2003年,麦康森访问法国海洋研究所与法国同行进行交流

鱼为我博士论文的研究对象,开展贝类营养学研究,随后的20年从未间断过。

为了继续我的水产动物营养研究的学术梦想,在时任中国海洋大学校长管华诗院士和我恩师李爱杰教授的诚挚邀请下,1995年获得博士学位后,我再次回到了阔别十年的母校——青岛海洋大学(现中国海洋大学)工作。回国后,面对当时仍然落后的工作条件和技术水平,我从不懊悔和气馁,反而更增添了尽快改变现状,奋发赶超、开拓创新的责任感和使命感。回国后,我还继续鲍鱼

营养研究,先后获得了国家自然科学基金连续十多年的项目支持。1997年我当选为国际鲍鱼学会理事,获得了国际鲍鱼学会授予的"杰出青年科学家奖"。2003年,作为第五届国际鲍鱼学术讨论会组委会主席,在青岛成功召开了由世界20多个国家的280多名专家学者参加的、规模空前的学术研讨会;还是在2003年,我的"鲍鱼营养学研究"科研成果获得"教育部自然科学一等奖"。

二、坚持水产养殖持续发展理念,注重无公害水产饲料研发

自从跟海洋结缘后,挑战就像风浪一样从未消失过,即使在海外留学的时候也不例外。在我看来,外面的世界很"现实",没有挑战能力便无法生存。为了获得学习与研究上的创新成果,必须选择挑战,尤其是那些前人没有尝试过或没有尝试成功的挑战。

在爱尔兰留学期间,在一次学术会议的茶歇时我和美国夏威夷大学的一位教授聊天,他对我说:"麦先生,我们在保护海洋滩涂,而你们的海水养殖却可能在破坏海洋滩涂,目的都是为了赚钱,但我们赚的钱会比你们更多、更久。"可能说者无心吧,但是这句话却深深地刺痛了我,从那时起我就暗下决心,一定要为国家构建可持续发展的蓝色产业做出自己的贡献。这也让我更进一步明确了坚持水产养殖持续发展理念,注重无公害水产饲料研发。

实际上,在我出国留学期间,我的导师李爱杰先生就盼着我能回母校接班,继续从事他搭建的"水产动物营养与饲料"研

究平台的发展研究,为国家水产动物营养与饲料研究做出更大的贡献。回国后我先后承担了国家海洋"863"、国家重大基础研究"973"、国家杰出青年科学基金、教育部跨世纪人才培养基金、教育部重点科研项目等20余项科研项目。2005年,我们的科研成果"海水养殖鱼类营养研究和无公害饲料开发"获"教育部科技进步一等奖";2006年,"主要海水养殖动物的营养学研究及饲料开发"获"国家科技进步二等奖"。

借助科研成果实际应用所产生的巨大影响,在教育部和学校的重点支持下,我们建立起国际一流的"教育部海水养殖重点实验室"和农业部的"水产动物营养与饲料重点实验室",仪器设备的资金投入达2 500多万元,在研的教师和在读的研究生达70多人。教师团队由院士(1人)、国家杰出青年基金获得者(2人)、国家优秀青年基金获得者(1人)、教育部跨(新)世纪人才(5人)等骨干组成。这样的实验条件和团队在国际上也实属少见。

大量科研成果的取得,是我们的研究团队付出千辛万苦的努力换来的,它们的主要创造和发现并非仅仅来源于实验室,而是凭借我们长期吃住海边、浸身鱼塘、俯首船舷,用渔民式的水中作业和野外点点滴滴的试验,日积月累"熬"出来的。事实上,正是这些解决实际问题的研究成果,先后在全国各地的养殖示范基地、山东六和集团、广东恒兴集团、福建海新饲料集团、湛江粤海和广东冠华饲料等企业得以成功应用推广,带动和促进了国内渔用饲料产业的发展,创造出巨大的生产力和可观的经济与环境效益。

由于我国水产养殖饲料研究起步比发达国家晚了近60年,这种巨大的发展差距也为我们的科学研究提供了极大的发展空间。我们的饲料研究成果并不存在推广和转化的难题,社会上的生产企业无时无刻不在等着要,想拦都拦不住。一个"简单"的科研配方就能产生巨大的产业效益,体现了"科技就是

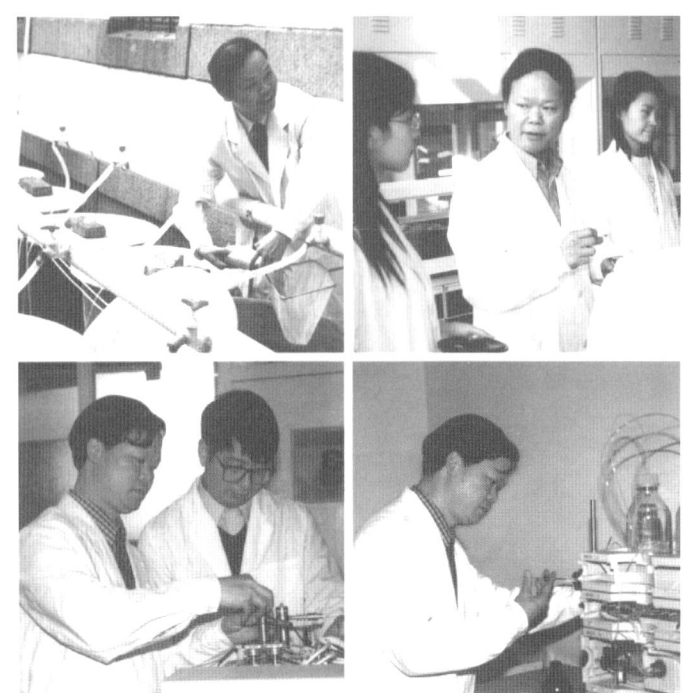

2003年,麦康森在实验室指导研究生实验

生产力"的真谛。近年来,应用我们科技配方生产的饲料每年都有40多万吨,产值达20多亿元。目前,我们的科研成果转化所创造的产值累计已达300亿元,实现利润30多亿元。

在改革开放的大背景下,当有机会选择或主持科研项目时,我总是以扶持和帮助企业提高经济效益、环境效益和社会效益为目标,不断实践着科技创造生产力的真谛。现在,我不仅为自己所选择的研究方向而自豪,更为自己从事的探索工作而骄傲。我国已成为世界上第一养殖大国,每年水产养殖产量都在4 000多万吨,市场价值4 000多亿元。小小的鱼塘蕴藏着丰富的经济,我们的工作就是要用"四两拨千斤"的科技,让鱼塘为人类创造更多的蓝色财富。

三、坚守学术研究梦想,辞掉"校长"做"学者"

1995年即回到母校的当年,我被破格晋升为教授,一年后被聘为博士生导师,不到两年就担任了水产学院院长。1998年,我又成为当时青岛海洋大学最年轻的副校长。在担任副校长期间我主要分管研究生工作,力推学校高层次人才培养结构调整，并积极建议将学校研究生与本科生之比从原有的1∶6逐步调整为1∶3。为了提高我校青年学者和研究生（尤其是海洋学科领域）与国外同行对等交流的能力和信心，我在任期间比较注重培养研究生在国际上发表高水平学术论文的能力，主张博士研究生应该在国际知名学术刊物上多发表文章。这些"过分"的要求，虽然起初并不被人理解，但坚持实施后学校每年在国际上发表的学术论文数量大幅度提高。这不仅培养了人才，而且提高了学校的整体学术水平和国际影响力。

2001年10月，我已担任副校长3年多，作为全国45岁以下杰出青年学者的代表，我从时任国务院副总理李岚清手中接过了"长江学者奖励计划"特聘教授聘书。按照有关规定，我做出了"辞大学副校长，做长江学者"的决定。因为我深知行政管理并非自己的长处，更愿坚守自己的学术梦想。

2009年我当选为中国工程院院士，2013年获"青岛市科学技术最高奖"。我觉得这些荣誉既属于我个人，更属于中国海洋大学和青岛市。30多年前我就来到青岛。在青岛、在中国海洋大学的成长经历，使我早已成为青岛人，并把青岛作为我的第二故乡。30多年来，是中国海洋大学培养了我，是中国水产产业的发展成就了我，我感谢我的恩师李爱杰先生的培养，感谢中国渔业行业和饲料行业的领导和同行们的支持。我个人微不足道，只是利用中国海洋大学、中国饲料和渔业行业大平台和中国改革开放30多年的大好机遇做了我应该做的事。今后，我还将把荣誉作为工作的压力和动力，为中国的水产养殖业和饲料行业的发展做出新的更大的贡献。

（注：此文由麦康森口述，金松文字整理）

"栉孔扇贝健康苗种体系建设及应用"科研成果的研发历程

◇ 包振民

作者简介

包振民，男，1961年12月生。中共党员。1982年毕业于山东海洋学院（现为中国海洋大学），1997年获博士学位。现任中国海洋大学海洋生命学院院长、教授。研究领域为贝类分子遗传学与育种。承担和参与完成多项国家"863""973"及国家自然科学基金等项目，为"十一五""十二五"国家"863"计划"海水养殖种子工程"重大项目首席科学家。主讲研究生专业课《遗传育种学》。

至今，已发表论文260余篇，获国家发明专利20余项，培育扇贝新品种3个，获国家科技进步二等奖2项、省部级一等奖4项，其中作为第一获奖人完成的"栉孔扇贝健康苗种体系建设及应用"科研成果于2008年获得"国家科技进步二等奖"。

一、研究工作起步的产业背景

栉孔扇贝（Chlamys farreri）分布于我国辽宁、山东近海，是我国重要的海珍品之一，其闭壳肌的干制品俗称"干贝"。由于长期滥捕使扇贝资源严重衰降，20世纪60年代后期，山东、辽宁的野生扇贝年产量仅10~20吨，因此发展人工养殖非常必要，但扇贝苗种的来源成为制约扇贝养殖业发展的瓶颈。

20世纪70年代中期，王如才教授带领科研团队开展了栉孔扇贝的自然海区人工采苗研究，研发了高效实用的采苗器，确定了科学合理的采苗模式，开发了适宜的采苗海区，建立了采苗期准确预报等一系列关键技术，创立了栉孔扇贝自然海区采苗技术。随后，课题组又开展了人工育苗技术的研发，突破了亲贝蓄养、人工授精、幼虫培育、稚贝附着、苗期病害防治等一系列关键技术，与国内其他科研工作者协同攻关，建立了我国栉孔扇贝人工育苗技术体系。

栉孔扇贝自然海区采苗技术和人工育苗技术体系的成功研发是扇贝养殖业健康发展的基础，掀起了我国水产养殖业的第三次浪潮，促使产业迅猛发展。到20世纪八九十年代，扇贝养殖成为我国海水养殖主导产业之一，年产量近百万吨，占世界产量的80%以上，成为我国出口创汇的大宗农产品，推动我国成为世界第一养殖大国。

但随着扇贝养殖业的快速发展，良种匮乏、病害频发、养殖个体小型化成为扇贝养殖业亟待解决的问题。20世纪90年代后期，爆发了大规模扇贝病害，死亡率高达70%以上。因此，优良品种的培育成为扇贝养殖业健康持续发展的关键因素之一。

二、扇贝健康苗种繁育体系研发过程

20世纪80年代末，我加入了王如才教授的研发团队，参加了扇贝苗种繁育工作，1993年又考取了王老师的博士研究生。当时王老师正在承担国家高技术研发项目"牡蛎多倍体培育技术研究"，实验室主要在做牡蛎这方面的研发。记得有一次我去找王老师讨论工作计划，王老师对我说："振民，我们实验室以往主要是开展扇贝研究的，你们要把扇贝的工作继承下去。"从此，我的一生就和扇贝育种结下不解之缘。

项目组围绕扇贝健康苗种培育体系进行了系列研发，在几个关键技术上取得原始创新，使我国成功掌握了扇贝苗种培育核心技术，形成了具有中国特色的扇贝苗种产业模式，建成了世界最大的扇贝苗种产业体系和养殖业。据2013年国家农业部渔业局统计，我国扇贝养殖年产量已达160余万吨，取得了显著的社会经济效益。

现在回忆起来，这一"国家科技进步奖"是在以上长达几十年研究积累的基础上由整个团队共同努力取得的，其过程充满了艰辛和欢乐，值得永远铭记。

由于海水养殖业起步较晚，苗种的繁育技术刚刚突破，更谈不上遗传育种；而此时农业作物育种和畜牧业育种技术已经发展到了非常先进的水平，国际上以BLUP育种技术为核心的现代育种技术体系已在农业畜牧业良种培育上取得了丰硕成果。课题组积极借鉴国际上先进的现代育种技术的发展经验，跨越式发展。经过多年研究，开发了基于BLUP及REML法的选种选配和育种参数估计软件（贝类遗传育种分析评估系统），使得贝类遗传育种工作中遗传参数和育种值的计算、选种选配方案设计、育种个体和家系信息查询以及遗传评估变得方便快捷，大大提高了育种工作效率，也推动了BLUP育种技术向水产生物育种领域的转移。贝类BLUP育种体系包括硬件系统和软件分析系统：硬件部分主要包括亲本核心育种家系的培育设施的建设和家系育种系

课题组开发的贝类遗传育种分析评估系统

（室内育苗设施和海上养殖设施）的建设；软件系统主要是贝类遗传育种分析评估系统。我们在有关企业的配合下，在大连獐子岛渔业集团公司、山东荣成寻山集团公司、烟台常飞海珍品有限公司等单位建设了多套BLUP家系育种系统，每套系统可满足200个左右家系的分析需要。至2006年，课题组共培育了300余个家系，构建了扇贝核心种质库，奠定了育种的物种基础。

栉孔扇贝正常的繁育周期为2~3年，因此，常规的选育只能两年选一代。育种周期较长，海上保种和种苗繁育费用大、风险高。针对栉孔扇贝的生物学和育种的特点，课题组发明了叠代逐年选育法，可逐年选种繁育，加快育种进程；双亲双选，最大可能地保留目标基因型；加强选择强度，提高遗传进展响应；管理方便简捷，降低成本风险。

经过多年的努力，课题组对扇贝开展系列的选择育种和分子标记选种技术的研究，建立了扇贝的良种培育体系，培育出高产、抗逆的扇贝新品种。新品种的推广对扇贝养殖业的恢复和发展起到了重要的作用，使我国扇贝养殖业在保持稳步增长的同时，产业结构得到进一步优化，扇贝养殖良种化走在国际海水养殖业的前列。

1995年，在前期零散的选择育种工作的基础上，课题组对长岛、荣成、蓬莱和青岛的栉孔扇贝选育群体、养殖群体和部分野生群体进行了系统的归类整理，形成多个育种群系。1996年我们从这些群系中，重点选择长岛红壳高产选育群体为基础群建立了GC7选育群体，1999年经过进一步选育将GC7群定型为CDS5选育群（CD代表起始群体来源于长岛，S代表选育系，数字5表示当

"蓬莱红"栉孔扇贝

时建系时,该群体已经过 5 代选育)。1999 年和 2000 年课题组开展了 CDS5 ♀ × 华贵扇贝 ♂ 杂交诱导雌核发育群体的工作,在前期的研究中,课题组发现扇贝跨物种远缘杂交子代发育过程中呈现雄性亲本遗传物质丢失,只保留雌性亲本遗传物质的现象。利用这一特性,利用这一

2012 年,包振民在指导学生实验

特点,课题组对选育群体开展了雌核发育群体制备,建立了 ZHJ 复合雌核发育选择系,进而删除有害基因,加快选育进程。最后通过对 CDS5 系与 ZHJ 复合雌核发育选择系进行横交固定,加快了选育的进程和选择的准确性。经过 10 代的选择,CDS5 系遗传性状和经济性状均十分优良。至 2004 年,该亲本群体已经过了 10 代选育,具备高产、抗逆、壳色红等性状,遗传性能稳定,其子代的遗传性状的稳定性和一致性达到 95% 以上,红壳比例在 98% 以上,AFLP 标记分析,群内遗传相似度为 0.96,生产性能指标优异。2005 年 12 月,"蓬莱红"栉孔扇贝通过国家原种、良种审定委员会的新品种审定。

课题组在项目实施过程中,注意紧密联合企事业单位,先后与中国水产科学研究院黄海水产研究所、长岛县水产研究所、荣成海洋珍品有限公司、烟台开发区常飞海产品有限公司等单位建立了合作关系,并在辽鲁两省的多家水产养殖公司进行了课题组研发技术及新品种的应用推广工作,取得了良好的社会和经济效益。

项目的成功得益于课题组阵容强大、老一辈打下的坚实基础以及与国内水产

领域著名企业的深度合作。

四、成果的创新点及对水产养殖业发展的贡献

"蓬莱红"扇贝是国内外第一个人工选育的扇贝养殖新品种。在"十五"、"863"重大专项验收会上被评价为"给深受病害打击的扇贝养殖业带来生机,相应成果标志着海水养殖动物育种技术实现了历史性突破"。2008年,"栉孔扇贝健康苗种体系建设及应用"研究成果获"国家科技进步二等奖"。

研究成果共获国家发明专利授权8项,出版专著7部,发表论文91篇,制定规范2项;在鲁辽两个主产省推广优质扇贝苗2万亿粒以上,直接经济效益60亿元;两省累计养殖363万余亩,总产量548.02万吨,创产值351.87亿元,纯收入241.45亿元,提供了上百万个就业岗位,社会经济效益显著。

扇贝健康苗种技术体系的建立和应用,掀起我国海水养殖业发展的"第三次浪潮"。扇贝养殖已成为促进区域经济发展,调整农业产业结构,增加农民就业和收入的有效途径之一,被渔民誉为"捞银工程"。良种培育体系的建立和优良品种的推广,极大地推动了我国海水养殖业的进步,为我国成为世界第一水产养殖大国和水产品贸易大国做出了重要贡献。

"海洋界面化学研究"科研成果背后的故事

◇ 杨桂朋

作者简介

杨桂朋,男,1963年生。海洋化学博士。现任中国海洋大学化学化工学院院长、教授、博士生导师,学科带头人。教育部"长江学者",国家杰出青年科学基金获得者,山东省"泰山学者","新世纪百千万人才工程"国家级人选,国家级教学团队(海洋化学课程)带头人,海洋化学国家理科基础科学研究和教学人才培养基地负责人,化学(海洋化学)国家级特色专业负责人,全国优秀科技工作者,山东省有突出贡献的中青年专家,享受国务院政府特殊津贴。担任国际一流刊物 Marine Chemistry 副编辑。

自留校工作以来一直从事海洋化学的教学与科研工作。先后主持了20余项科研项目。已在国内外重要学术刊物上发表研究论文300余篇,出版专著(合著)2部。近10年来,课题组曾获省部级以上奖励7项,其中"突出海洋特色的化学专业建设与人才培养实践"于2013年获得"山东省教学成果奖二等奖";"海洋中有机污染物的界面化学和光化学过程研究"于2005年获得"国家海洋局海洋创新成果二等奖";"海洋有机物的生物地球化学"于2009年获得"教育部自然科学一等奖";"海洋化学理科基地人才培养模式改革与实践"于2009年获得"山东省教学成果奖一等奖";"海洋中二甲基硫(DMS)的生物地球化学"于2010年获得"国家海洋局海洋创新成果一等奖"。

一、获奖项目基本情况介绍

我们课题组在国家杰出青年科学基金、国家自然科学基金重点项目、重大国际合作项目、一般项目的资助下,积极追踪国际海洋科学发展的前沿,经过十几年的研究积累,在海洋有机物的界面化学和生物地球化学研究领域付诸了大量的实践和精力,取得了一系列对中国海洋化学研究有重要贡献的理论成果。

海洋界面化学是海洋化学学科最新发展的前沿领域。它主要是应用界面科学的最新理论,综合采用海上调查、现场实验、实验室模拟实验和数值模型"四位一体"的先进研究方法,研究海水中各种形态化学元素,特别是生源要素和环境污染物,在海洋开边界界面以及海洋内边界界面上的迁移、转化过程及其控制机理;其主要目标是发展和建立海水中各种形态化学元素在海洋四大界面上迁移、转化过程的理论,为全球变化和海洋生态环境保护等提供必要的理论基础。

近年来,在海洋界面化学研究领域成绩突出,相关成果获省部级奖励。2009年"海洋有机物的生物地球化学"获"教育部自然科学一等奖";2010年

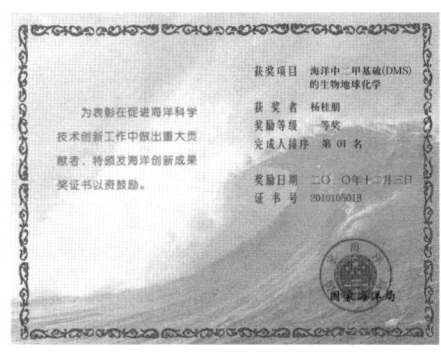
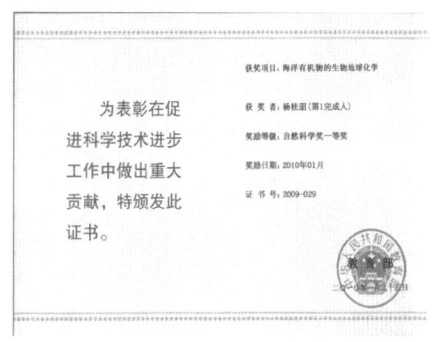

"海洋中二甲基硫（DMS）的生物地球化学"获"国家海洋局海洋创新成果一等奖"；其中，在国际地学与环境科学的知名刊物上发表 SCI 论文上百篇，在国际同行中有较大影响。

二、获奖项目进行中的难忘经历

我们课题组围绕着海洋界面化学开展了一系列前瞻性和创新性研究。在科研过程中，对我影响最深的是我的恩师——著名海洋化学家、首届国家教学名师张正斌教授。他那种孜孜以求、严谨求实的科学精神令我受益匪浅。身正为师，德高为范，无论是做人做事，还是治学育人，张老师始终坚持勇于创新、不断进取，影响了我们一代代海洋化学人。

2000 年，杨桂朋出海调查现场实验

而我也在恩师的指引下，沿着前辈们的足迹，勤奋踏实，继承了他的海洋界面化学研究事业，并在实际工作中不断发扬光大，开拓了海洋界面化学的一个新的领域——海洋生源活性气体的界面化学过程及其气候效应。

记得在 20 世纪 80 年代我为师之初，生活的窘迫、科研的艰辛、环境的磨炼着实成就了我难得的成长体验，积淀了我人生成长和学术研究的一笔宝贵财富。生源活性气体的界面化学过程研究需要大量的出海调查和现场观测，我和课题组成员先后出海 50 余次，航行足迹遍布中国渤海、黄海、东海和南海，以及日本近海、西北太平洋、加拿大沿海和西北大西洋。课题组成员不乏晕船者，有的晕船晕得三天三夜滴水未进，但大家仍然顽强工作，克服了重重困难，取得了大量的宝贵的第一手观测数据，撰写出了几十篇海洋生源活性气体的国际高水平论文。

搞科研如同登山。山高坡陡，攀之不易，非竭尽全力并持之以恒，很难到达光辉的巅峰。在登山的路上，经历过跋涉的艰辛，才会有汗水润润成功的喜悦，更会有应接不暇的好风景。做学问要付出艰辛的劳动,但苦中有乐、乐在其中,这是我搞科研近30年的感悟。

三、科技成果的创新性及国际评价

本课题组在国际知名杂志上发表的上百篇 SCI 论文已被 SCI 引用 700 余次,研究整体达到国际一流水平。其中,在海水微表层化学研究领域取得了一系列原创性新成果,在国内外同类研究上处于国际领先水平。

课题组在该研究领域的主要创新性成果包括:

(1) 揭示了生源活性气体(DMS、卤代烃、CO)在中国海、西北太平洋、西北大西洋中的分布模式,发现了生源活性气体与生源要素的相关规律;计算了上述海域中生源活性气体的海–气通量,对于 IGBP 谱写的全球生源活性气体分布和通量图提供了具有重要价值的研究资料,确立了中国在此研究领域的国际地位;首次建立了 DMS 在海–气界面的生物地球化学循环模型,在国际上处于领先地位。

(2) 在液–固界面吸附研究中,发现了酚类有机物在黏土表面上的一种新型的吸附等温线;发现了 30 余种(类)有机污染物在海洋沉积物上的吸附平衡常数 K 与其水溶解度之间的线性自由能关系。可为合理利用海洋环境容量,综合治理海洋污染,保护海洋生态环境提供科学依据。

(3) 发现了海水沉积物中稠环芳烃的分布趋势与沉积物有机碳的分布趋势基本一致,两者呈显著相关性。

(4) 在国内开拓了海洋光化学的研究领域,建立了 30 余种(类)有机污染物在海水中的光降解模式;提出了铁在海水中的光还原模式,首次发现溶解有机物在铁的光还原过程中起关键作用。通过创新性研究,逐步完善了在国际上产生较大影响的"海洋有机物界面化学理论"体系。

课题组在 DMS 的海洋生物地球化学研究领域所取得的成果,先后得到了原国际 IGBP 主席、国际 SOLAS 主席、国际著名海洋化学家 Peter Liss 的高度评价,"杨博士为海洋中 DMS 的生物地球化学贡献了大量知识","他第一个测定了海洋微表层中 DMS 的生产与消费速率,为评价 DMS 的来源和迁移提供了非常有用的知识","他的研究得到同行的高度评价"等。研究成果也得到了

科研成果背后的故事

原日本海洋学会主席、国际 IGBP 副主席、国际著名海洋化学家角皆静男(Shizuo Tsunogai)的高度评价,"杨博士开拓了海洋生源硫生物地球化学循环的一个新的研究领域,并且获得了大量有价值的研究结果","这些研究是原创的,能够为评价海-气界面在硫循环和全球变化所起作用提供重要依据"。此外,国际 SOLAS News(Issue 3, 2006)也对我们的有关成果作了报道。我们的研究成果将对海洋科学、海-气相互作用、大气硫循环等学科的发展发挥重要作用。

难忘的记忆
——深海电视抓斗技术研究历程回顾

◇ 赵广涛

作者简介

赵广涛，男，1964年生，山东招远人。1988年研究生毕业于山东海洋学院海洋地质专业，后留校任教，1993~1997年在职攻读并取得海洋地质学博士学位。现为中国海洋大学海洋地球科学学院教授，博士生导师，山东省有突出贡献的中青年专家，山东省教学名师。主要从事海底成矿环境与探测技术研究，主持和参与了多项国家"863"项目。

2005年，与其科研团队承担的国家"十五"863课题"6 000米海底有缆观测与采样系统——电视抓斗的研制"通过教育部组织的专家鉴定；次年，"深海电视抓斗技术研究"获"教育部科技进步一等奖"；之后，深海电视抓斗技术成功应用于我国大洋资源环境调查中并发挥了重要作用。

我一直从事海底矿物资源、海底岩石及海底成矿环境方面的研究。一次偶然的机会，让我有幸介入到了深海调查技术装备的研发工作。

2001年年初，国家科技部正式启动了"十五""863"海洋技术领域的项目论证工作，我校翟世奎教授受聘"十五""863"主题专家组成员，参与组织"十五""863"深海技术的需求调研和论证工作，我随即有幸接触并参与了部分前期调研的具体工作。应该说，在世纪之交，我国在深海技术领域的整体水平较低，从调查船（当时仅有"大洋一号""海洋四号"等仅有的几艘大洋科考船）到所配备的深海探测和采样设备，与发达国家相比均有很大差距，当时我国几乎找不出几种像样的自主研发的深海高新技术装备，这种落后局面在我国新世纪"走向深海大洋"的时代背景下显得十分尴尬。因此，国家"863"海洋技术领域对"十五"期间深海技术发展格外重视，并将其侧重定位在"跟踪国际前沿"的水平上，力求在追踪国际前沿技术的基础上，大力开拓自主技术创新，力争尽快突破一批深海关键探测技术瓶颈，以满足我国深海技术发展和深海科学研究的紧迫需求。

深海电视抓斗是由德国 Preussag 公司于20世纪80年代研发的一种深海海底可视控采样技术，由于其突破了传统的抓斗式、托曳式及箱式纯机械采样设备的"盲采"局限，能对海底目标样品进行可视化定点采集，明显提高了海底采样的效率和准确性且操控简便、实用、单次取样量大（可达1 000千克），因此被广泛应用于国际上开展的海底热液硫化物矿床调查中，深受海洋地质学家的青睐，也成为当时国际上大部分先进科考船配载的首选海底采样装备。鉴于此，国家"863"主题专家组把该技术最终列入了课题研究指南，旨在尽快突破国际技术封锁，研发具有自主知识产权的深海电视抓斗技术，以支撑和推动我国深海大洋的资源环境调查和深海科学研究。

十几年前，因深海技术研发在我国尚属起步，国内非涉海优势技术部门涉足很少，此项工作自然还需涉海部门来牵头和推动。2001年7月，在经过大量的沟通协调工作之后，学校决定由我来牵头组织该课题的立项申请工作。接到这项任务后，我感到压力重重。一方面，当时我对深海技术的了解并不多，再加上当时国际上也几乎无任何公开发表的技术资料可以借鉴，在国内也仅有极少数学者通过国际合作项目在国外科考船上见过电视抓斗实物，但对技术细节并无了解。在准备申请报告过程中，一堆的困惑和难题接踵而至：请谁来做（组建研发队伍）、怎样做（技术设计，实施方案）、到哪儿做（加工、调试）、谁来用（海试依托、用户）等一系列问题。经过反复的上下沟通、横向协调，最终作出的决定是：由中国海洋大学、国家海洋局二所、杭州电子科技大学、国家海洋局一所、浙江大学5家单位的15位科研人员组成课题组，由我出任课题组长，国家海洋局二所的钱鑫炎同志任副组长，负责课题的申请、协调和组织实施工作。

从2001年10月至2002年4月，课题组经过提交申请、答辩、专家评审、经费预算以及技术方案设计等数轮程序的大量工作，最终于2002年4月28日获得了国家科技部的立项批复，确定课题执行时间为3年（2001年1月至2003年12月，批复时间距起始时间已过去一年多）。因为课题任务格外繁重，研制时间非常紧迫，又无任何资料可资借鉴，我再次感到了前所未有的压力。但是，当我看到课题组成员们都以饱满的工作热情和敬业精神全身心投入到课题中时我也深受感染，此时大有一种为之奋力一搏和置之死地而后生的感觉，我们都对前景充满了必胜信心。

之后，课题组围绕技术方案优化、设备加工、集成统调和海试依托等做了大量认真细致的调研，最后决定借用四川的军工技术优势进行电视抓斗的加工制造，委托四川深海技术研究所为设备加工和集成基地，以中国大洋协会为海试依托单位和最终用户，以其管辖的"大洋一号"（当时国内唯一配备铠装电缆的深海科考船）为海试依托用船。而实际上，当时"大洋一号"也恰好承载着我国深海大洋繁重的资源环境调查任务，迫切需要配载深海电视抓斗采样设备，以提高调查质量和效率。因而，在课题申请到最终的执行过程，中国大洋协会都倾心关注和全力支持。

在"863"主题办和学校的大力支持下，繁杂的沟通协调工作进展得很顺利，但技术攻关上却显得异常苦涩艰难。首先，因无任何技术资料可资借鉴，课题组整整花了5个多月时间（2002年4月至2002年8月）进行电视抓斗技术方案的修订和优化，直到2002年8月，总体设计方案才最终通过"863"主题办的专家技术审查，正式进入设备的加工制造阶段。但也正是在这时，课题组接到通知，为赶上搭载"大洋一号"2003年大洋调查航次（2003年4月出航）

进行海试,电视抓斗样机的研制工作必须在 2003 年 3 月底前完成,并且要求在"大洋一号"甲板完成浅海海试。这样,留给我们课题组技术攻关和加工制造的净时间只有短短的 8 个月了。

"真的没有任何退路了,只有朝着既定目标奋力冲刺吧!"课题组很快达成了共识。大家凭借着坚韧的毅力、执着的热情和对大洋调查海上现场底质采样的经验积累,历经反复艰辛的调研、咨询、设计、试验和攻关(期间各路技术人员多次奔波于青岛-成都、杭州-成都、成都-天津、和青岛-北京之间),最终攻克了道道技术难关。其中,最核心的高新技术有两项:其一是深水液压动力技术,包含大功率深水电机、耐高压液压器件、高密封耐压执行油缸、高压环境下的动静态密封技术等;其二是万米缆彩色数字视像实时传输技术,可实现彩色数字图像与双向控制信号的远距离(10 千米)、并行、实时传输。

赵广涛现场指导演示"深海电视抓斗"抓取样品

2003 年春节刚过,课题组主要成员就集中赶赴成都,在加工车间现场完成了电视抓斗样机的控制—机械—传输各技术系统的集成和联调,实现了预期的技术功能。2003 年 3 月,研发样机由成都运抵青岛 8 号码头,在停靠在码头的"大洋一号"科考船上成功进行了现场码头试验和浅海抓样试验,并顺利通过了"863"专家组的技术评审和初步验收。

2003 年 4 月～6 月,由我和课题组的钱鑫炎、李欣、刘敬彪四位同志随"大洋一号"科考船出海参加 DY105-12、14 大洋航次考察,准备择机进行深海海试(我参加了第一航段后从美国关岛回国)。根据航次工作安排,电视抓斗于 6 月 7 日至 6 月 13 日,分别在西太平洋 CM 海山和 CL 海山区成功进行了 8 个站位的深海抓样试验,其中 5 个站位抓获结壳样品(成功率为 62%),样品种类包括沉积物、球状结壳、砾状结壳及从板状结壳,其中抓获最大的砾状结壳竟重达 500 千克(长 120 厘米,宽 110 厘米,厚 14～25 厘米)。专家说,这是我国

"深海电视抓斗"及其抓取的海底样品

富钴结壳调查中迄今获取的最大最重的样品,在国际上也实属罕见。之后,随船的专家对电视抓斗实际使用效果进行了海试评估,并对其性能给予了充分肯定。

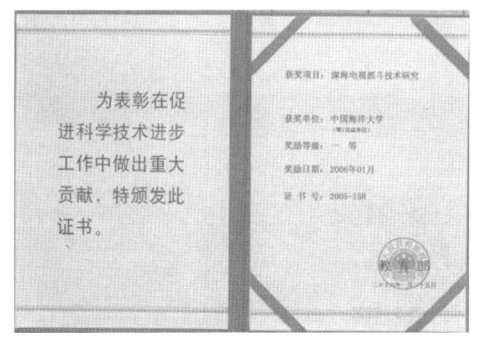 

我在国内获知海试成功的消息是在 6 月 15 日的凌晨 3 点,虽然当时我已回国,但时时刻刻牵挂着远在西太平洋上的课题组及其所承载的使命(实际上学校和"863"主题办同样在焦急地等待消息)。因"大洋一号"的卫星通信和邮件发送都有管理规定,课题组只能隔一段时间定期发送邮件以保持与陆地的联系,因此,我在网络通信顺畅的凌晨时刻不停地查收邮件。当我第一时间等来了电视抓斗海试成功的消息时,激动的心情难以言喻,仿佛心都要迸出一样。十几位科研人员的精诚合作,几百个昼夜的呕心奋战,终于换来了最后成功的喜悦。

之后,电视抓斗又随船投入到后续结壳调查的实际应用中,单在西太平洋CX海山区就进行了11个站位的海底观测和取样,共获取各类样品186千克,获得400分钟的海底视像资料,在富钴结壳航次调查中发挥了重要作用,获得了航次首席及调查队的高度赞许,一致认为:"电视抓斗取结壳样不仅在调查手段上是一种创举,而且在调查质量、取样效果等方面极有成效,成为海底矿产资源调查中最重要的高科技手段之一,具有广阔的应用前景。"

2003年12月18日,满载着大洋调查的丰富成果,电视抓斗随超额完成年度航次调查任务的"大洋一号"返回青岛母港,翌日,由"863"主题专家组组织召开了电视抓斗技术研制课题验收会,与会专家充分肯定了课题组的工作,对电视抓斗的性能给予了高度评价,一致同意该课题圆满结题。随后,该课题的研发内容共申请国家发明专利5项,其中授权3项;软件登记2项。

2005年7月29日,教育部在青岛组织并主持召开了"深海电视抓斗技术研究"项目的技术鉴定会,专家们一致认为:该课题攻克了具有安全保护功能的新型抓斗机构设计、深水液压动力系统、兼有通信功能的万米缆彩色数字视像传输、水下抓斗监控技术等关键技术,整体结构设计合理,具较高的可靠性、稳定性和实用性,是一项具自主知识产权的大洋调查的核心竞争技术,提升了我国大洋资源环境调查的技术水平,意义深远、重大,整体上处于国际先进水平。随后《科技日报》《中国海洋报》均对此进行了专题报道。

2005年,"深海电视抓斗技术研究"项目的技术鉴定会

励志创新,尽显芳华
——"'荣福'海带新品种的培育及应用"研究背后的故事

◇ 刘 涛

作者简介

刘涛,男,1975年出生。1998年毕业于青岛海洋大学(现为中国海洋大学),现为海洋生命学院副教授,海洋生物遗传育种研究室主任。

作者主要从事大型经济海藻遗传育种学研究。作为"荣福"海带、"爱伦湾"海带、"三海"海带国家水产新品种的第一育种人,先后承担和参加了20余项国家"863计划"、国家自然科学基金、国家公益性行业科研专项等国家级科研项目;发表研究论文60余篇,其中SCI、EI收录论文20余篇。

一、获奖项目研究背景

始建于1963年的海洋生物遗传育种研究室为我校已故的方宗熙教授所创立,作为承担国家"R&D计划"研究任务的核心团队,历经三代科学家50余年的励精图治,先后获得了大型经济海藻种质资源保藏、细胞遗传与分子遗传、良种培育技术等一系列创新科技成果,培育出10个兼具技术代表性和产业应用代表性的海带优良品种。其中,21世纪以来,以海带细胞工程育种技术以及多性状聚合育种技术为代表,实现了"荣福"海带、"爱伦湾"海带、"三海"海带国家水产新品种的培育和推广。2006年"海带配子体克隆杂种优势苗种繁育技术"获得"教育部专利一等奖"、2008年"'荣福'海带新品种的培育及应用"获"教育部科技进步一等奖"、2012年"'爱伦湾'海带培育及其全产业链区域示范应用"获"海洋科学技术一等奖"。

大型海藻育种始终面临着无法实现全生活史的可控培养、海区环境和养殖条件差异大等问题。通常一个品种从品种筛选、纯化到海区测试推广,至少需要5年的时间,而面临测试的品系往往多达20个以上;同时,海带不耐受干,只有在船只上进行快速现场测量才能保证样品的活力,海区测试通常要在3个海区以上连续多年进行。因此,研究周期长、研究工作繁重已成为藻类育种工作的特色。

二、"荣福"海带育种中的难忘经历

自从1998年参加工作以来,一直得到研究室老一辈科学家崔竞进和戴继勋两位老师的亲自指导,我受益匪浅。回忆起项目研究的过程,最难忘的还是老先生们艰苦奋斗的精神。

那时候要乘坐五六个小时的长途车到现场实验,吃住均在养殖场,没有淋浴,遇到夏季停水,日常洗漱都要依靠蓄水缸中

刘涛与导师崔竞进先生合影

的存水。海上实验考虑到测量方面的需要,一直乘坐小舢板,遇到风浪天气一路颠簸,极其艰苦。就是在这样艰苦的工作条件下,无论周末、假期,老先生都带领我们年轻人坚持在育种现场工作,取得了大量的现场资料数据,为选育优良性状的品种打下了坚实的基础。

相较当前,那时的工作和生活条件简直不可同日而语。这种朴素的科研精神和态度,时至今日,我们都一直继承着、实践着。自己单独出差仍乘坐长途车,现场实验坐舢板,包括最近一些年在海藻资源调查中,披星戴月、旅居海岛仍不觉得艰苦。有了这种工作状态,科研工作上的难度就感觉大大降低了。

在庞大的养殖业支撑下,海带作为我国最主要的海水养殖种类,也是我国海洋生物化工业的最主要原料。如何通过高产育种提高总体产量是面临的主要问题。因此,我们提出抗逆性状改良扩大可养殖区域和养殖时间,是我国海带养殖业能否可持续发展的关键。在科研工作中如何紧密了解市场需求以及国家、地方的产业发展需求,制订科学可行的育种目标和方案,是提高育种科技成效的另一关键。

海带新品种研究团队合影

在 20 世纪末期我国养鲍业兴起,但是作为鲍养殖饲料的海带因不耐高温无法供给夏季鲜活饲料。因此,原山东荣成宋钰副市长曾提出培育耐高温海带的设想,并组织荣成市科技局、荣成市海洋渔业局多位同志进行座谈和调研,请中国海洋大学和荣成市海兴水产有限公司联合进行耐高温品种培育工作。在育种中,通过配子体克隆杂交的方法,将北方高产的"远杂10号"海带品种和南方晚熟的"福建种群"进行组配，在子一代中表现出了良好的高产和耐高温的性状。因此，我们趁热打铁，继续在子二代中开展了大规模的耐高温筛选，在子三代至子五代的选育中均取得了良好进展，实现了将耐高温和高产两个性状的聚合，培育出"荣福"海带新品种。此新品种在多次组织的现场验收中得到

"荣福"海带新品种

了国家科技部、国家农业部渔业局专家领导的高度评价，并在2003年顺利获得了"国家水产新品种证书"，2006年"利用配子体克隆两系杂交的育种方法"获得了教育部首次设立的专利一等奖。

三、"荣福"海带新品种的鉴定与推广

"荣福"海带新品种推广中广泛受到了北方用户的欢迎，那么，在南方海区是否能表现出相同的优势？于是，2004年经过与福建省海洋与渔业厅、广东省汕头市海洋与渔业局领导的沟通，分别与福建省三沙渔业有限公司、汕头市水产研究所联合开展在福建和广东省的测试与推广工作。"荣福"海带耐高温和高产性状在南方海域也表现出了明显的优势，2008年分别通过了福建省科技厅和广东省科技厅的科技成果鉴定，"荣福"海带在南方引种驯化工作达到国际先进水平。这些工作共同完成了"荣福"海带新品种的培育及应用，于2008年获"教育部科技进步一等奖"的奖励。

四、精神不息 研究不止

海带养殖业作为我国优势海水养殖产业，长期以来一直存在着产业效益不高的问题，如何从产业链着手，以品种为内涵和源头实现海带生产方式的转变，是我们面临的又一重要产业科技问题。

为解决这一问题，在工作中，我们形成了围绕着海带育种、繁育、养殖、加工这一产业链开展区域示范的思路。根据食品和化工原料对海带品质的需求，以多性状聚合育种培育出区域高产型的"爱伦湾"海带新品种，研制了种质标准、苗种标准和养殖标准，用于规范整体产业链条技术，并在山东荣成开展技术总体集成示范应用，成功组建了育繁推一体化技术体系，实现了"爱伦湾"海带新品种从苗种、养殖、粗加工、化工和休闲食品开发的整体产业链区域示范应用，增效达到了30%以上，建立和形成了一套可推广和借鉴的海带高效生产模式。

得益于海洋生物遗传育种研究室这种艰苦奋斗精神的延续和传承，1998年至2012年，我主持培育的3个水产新品种均通过了国家审定，在我国辽宁省到广东省沿海的大规模推广也进展得十分顺利。

"动态系统的时滞相关分析与控制理论及其应用"项目研究过程

◇ 唐功友

作者简介

唐功友,1953年出生。1991毕业于华南理工大学自动化系,获工学博士学位。现为中国海洋大学信息科学与工程学院教授,博士生导师;享受国务院政府特殊津贴,山东省有突出贡献的中青年专家,青岛市专业技术拔尖人才。曾兼任工信部系统集成资质和监理资质主评审员、美国IEEE协会高级会员、山东省自动化学会常务理事、青岛市计算机学会副理事长等职;先后任第八届、第九届和第十届山东省政协委员。

近年来,作为课题负责人先后承担了国家自然科学基金、"863计划"子课题以及省级科研基金等科研项目10余项。其中,具有代表性的有:国家自然科学基金项目"时滞大系统的次优控制及在海洋结构物控制中的应用""基于时滞正面作用的海洋平台半主动减振控制技术研究"等,国家"863计划"高技术重大项目"大洋固体矿产资源成矿环境及海底异常条件探测"中的子课题"探

测信号采集与处理"项目等。先后获得"国家教委科技进步一等奖"1项,"国家教委(教育部)科技进步二等奖"3项,"教育部自然科学奖二等奖"1项"山东省自然科学二等奖"1项,中国出版社协会"优秀学术专著一等奖"1项,"山东省高校优秀科技成果一等奖"3项等多项荣誉。在国内外知名刊物上发表科研论文百余篇,其中有90多篇被SCI和EI收录。

一、获奖项目立项依据

在当今社会里,工业生产过程及设备自动化程度日益提高,日常生活中智能家电、智能家居日益普及,高科技领域的航空航天、导弹制导,先进制造中的高精度防振,建筑结构物的防振等需求都离不开控制理论与技术的进步与应用。伴随着网络通信的飞速普及,网络与控制的结合也更加日益紧密。这也反映了我所承担的"动态系统的时滞相关分析与控制理论及其应用"项目研究并非孤立地存在,决定了随后进行的"非线性时滞系统的分析与综合方法及其应用"项目也得以顺利完成,并分别于2006年获得国家教委"高等学校科学研究优秀成果奖(自然科学奖)二等奖"和2007年"山东省自然科学二等奖"。

就模型特点而言,非线性动态系统是世界上普遍存在的实际系统,而时滞问题与这些系统如影随形。时滞问题的存在影响了系统的性能,乃至稳定性特征。对于实际的复杂系统来说,解决时滞对系统性能的影响,并提出高效可靠的控制理论与方法是困难的,同时又是必须解决的问题。

二、项目研究过程

如何解决动态系统的时滞相关性问题,已经有诸多成型的方法,但这些方法均存在若干局限性,如计算量太大、精度不够高等。为了解决复杂系统的最优或者次优控制,最核心的问题不但要解决这些局限性,而且同时要提出高效可靠的控制理论与方法。

科研成果背后的故事

自2001年起,我带领课题组开始深入研究这个控制界的难点和热点问题,研究已有的方法,并对成百上千的文献进行分析、提炼、归纳和总结。对于复杂问题的研究解决并不都是一帆风顺的,而随着每周两次定期讨论,每天随时交流进展,项目研究在逐渐推进。每次课题组开会,不论遇到什么恶劣天气,大家都会从四面八方聚集而来。为了尽快解决问题,利用集中工作的时间讨论重点问题、分配工作,回去后再分头收集资料,各自完成自己的工作,大家的工作热情都十分高涨。为了保证项目研究的进展和效率,我们除了面对面讨论,还通过电子邮件进行及时相互沟通,当天的邮件我都当天进行回复。为了解决科研中遇到的各种新问题,我一直带领课题组长期忘我地工作。我几乎每天工作到深夜,到凌晨两三点也是常有的事情,但第二天仍然照常到办公室工作。

除了在理论上的研究,课题组也不断深入企业现场,了解青岛海尔、海信、青岛软控等众多上市公司在生产过程中的需求。在工业现场,实际情况需要综合考虑多种因素,而非线性、时滞和扰动都是重要的组成部分。简单的动态方程不足以描述实际问题,已有的方法需要不断地调整和改进,文献中常见的模型、方法也经常不能直接应用在实际问题中。为了得到一个有效的模型,课题组经常驻厂调研,对数据进行长期的测试和分析,对模型参数进行不断改进。在课题组提出新的控制方法后,我们会立刻进行现场实践检验,根据实验结果再次对模型、方法进行调整。

多年来,我就是这样不断解决各类工业现场问题,并随时总结经验,丰富理论结构。课题组中的研究生们创新能力强,但是研究的基础相对比较薄弱。为此,我尤其注重对学生理论水平和实际动手能力的培养,积极捕捉和跟踪国际科研领域的前沿和动态,鼓励学生大胆创新。我既探索课题的总体统筹规划,又对具体细节进行把握和指导,不厌其烦地严格要求学生,一丝不苟地对论文进行审阅和修改。

在对控制系统的仿真方法和形式的研究方面,课题组反复进行过多次专门讨论。对连续系统、离散系统的建模和仿真取得了显著进步,学生也能很快地进入专业的学习和研究中。在当时缺少实验设备的情况下,我便带领课题组亲自动手设计和制作了一系列的自动化仪表和实验装置。结果证明,这些实验装置不仅解决了学生上实验课无设备的窘境,而且还为学校节约了大量经费。

三、项目取得的丰硕成果

长期以来，得益于对知识点的融会贯通和丰富的实践经验，我们的科学研究终于结出丰硕的果实。我们先后提出了设计时滞非线性系统最优控制律的灵敏度方法和逐次逼近方法，这两种设计方法与现有相关设计方法相比，降低了控制器设计算法的复杂性，提高了系统的控制效率。许多研究成果都是通过论文形式发表在 *Systems and Control Letters*、*IET Control Theory & Applications*、*Journal of Sound and Vibration*、*Nonlinear Analysis: Theory, Methods and Applications* 和《自动化学报》等国内外著名学术期刊上，相关的理论成果在国际著名学术期刊中获得广泛引用。

回顾过去科研探索的点点滴滴，我深切体会到学术论点的提出和科研问题的解决离不开长期的积累。随着社会的不断发展和进步，科学研究方面的问题也会不断地涌现。我坚信：只要能驾驭好实践与理论相结合的大船，我们的学术研究成果也一定会不断乘风破浪，驶向下一个希望的彼岸。

"新型铜铝制冷管路结构设计及其制备工艺"研发背后的故事

◇ 赵 越

作者简介

赵越,男,1960年8月生于青岛。1982年山东工业大学焊接工艺及设备专业本科毕业,2004年山东大学材料工程硕士毕业。2006年至今在中国海洋大学材料科学与工程研究院任教,系高级工程师。

主持完成的质量改进和创新项目有30多项,发表论文12篇,出版专著一部。兼任山东省焊接学会副主任、中国焊接学会特种焊接专业委员会委员及全国专业标准化技术委员会委员等职。

作为"新型铜铝制冷管路结构设计及其制备工艺"的项目负责人,于2008年获得"山东省科学技术发明二等奖";"制冷系统用铜铝组合管路及其制备方法"于2007年获得"第十届中国专利金奖";"制冷管路系统中铝代铜关键工艺及设备的设计、制造一体化技术"于2009年获得"青岛市科技进步一等奖"。

一、获奖项目基本情况及研究背景

"新型铜铝制冷管路结构设计及其制备工艺"（以下简称海大铜铝焊接技术）是为了解决冰箱产品中铜铝管焊接接头渗漏难题及降低制冷管路的成本而提出的，在冰箱、空调的铝管代替铜管的过程中起了关键性的作用，为冰箱、空调器生产企业提供了有效的服务。本项新技术以铜铝铜管路系统代替铜管管路系统，并针对其制造设备、工艺、焊接方法与材料进行了创新研究。

传统上，空调产品的制冷管路，用的都是铜管，但铜一直是全球性紧缺资源，中国更是铜资源紧缺国，50%以上的电解铜依赖进口。这种铜资源的紧缺状况致使铜的价格飞涨，已经影响到空调产业的发展。而中国的铝资源比较丰富，铝产业也比较发达，因此，空调制冷管路用铝代铜成为大势所趋。

海大铜铝焊接技术的特征是将铜管端缩口，将铜管插入铝管中，在插接过程中铜管的锥形焊接面将铝管壁上的氧化层磨削掉，在两电极间通电，施加高压将焊缝中的低熔点材料挤出，形成接头。这是一种低成本、高度致密性、高清洁性的系统管件，尤其适合以制冷剂为载冷介质的制冷管路系统，其焊接熔合面宽，并且其接头无缩颈，不使用助剂，管路的长度不受限制，寿命超过15年。

二、项目进行中的难忘经历

提及此番获奖，我们很是欣慰，这是几年来我们与实验室人员和工厂员工并肩作战在生产第一线上的最好回报。在进行这个项目时，我们几个人每天基本都工作到晚上10点以后，工厂的条件是很艰苦的，可我们从来没有抱怨过。在反复的实验中，失败与成功纠缠在一起，从小批送样到产业化应用，挫折不断，可我们依然勤勉，依然执着。这个项目立项非常好，具有挑战性，能从根本上降低产品

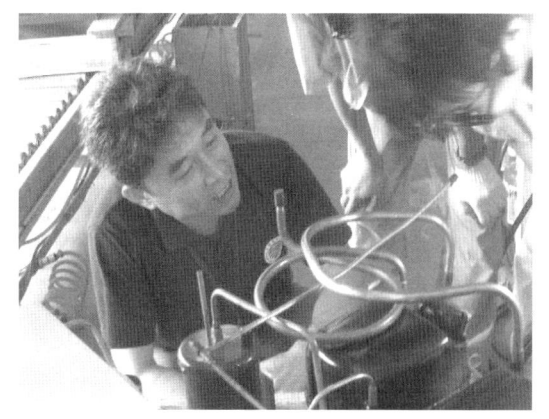

赵越与工厂员工并肩作战在生产第一线

的不合格率,它的成功更是符合建设和谐社会的要求,所以做好它责无旁贷。

我们用了10吨铜,实验了无数次,才发现与世界权威焊接方法相反的创意才是真正的解决之道,这个创意造就了新型铜铝制冷管路这个新型产品。在如此漫长的实验过程中,我们是如何坚持并最终取得成功的?答案很简单:有学校坚定不移的支持、高瞻远瞩的规划,我们又有什么理由不去坚持呢?

在数以千次的反复实验中,我一直认为"质量决定一切"。这句话很简单,但是需要技术理论作为支撑,只有经得起检验的产品才是好产品;同样,只有经得起实践考验的发明才会深得人心。我从来没有考虑过会不会研究不出结果,因为我一直坚定认为这个项目肯定会成功,只是时间问题而已。

任何新事物的发展路程都是前进与曲折并存,挑战与希望同在,这项"铝代铜"技术的推广亦不例外。近些年来,我国大部分地区的夏季越来越热,在酷热天气的"加油助威"下,空调市场呈现出购销两旺的局面,但一个关于空调连接管的争议却在市场上搅起了很大风波,而争议的焦点便是这项技术是否应在空调制造业广泛应用。问及如何看待这场风波,我的态度很中肯:"争议不可避免,但科技进步的步伐却不会因此而中断。"为此,我们做了大量的宣传推广工作,并获得广泛共识。目前,国内外制冷产品的制冷管路市场上已经开始大量的使用我们发明的铜铝管焊接技术。

2007年,中国家电协会副秘书长陈刚同志说:"全球铜资源仅够40年之用,实行'铜替代'是中国的重要战略,空调器连接管'铝代铜'是利国利民的好事,应加速推进。"这项发明所创造的价值,令我们充满期待。

三、科技成果的创新性和实际效益

"新型铜铝制冷管路结构设计及其制备工艺"研究项目的创新性和实际效益可以概述为以下几个方面。

(1)接头形式:传统的铜铝管焊接都是采用对接方式,即焊接面积随着管路壁厚的变化而变,对致密性影响很大。新型铜铝制冷管路结构设计及其制备工艺采用插接式焊接接头,熔合面积明显加大且不受壁厚的影响,在高压和高温作用下,铝管管口发生了塑性变形使管路外形没有发生变化。

(2)焊接设备及工艺先进,具有创新性,主要体现在产品焊接合格率高、劳动生产率高、操作简单方便。

(3) 为防止铝管点蚀和铜铝接头处的电化学腐蚀故障的发生,海大铜铝焊接技术采用交链聚乙烯材料制成的热缩管隔绝空气和水分,经过试验测试,寿命达到 20 年以上,完全可以满足制冷设备的使用寿命要求。

(4) 具有自主知识产权:海大铜铝焊接技术是拥有自主知识产权的专门技术,已获得授权

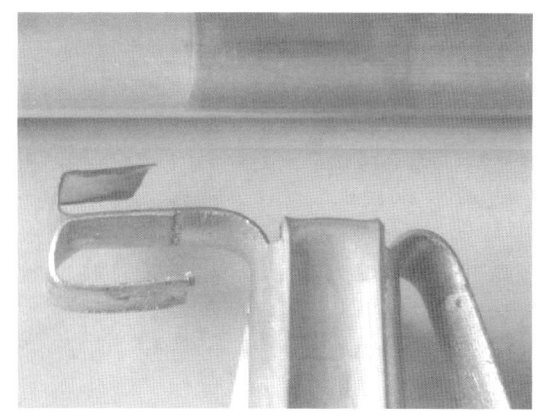

新型铜铝管焊接技术成品

的发明专利 12 项,已经获得"第十五届全国发明展览会金奖""巴黎国际发明展银奖""科技协会金桥奖"。

(5) 经济效益显著:海大铜铝焊接技术的研发成功,给制冷行业降成本带来新的契机,制冷管路得以实现以铝代铜,在冰箱生产中冷藏蒸发器、冷冻蒸发器、回气管实现了铝代铜;在空调行业,空调连接管、冷凝器实现了以铝代铜;在冷库设计中,以铝型材代替铜管,这些改进全部是在海大铜铝焊接技术获得成功后实现的。

(6) 实用性:海大铜铝焊接技术应用范围广泛,除在家用和商用制冷设备中已经获得广泛应用外,在太阳能热水器、电线电缆等行业也有很广泛的应用前景。

四、获奖感言

在国家倡导建立可持续发展的和谐社会的大环境下,我们把握住了正确的科研开发方向,经过艰苦努力,使新型铜铝制冷管路技术终获成功,实现了空调内外机连接管铝代铜产品的大规模生产和应用。因此,感谢本项目组全体同仁 10 年来的精诚团结、辛勤工作和无私奉献。

| 科研成果背后的故事

　　这项专利看似并不高深的技术,却与解决全球铜资源枯竭这个重大课题息息相关。这项专利看似与高精尖的焊接方法距离太远,但是,采用了最简便的方式解决了大规模薄壁铜铝管焊接生产的难题。这项专利获奖再一次证明,科学技术只有转化成生产力才能具有生命力。

　　前方的路还很漫长,我们将以国内外用户需求作为科研开发的动力,以持续改进永远创新的精神积极工作,在海大铜-铝焊接技术基础上努力实现钢-铝、不锈钢-铝、钛-钢、铜-钢等异种金属管路的焊接,争取在异种金属管路焊接领域一直保持世界领先水平。

二十年磨一剑
——"华北克拉通形成与破坏及周边造山带的构造演化过程"研究三部曲

◇ 李三忠

作者简介

李三忠,男,1968年8月生,江西省高安市人。1996年于吉林大学获博士学位,1998年10月从西北大学博士后出站到中国海洋大学工作。2001年晋升教授,2002年为博士生导师,2013年为国家杰出青年基金获得者。现任海洋地球科学学院院长助理、洋底动力学研究所副所长、海底科学与探测技术教育部重点实验室副主任。兼任中国地质学会构造地质与地球动力学专业委员会委员等职。系 *Science Bulletin* 副主编,*Precambrian Research*、*Geological Journal* 等国际国内著名学术刊物编委。

研究领域为前寒武纪构造、大陆动力学、洋底动力学。主持或完成国家自然科学基金杰出青年基金项目、重大项目课题、一般项目、青年基金项目6项,主持国家"863"重点项目和中石油、中石化、中海油三大油公司项目等30余项。主持申报的"华北克拉通形成与破坏及周边造山带的构造演化过程"项目于2009年荣获"山东省自然科学二等奖"。

"华北克拉通形成与破坏及周边造山带的构造演化过程"研究项目集中了中国海洋大学、香港大学、吉林大学和西北大学的大地构造、构造地质和变质地质的优势学科和这些学科领域的专家,从1990年起,在国土资源部、国家自然科学基金、石油部门等的支持下,展开联合攻关,触及板块构造理论的根基,板块起源、板块内部变形和多圈层耦合机制等相关科学难题。

2010年,李三忠主持国际会议于栖霞野外考察

一、课题立项的学术背景

1. 板块构造理论的四大缺陷

板块构造理论是当今被地学界广泛接受的地球科学理论,它创立于1968年,40多年来不断推动地球科学整体向前发展,甚至被写入小学课本,成为人们熟知的基本自然常识。然而,板块构造理论经过近半个世纪的不断检验,专家们逐渐发现板块构造理论存在以下四个方面的缺陷。① 不能解释板块构造何时起源,迄今存在巨大争论。有人认为是38亿年前,有人认为是19亿年前,还有人认为是10亿年或6亿年前等,莫衷一是,更难以解释前板块构造体制是什么。② 难以解释板块内部为什么还会变形,特别是现今发现大陆板块内部不同于大洋板块内部,是可变形的。板块构造理论认为板块内部是刚性的,变形只是发生在板块边缘,如大量地震都是发生在板块边缘,而现今GPS测量发现板块内部也在相互运动,板块内部也可发生地震。然而,该理论未能对此做出合理解释,因此,大陆动力学一度成为板块构造理论研究前沿。③ 板块构造理论只能解释岩石圈变化问题,还难以解决水圈、大气圈、生物圈等不同圈层的协同变化。因而,现今研究试图建立起各圈层之间的链接,补充这个缺失的环节,以建立起更为广泛的地球系统理论。④ 尚未完美建立起深部构造(软流

圈)与浅部构造(岩石圈)之间的动力联系,针对两者之间的耦合关系也存在诸多见解。在现今高精尖技术的支持下,相关的地球动力学模拟手段正推动这个领域日新月异地快速发展。总之,这四个方面的不足也就成为发展和完善板块构造理论的国际前沿的关键科学问题和难题。

2. 国内研究背景及其条件

从板块构造理论提出到快速发展的前10年,正赶上"文革"。我国错失了参与这场地学革命的良机,因而板块构造思想基本是在1978年以后才在中国学者心中萌芽。经过近10年的积累,中国老一代地质学家奋发努力,在改革开放的潮流中,吸收和发展板块构造理论,使它在中国生根发芽。但遗憾的是,我在1986~1990年的本科学习期间,这还不是中国学者认同的主流观点。1990年,我开始正式从事地质科学研究,跟随我的导师——杨振升教授,开展新方法地质填图,获得了很多受用一生的基本技能,同时锻炼了观察能力,也开启了我对板块构造理论遗留问题的探索。

中国不仅是一个多造山带的国家,其内部的克拉通以小且老,并遭受了破坏,而区别于世界其他大型克拉通,因而,中国具有得天独厚的研究克拉通和造山带研究的地质条件,是检验和完善板块构造理论的一块试金石和一片沃土。本项目就是基于这片沃土,集中了四个高校优势学科领域的专家,从1990年起,在国土资源部等部门的支持下展开联合攻关。我们的选题目标是板块内部变形,这也是前述国际上板块构造理论发展过程中的最大难题之一。

二、项目进行三部曲

项目初期,项目组成员都是在各自导师的指导和项目驱动下完成相关各级各部门的研究任务,并发展各自的科研方向。然而,由于地质问题的复杂性,必然涉及多学科知识,需要交叉学科的合作研究才能取得全面的科学认识,但术业有专攻,因此各自开始寻求科技合作,从而开启了问题驱动的研究,逐渐形成了以本项目组成员为主的研究团队。20年的研究历程大体按照研究发展时序,可分为以下三个阶段。

1. 华北克拉通形成研究(1990~2009年)

这个阶段始于我的导师杨振升教授的一个地质填图项目。通过长期艰苦的野外考察和长达近 20 年的研究,利用碎屑锆石的激光剥蚀(LA-ICP-MS)定年技术,确定了辽河群的沉积时限;利用二次离子质谱探针(SHRIMP)定年技术,精确确定了辽吉花岗岩的年代,论证了辽河群和辽吉花岗岩之间的关系,确定辽吉花岗岩为辽河群的基底,改变了国际著名矿床学家张秋生教授提出的长达半个世纪的辽吉花岗岩既老又新的模糊认识;同时,厘定了后造山或造山后花岗岩的时代,确定了辽河群变形的最终时代,并被后期他人精细定年进一步确定;利用 SHRIMP 锆石 U-Pb 定年和 Ar-Ar 法,确定了辽河群的变质时限;利用 LA-ICP-MS 定年,确定了原张秋生教授定为古元古代的榆树砬子组实际为新元古代早期沉积建造。这一系列的研究成果来之不易,主要是早期测年方法不准所致。直至 20 世纪 90 年代后期国际先进技术的引进,我们才得以解决问题。

此外,通过变质变形关系、显微构造、变质作用研究,提出辽河群经历了三幕变形。其中第一幕变形为伸展变形,摆脱学界跟随国际学术潮流的作风,指出其不同于国际时髦的研究——典型的变质核杂岩,与导师合作提出了"隆-滑构造"概念,被国内区域调查人员广泛引用;通过过硬的显微镜下变质矿物关系证据和温压计算,建立了构造变形相关的四阶段变质幕,最早发现变质作用 PTt 轨迹在南、北辽河群相反(1993 年),后被卢良兆教授(1996 年)和贺高品教授(1998 年)等的研究多次证实;丰富了传统递增变质带(侧向)认识,提出垂向递增变质带概念,得到沈其韩院士的支持。

这些成果均基于艰苦的野外系统构造解析和室内仔细的分析才得以解决。比如,我们为了详细分析构造,需要测制野外地质剖面,山高林密,我不慎滑倒,手掌本能下按,虎口被尖树根刺穿。在呼救无援的情况下忍痛拔出,鲜血淋漓。晚上回到驻地,在医院,医生用镊子夹着药棉在伤口内消毒以去除腐烂的树皮,真有关公刮骨疗伤之痛。

2002 年,课题组成员率先在"国际前寒武纪克拉通研究"中提出哥伦比亚超大陆的重建方案,成为国际同类研究的重要参照观点,与此前一个月 Rogers and Santosh(2002)发表的重建图像不同,随后于 2004 年又发表了其破坏过程的研究成果。由此可见,我们的研究和国际同行是同步的(双方送审稿是同时发出的)。通过系统的同位素、地球化学、岩石学研究表明,华北克拉通划分为东部地块和西部地块,中间被中部带分割,最终拼合形成于18.5亿年,这种划分简称为"两块一带"模式。该模式经我和赵国春等教授的通力合作,在2005年发表的 Precambrian Research 一文中得以完善,提出西部地块和东部地块都具有"两块一带"的特征。之后,该划分方案得到研究华北克拉通形成和破坏两方面学者们的广泛认可和经典引用。

2004年,李三忠在恒山野外考察

2002年,李三忠在辽宁野外考察

此外,早期我还提出陆内造山带的认识。这一认识在1997年首次投稿 Precambrian Research 时被评委批驳为"不可能",因为它不符合板块构造理论。然而,后来大量的研究证实,陆内裂谷可以封闭造山,这就是解决了板块理论不能解释的板内变形这个根本问题。正因为此次文章被拒稿,导致我随后6年时间内不敢再向国际刊物投稿。2002年,赵国春教授从澳大利亚发来合作意愿的信件,在他的鼓励和通力合作下,我才重新走上科研国际化的道路。

2. 华北克拉通受周边造山带的改造研究(1996~2009年)

从克拉通研究转移到造山带研究是我的第一次学术转型,对我来说是一个巨大的挑战。典型造山带研究对我来说是个新鲜事物,我需要从零开始。通过12年持续不断的野外调查研究,我们填制了勉县地区一幅1∶50 000地质图,填补了该区此类型地质图的空白,后来该地质图被研究人员多次引用;根据野外地质关系和温压计算发现并确定鞍子山印支期高压麻粒岩,被认为计算压力偏低，但随后在张宗清研究员的年代学研究工作中得以证实，高压岩石的发现也在2013年被梁莎的最新成果进一步证实，为秦岭造山带的勉略带是个碰撞带的论断提供了重要佐证。

通过3年艰苦的大别山野外剖面实测和9年的持续研究，实测完成了中国第一条跨越造山带（西大别）的大比例尺（1∶10 000）实测剖面（长140千米）。该成果2014年已经被专家采用，作为申报世界地质公园重要材料，以支持贫困地区发展；补充了长期只重视大别山伸展构造研究的薄弱环节，提出大别-苏鲁造山带高压超高压岩石

2008年，李三忠与长期合作者赵国春团队栖霞野外联合考察

经历了两幕挤出构造。第一幕为2.41亿～2.31亿年的由NW向SE的垂向挤出构造，与高压超高压岩石的第一次快速剥露对应，并厘定其剥露速率为每年6～18毫米；第二幕为2亿～1.84亿年的由NWW向SEE的侧向挤出构造，与高压超高压岩石的第二次快速剥露对应，并厘定其剥露速率为每年3.33～1.33毫米。2006年以上研究成果在德国Freiberg矿业大学和Ratschbacher教授的科研小组讨论了整整两天，得到好评，也得到Onno Oncken教授的支持，这些成果主要体现在 Tectonophysics 上的两篇文章中。发表过程也是漫长的，从投稿到发表历时5年。这期间遭到国际诸多所谓"中国通"专家的拒稿，但这些专家发表的该区相关文章都是基于短暂中国访问期间的调查，外加翻译一些中国老一代工作者背景成果的基础上得出的。我们长期实践的结果反而被他们一再拒绝。

此外，这些成果来自艰苦的野外系统工作，曲折多艰也都是为了深入获得第一手资料，因此我们经常深入无人之境开展探索和观察。1997年酷夏，我们在张国伟院士安排的老专家杨永强陪同下在秦岭深处考察，傍晚收工返回途中，道路崎岖，因雇佣的三轮车司机不慎，车被路中央一块大石头绊偏，滑向路

旁小河中,三轮朝天,将我们三位考察人员压在水下。当我和另一位年轻博士生李亚林奋力自救起来后却没发现老专家,这时才意识到他还在水下压着。等我们救起老先生时,他已经无力站起来。更可恨的是,这个司机在我们的帮助下将车推到路上之后,竟然因害怕承担责任一踩油门独自回去了,把我们抛在远离城市的深山中……另一次是 2000 年夏天,我与刘晓春研究员在大别山考察到夕阳西下,从车不能入的深山里走出来已经是深夜 11 点,真的是披星戴月,背负着沉重的岩石样品,在田埂上深一脚浅一脚地到了一个小镇。这个小镇没有招待所,大家都已经进入梦乡,我们也无处吃饭,最后在一个小学看门人的帮助下,合并了几张课桌,用稻草铺着睡了一晚。为不影响学生上课,第二天天刚蒙蒙亮,我们就起床进入深山,继续未完成的剖面测制。在深山里的这些日子,中午也没有饭吃,每天都是"来一桶"方便面,遇到山里的人家,要点热水冲了吃,没遇到就要干吃了。有时方便面吃光了,还就近买点罐头,没勺子没筷子,就折树枝夹着分给大家吃。在这次长时间的剖面测制期间,我们穿越了很多连黄牛都不能穿过的灌木林,几乎贴着地皮,趴着穿越了很多高山密林,这样做只是为了系统获取样品和连续地详细观察路线上的每个细节。有时也遇上雷雨交加,在穿越贫穷落后的村庄时,牛粪在雨水的冲刷下全部聚集到了通道上,软软的牛粪都把我们的高筒水靴淹没,我们带有刻度的细小测绳在拖过这个地带后变得比钢缆还重、比麻绳还粗还黑。因此,我们不得不停下来,用手一点一点地把那些没被牛消化且带着草臭味的植物纤维从测绳上剥离。成果真的来之不易,测绘的数据由我们请来的西北大学专业绘图员骆正全整整清绘了一个月。最终图纸长达 14 米,展示出来后震撼了所有在场的评委,评审组长任纪舜院士毅然给了特优的成绩。

这些成果的获得很多都是出于个人的科学兴趣,不完全是国家部门支持的结果。例如,为

2005 年,李三忠(右一)、赵国春和张健于五台山野外考察期间午餐

了了解大别山造山带周边变形是如何响应和记录造山过程的,我们无偿参与了一个项目。因为我们前期没能参与这个项目,但这个项目组正好缺乏构造解析人员,我被负责人请去协助,他说:"经费都被分割了,你要愿意,就来帮助一下。"我出于科学兴趣就欣然答应下来。可是,这次野外真的难以忘怀,在南方连续20天的高温烈日下,每天都徒步15千米,边走边观察,还要边素描整个路线上的现象。走到两条大腿之间的皮肤一接触就钻心地痛,同行的薛怀明研究员都看不下去了,开玩笑说给我买个"卫生巾"夹着吧。我说那是女生用的,我不用,最后皮肤都快烂了,才终于完成了任务。在南方野外调查,不是烈日就是暴雨。自从2006年以后,出野外条件改善了很多,有了空调车。但每次下车去观察都是一身汗,汗流浃背地快速进入车里,空调一开赶紧猛喝水,待到身上汗干后,又要下车观察。一天就是这样20多身汗水,干了又湿,湿了又干,每天都是一身白花花的盐巴。要不就是天天下雨,道路泥泞,学生打样品时一不小心就会导致大石头掉入深厚的泥里,溅得你一身泥巴,令你哭笑不得。总之,野外考察留下的每一张精美照片和素描都来之不易。

3. 华北克拉通破坏研究(1999~2009年)

从造山带研究转到盆地和海洋的研究对我来说是第二次巨大挑战,我再次需要补充大量知识。因此,我来到中国海洋大学的第一年花了一年时间学习地球物理,这就是我的第二次学术转型。通过9年的艰苦研究,对黄骅坳陷、济阳坳陷的多轮探索研究,初步提出渤海湾盆地中生代原型盆地为区域挤压背景下的"逃逸盆地",类似现今青藏高原的垂直造山带的裂谷盆地,探讨了其与中生代中国东部高原的形成、垮塌的密切关系,系统总结了中国东部挤出构造的特征,改变了长期以来对该区挤出构造的个例研究,将中国东部晚中生代以来的盆地演化放在一个统一的动力学系统下讨论。

通过 SHRIMP 锆石 U-Pb 定年研究,更正了前人长期认为丹东花岗岩为古元古代的错误认识,发现变形的 1.6 亿年丹东花岗岩,并确定其重熔成因;澄清了近 50 年来前人始终将丹东花岗岩作为古元古代的认识,测年得出其形成年龄,后来杨进辉等(2007 年)的成果也进一步得到证实。

这些成果的获得是我们跑遍中国东部千山万水的基础上获得的。而平原区我们没法观察到地下状况,完全依赖地球物理资料。这得益于我的同学——中石油的周立宏处长。我来到中国海洋大学后,面临从深山走入海洋,正困惑如何转型的过程中,他通过项目支持我进入了渤海湾盆地的研究,这是我独立承担的第一个项目。从此,我们在很多单位的支持下,先后按序开展了从渤海、黄海、东海到南海的研究,最终走向太平洋,目的是想认识板块边缘如何导致华北克拉通这个稳定的地块会发生板内破坏。通过多年积累集结形成这项研究成果,虽然这个阶段不用跋山涉水,但也有不少心血和付出。例如,在大港油田室内工作期间,我和单业华博士、许淑梅博士在宾馆会议室画图,天气炎热,油田的职工们都在午睡,而我们为了赶时间和进度,不能休息,也没有空调,一低头就有汗水滴下,图纸上几乎铺满了汗水,尽管如此依然精细测量,就是为了获取精确的数据。这就是学术思想的根基,科学研究成果是巨大付出换来的。为了深入了解与中国大陆紧邻的太平洋如何影响中国大陆内部构造。2009 年我成功申请"国际大洋钻探计划"项目,作为中国 45 年来第一位构造专家参与了太平洋正中央的钻探工作。可就是在这次调查中留下了我一生的遗憾,遗憾的不是这次颁奖我作为获奖人没能回来参加,而是我没能回来送我的母亲最后一程。那种在船上得知失去亲人的心理煎熬和被家人误解的心情,让我深深体会到事业和孝顺不能两全之痛。

项目的成功得益于课题组阵容的强大、老一辈恩师打下的坚实基础以及国内著名企业——中石油和中石化集团等的深度合作;另外,就是坚持"多观察,善想象,勤思索,精求证"。

三、成果创新点及其科学贡献

"华北克拉通形成与破坏及周边造山带的构造演化过程"研究项目触及板块构造理论的根基:板块起源、板块内部变形和多圈层耦合机制。它的主要科学创新点如下。

（1）创新性地提出华北克拉通构造单元的"两块一带"划分方案，确立了华北克拉通在哥伦比亚超大陆重建图像中的位置，成为国际同类研究的经典实例和经典引用图片，探讨了三幕变形模式的形成和演化过程及其大地构造背景，理顺了地质事件序列。

（2）提出胶辽吉带为裂谷封闭形成的板内造山带的新认识，利用SHRIMP首次准确确定了辽吉花岗岩年代和辽河群沉积时限很短，澄清了前者是否为辽河群基底和辽河群沉积时限长达6亿年的长期争论和模糊认识，重新厘定了胶辽吉带的地质事件序列。

（3）厘定了华北克拉通东部地块的中生代构造变形样式和性质，确定了三幕变形时限；通过对鲁西地块的详细解剖，提出了中国东部高原垮塌新的模型。

（4）提出华北克拉通破坏的浅部构造模式为挤出模式，认为晚中生代在古太平洋板块作用下，中国东部发育了一系列的挤出构造楔，这种挤出构造导致中国东部不同块体响应不同，包括渤海湾盆地等相关盆地表现为不同的盆地类型，但其又有机相连，为盆地成因分析提供了一个统一构造动力学模型，而且提出新生代盆地内部构造基本样式受基底-应力-应变三个要素控制的新认识。

（5）系统研究了华北克拉通南缘的秦岭-大别-苏鲁造山带构造变形，发现了高压麻粒岩，为勉略带的碰撞带性质的厘定提供了重要岩石学依据；提出了两幕挤出模型，为高压-超高压岩石剥露提供了新的机制；测制了中国第一条跨造山带的实测剖面，得到任纪舜院士的高度评价，被评为中国地质调查局优秀地质调查成果。

项目系列成果主要论文达180篇，专著1部；其中SCI收录60篇；20篇发表在国际地质学权威刊物 *Earth-Science Review*、*Earth and Planetary Science Letters* 和 *Precambrian Research* 等上；被SCI刊物论文总引用1 819次，他引1 052次，单篇SCI最高他引144次；被包括 *Nature* 文章、国际同行权威学者Kroner、Santosh等广泛引用，并被 *American Journal of Sciences* 作为2008年封面图片引用，主要成果图件成为必引图件和经典实例，受到国内外学术权威的高度认可和评价。

  我们科研团队的研究,不仅突破了国内外长期认为板块内部不能形成造山带的理论禁锢,成功地解决了板块内部变形机制问题,最先提出了板内造山带的理念,而且发表的成果也得到国际同行的广泛认可,带动了我国早前寒武纪地质和板块构造研究的发展,满足了我国找矿勘探的国家需求,提升了我国构造地质研究的水平和国际竞争力,有力地推动了我国构造地质研究的国际化,为我国的构造地质科学技术进步和国民经济建设做出了贡献。

人文社科部分

关于《海洋文化概论》的介绍与感言

◇ 曲金良

作者简介

曲金良,男,1956年生。中国海洋大学文学与新闻传播学院教授、博士生导师,海洋文化研究所所长,中韩海洋文化研究中心主任,国家文化产业研究中心、海洋发展研究院(教育部基地、国家"985"基地)学科负责人。国家社科基金重大项目首席专家。兼任中国海外交通史研究会理事、
中国中外关系史学会理事、中国海洋发展研究会理事等职。

主要研究领域为民俗文化学、海洋文化学。主要著作有《中国民俗文化论》《海洋文化概论》《海洋文化与社会》《中国海洋文化史长编》(五卷本,国家"十一五"规划重点图书)《中国海洋文化观念的重建》,以及China Ocean Culture等,主编教育部立项的《中国海洋文化发展报告》。近年来,主持"中国海洋文化理论体系研究"等国家社科基金项目3项、教育部社科项目4项、其他省部项目多项,另主持承担国务院立项的《中华大典·海洋分典》编写等。先后获山东省社科优秀成果奖 3 项,其他省市级和国际合作奖项多项。

一、《海洋文化概论》编写过程及获奖情况

《海洋文化概论》出版于 1999 年(中国海洋大学出版社),是国内外第一部全面系统地研究介绍海洋文化的专著兼教材。该书由我主编,校内外多位学者合作完成,是集体智慧的结晶。

《海洋文化概论》的编写,一方面是因应了国际上海洋竞争日益发展、我国已开始大力发展海洋事业,亟需海洋文化引领的时代学术需要;另一方面是因应了学校作为海洋特色国家重点大学,亟需提高学生海洋文化素养、大力培养海洋文化人才的需要。我校自 1997 年成立国内外首家海洋文化研究所、组建海洋文化教学研究团队伊始,就把面向全校学生首创开设的"海洋文化概论"人文素质教育课程列为研究所"开门"大事暨要务之一。在学校高度重视和支持下,经过一年多的酝酿、设计和筹备,1998 年上半年即顺利开出了这门面向全校本科生的选修课程,同时开始组编《海洋文化概论》专著兼教材;经校内外 10 多位相关学者的共同创新努力,1999 年顺利完成编撰并出版,迅即受到学界欢迎和好评,多位学者发表了评论。2000 年该书获"中国海洋大学优秀教材一等奖",同年获"山东省社科优秀成果二等奖"。"海洋文化概论"课程也于同年列为山东省教学改革试点课程。

该书出版至今已重版多次,成为学界从事海洋文化相关研究、高校从事海洋文化相关人才培养的基本参考文献。韩国学界 2008 年将其翻译出版,韩文版名为"21 世纪中国海洋文化战略"(韩国三自立出版社)。"海洋文化概论"课程也在海洋文化研究所团队多年来的共同努力下,以面向全校本科生的选修课程为基础,发展、深化、提升为相关专业本科、硕士、博士人才

《海洋文化概论》

培养的基础课程和专门课程,构建了较为系统完整的本科—硕士—博士海洋文化人才培养课程体系,2014年获"山东省高等教育教学成果一等奖"。

二、《海洋文化概论》的特色与价值

《海洋文化概论》之"海洋文化"的概念和内涵界定体现了综合性、宏观性和时代性。这本书的主要"亮点"和价值,是它开创了两个"第一":第一部海洋文化概论性学术专著,第一部海洋文化概论性高校教材。通过这本书的编写与出版,通过这门课的开设和课程体系建设,以及对

国内外学界的影响,促进了海洋文化作为一门学科的诞生。这为提高国民海洋文化意识、引发国内外学界对海洋文化的高度重视并广泛开展研究,为发挥海洋文化对海洋事业发展、海洋强国建设的启迪、导向与引领作用,奠定了学术基础。

在此基础上,我和同仁们也开创了我校办学史上新的一个"第一"——首个历史学研究生学位点(2003年获批设立,2010年成为一级学科)诞生,使我校作为综合性大学增添了"历史学"这一学科门类,迄今已招收、培养并授予历史学学位的海洋文化硕士研究生150多人。在此基础上,我校自2013年多学科交叉设置的文化产业管理博士点,也开始招收、培养海洋文化管理方向的博士研究生。如果说以这本书为基础开创发展的还有一个"第一"的话,那就是我主持的国家社科重大招标项目——"中国海洋文化理论体系研究",成为我校主持承担的第一个国家社科"最高级别"的项目。

三、"聊以自慰"的学术"遗憾"

毋庸讳言,今天回过头来再看这本书,可以发现其存在着不少问题。它毕竟是国内外学界的"第一本",保留下了当年对"海洋文化"认知把握、论述评价的许多不成熟甚至是谬误之处。例如,全书的内容结构与体例问题;其中的

一些观念、观点问题；一些内容的广狭取舍与深度问题；语言风格不够统一的问题，等等。我作为主编，自然负有主要责任。这些缺憾，其实我们在前些年随着研究思考的不断深化已经发现，但远非小修小补即可"满意"，要改就需要动较大的"手术"。由于它是"集体作业"的成果，各部分内容的修改最好由

海洋文化研究所学术团队大部分成员（2014）

各自的执笔者本人完成，但时过境迁，当年的校内外十几位合作者实在难以为了修订这本书而再次聚首，再下"苦功"（其中有几位热情支持我的老先生"合作者"早已荣休，有的如山曼先生业已仙逝。这本书得到了如上所述的学界重视并发挥了如上所述的重要奠基作用，是对老先生们当年为此付出的最好告慰），因此，只能以保留下当年这本书的"历史原貌"聊可自慰（十几年来多次"出版"均为重版印行，未作改动），当然也就保留下了不能弥补的遗憾，也就见证了当年作为国内外学界的"第一""初出茅庐"时的学术足迹。

我在这里指出这些，是希望读者了解这些，在阅读和参考这本书时有所注意。这本书至今总体上来说仍然是可资参考的，而且至今尚无替代，但并非没有瑕疵，不足甚至谬误之处多多，需要甄别、思考、批判，需要大家共同努力不断发展完善。

这些年来我和团队的同仁们在此基础上不断创新研究，主持承担了大量的国家社科基金项目（包括重大招标项目、一般项目、后期资助项目、学科单列项目）、教育部项目、其他省部项目、国际合作项目，有些成果已经结集出版或发表，有些即将出版或发表，也都或多或少实现了对《海洋文化概论》内容的突破、深化与发展。我们和国内外的学界同行们都走在不断前行创新的路上，为我们国家的海洋强国建设、为人类的海洋文明进步贡献着我们的智慧。这使我们深感使命重大而又十分光荣。

只要最好，不求更好
——催生"春秋时期法律形式的特点及其成文化趋势"学术成果的原动力

◇ 徐祥民

作者简介

徐祥民，男，1958年出生。历史学、法学博士，博士生导师。现任中国海洋大学法政学院院长、教授。兼任中国法学会环境资源法学研究会副会长，中国法律史学会常务理事兼法律思想研究会副会长，中国法学会宪法学研究会常务理事，山东省法学会副会长兼学术委员会副主任委员，山东省法学会环境资源法学研究会会长等学术职务。

于1999年获得全国十大杰出中青年法学家提名奖；2000年被聘为国家社会科学研究基金评审委员；2002年获得国务院特殊津贴；2003年荣获山东省（首届）"十大杰出中青年法学家""山东高校十大优秀教师"等称号；2005年获得"山东省有突出贡献的中青年专家"荣誉称号；2012年获聘山东省"泰山学者"特聘教授。

主要研究领域为环境与资源保护法学、法律史学、宪法学。近年来，多次主持并完成国家社会科学研究基金项目、教育部人文社会科学重点研究基地项目、山东省社会科学研究基金项目等。先后独著与合著出版的学术著作有《中国古代正统法律思想研究》《古代刑罚与刑具》《文化基础与道路选择——法治国家建设的深层思考》《政体学说史》《海洋环境的法律保护研究》等十余部。主编《诉讼法学词典》一部、"普通高等学校精编法学教材"一套（20册）和其他教材多本。在《中国社会科学》《法学研究》《中国法学》《文史哲》等刊物发表学术论文百余篇；论文多次被《新华文摘》《高等学校文科学报文摘》《中国人民大学报刊复印资料》等转载。主持完成的项目先后获得"山东省哲学社会科学优秀成果一等奖"3项，其他省部级科研成果奖多项。

一、获奖内动力

在学校举行的一次研究生迎新会上，作为导师代表所作的讲话中，我向新入学的博士生、硕士生提出了"只求最好，不求更好"的建议或者要求。这个要求中的"更好"是与他人比较意义上的"好"，而"最好"是发挥自己聪明才智和运用既定学习条件意义上的"好"。横向比较意义上的"好"可能永远都无法实现，也可能轻易就能实现，因为它受制于条件。调动自身能动性意义上的"最好"可以在任何条件下实现，因为它需要的只是行为主体对自身潜力的调动和已有条件的运用。

这是我对研究生们提出的要求，也是我投身学术长期尊奉的格言。所不同的是，我对自己提出的"最好"这个要求是双维度的：既是自身能力的最好发挥，又是与他人相比的"最高级"。2001年获得"山东省社科优秀成果一等奖"的作品"春秋时期法律形式的特点及其成文化趋势"就是在双维度"最好"的要求下取得的成果。

二、怎样才能实现"最好"——未经名师指点无法实现"最好"

1985年7月，我和徐显明（现任山东大学校长）一起手捧吉林大学授予的硕士研究生毕业证书和法学硕士学位证书来到山东大学任教。那时的研究生、那时的硕士学位在济南、在山东都是稀有的。我以拥有最高学历、最高学位者的身份，在山东境内最好的大学，准确一点说是人文社会科学有关学科最好的大

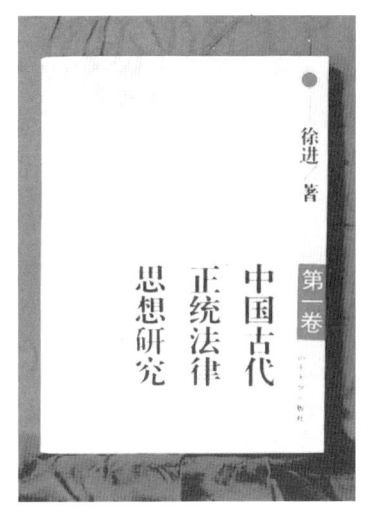

徐祥民第二部独自完成的著作
（署名徐进）

学从事教学和研究，也取得了不会给最高学历和最高学位抹黑的成绩。1994年，我在国内法学界公认的最高水平的学术刊物《法学研究》上发表了《韩子亡秦论——商鞅、韩非法律思想之比较》的文章（署名徐进），也因而成为我国法律史学界最受关注的优秀青年学者。同年，我出版了第二部独自完成的著作《中国古代正统法律思想研究》（署名徐进），较为全面地展现了对自己所从事的研究领域的全面、系统、深刻的把握。自然，这些作品以及先后问世的其他作品的出版、发表也为后续顺利晋升教授准备了条件。

然而，所有的知识都在未知之幕的包裹之中，新的研究成果的取得意味着新的未知的降临。面对未知无动于衷无法实现"最好"，如果不能把未知变成已知，即使在揭示未知上做得最好，也愧对"最好"的称号。怎样才能实现"最好"？在山东大学这个素以"文史见长"著称的学府里，我意识到自己需要求教于名师、投身于名门。在博士教育逐渐发达的时代，我发现昔日的最高学历、最高学位已经快要成为博物馆的藏物了。于是，我走进了山东大学历史系，拜著名历史学家孟祥才先生为师，成为中国古代史专业的一名博士生。

山东大学历史学的深厚底蕴，导师孟祥才先生丰富的学术经历和阅历，包括导师口授他的导师侯外庐先生等学术大师的事迹等，让我这个年轻的法律史学研究者找到了家园，为我欲培育的法律史学之花发现了肥田沃土，给我欲建设的法律史学大厦找到了坚实宽厚的地基。我的获奖作品《春秋时期法律形式的特点及其成文化趋势》就是在山东大学历史学的家园里创业所取得的成果，就是在导师孟祥才先生、曾经给郭沫若先生做过助手的田昌五先生等老师的指导下育成的法律史学之花。

三、怎样才能实现"最好"——不经受锤炼无法实现"最好"

教授读博士，是混个学位了事，还是切实经受博士教学的培养，这是我的博士生生活需要做出的选择。混学位，要一个"镀金"的博士标签，这是可以轻而易举实现的目标。但是，"镀金"不是真金，"镀金"产品闪光的只是标签不是真材实料。

我不要镀金标签，我要成为经过锤炼的精钢，从金沙里淘洗出来的真金。在三年的博士生生活中，我认真地听了每一节课，包括政治课、外语课，包括与我差不多同龄的同事费利群（马克思主义学院教师）、刘玉安（后任科学社会主义学院院长）等精心准备的政治课，从实验室走出来的加拿大外教上的外语课；认真参加了每一次课堂讨论，认真完成了每一位教师布置的作业。虽然没有任何一项学术成果的取得能直接记录在博士研修期间所上的课、所做的作业的账本上，但后来所取得的几乎所有成果又都与读博士的学习经历有关。

在三年的博士生生活中，在完成自己担当的教学任务之外，我一直围绕学位论文选题开展研究。在博士学位论文完成时，我对这篇论文很是满意，而且也赢得了山东省社科成果奖的评审专家们的支持票。这篇获奖作品之所以能够得到学界的认可，其中重要的原因之一是这篇论文的观点已经获得了10余篇已经公开发表的论文的支持，包括2001年的这篇获奖作品——《春秋时期法律形式的特点及其成文化趋势》。

四、怎样才能实现"最好"——三心二意无法实现"最好"

1996年，是我决定考博士的年份，也是我沿着"只要最好，不求更好"的人生道路前行的关键时刻。那时，我可以做三种选择。第一种，做山东大学法学院教师兼做律师。这是一个既能轻松当高尚的大学老师，又能过富足日子的选择（山东大学——山东最高学府；毕业院校吉林大学法学院——全国最著名的法学院；已经取得的学术成就——可以吃老本一直到退休；山大法学院教师身份，已经积累起来的律师工作经验——不愁没有案源，事实上当时的兼职收入已经可以达到10万/年），这是吃老本过轻松日子的方案。第二种选择，先读博士，毕业后再当山东大学教师兼做律师。这是一个既保持大学教师身份，又不影响扩大经济收入，还能赢得更闪光标签的方案。显然，如果可以获得博士学位，当大学教师的日子会更好过，也更有利于争取更多的案源从而赢得更多的兼职收入。这是一经镀金，主业兼业皆能获利的"更好"方案。第三种选择,拜名师,读博士,集中精力做学问,力求做到学问最好。这是一个只问学术不顾其他的方案。

显然,最后一个选择是最有利于实现"最好"的方案。吃老本过轻松日子的方案无法创造"最好",读博"镀金"以求主业兼业皆能获利的"更好"方案无法实现"最好"。"更好"方案也许是"综合指标"的最优选择,但这个方案既不能实现学术研究上的最优,也无法把自己变成令牟利者羡慕可以凭财力为社会做贡献的富人。总之,最优不可能出自三心二意。

于是,我选择了只问学术不顾其他的方案。一次性地辞掉全部法律顾问工作,断然洗手不再代理诉讼或非诉讼案件,不再为谋取兼职收入向任何人、任何单位提供法律服务。除了完成作为法学院教师必须承担的教学任务外,我成了"全职"的博士研究生。像事先想到的那样,我失去了数量大于工资收入的兼职收入,背负了与"轻松当高尚的大学老师"不一样的压力,起初在前景难料的学术探索之路上摸索,后来在峰巅虽已显现但不知能否登临的"天梯"上攀爬。

五、怎样才能实现"最好"——不挑重担无法实现"最好"

取得博士学位的基本要件是博士学位论文。我可以在自己熟悉的领域选择学位论文选题,比如在我已经做过系统研究的中国法律思想史中截取一个片段,也可以选择古代史上长期悬疑的学术难题。选择前者,我可以轻松地完成学业,取得博士学位论文,但无法使学术创新达到"最高级",因为我已熟悉的领域同时也就是学术难题已经解决的领域。要追求学术创新"最高级"就只能选择后者,即选择学术难题,选择学界尚未解决甚至尚未涉足的问题,或者选择否定定论的问题。

我选择了后者,我的博士论文题目是"春秋法制研究"。春秋是法律史学界当时很少有人关心的时段,春秋法制是法律史学界、历史学界很少有人认真讨论的专门史问题。读已有著作,对春秋时期的法制只能"知其然",无法了解"所以然"。在已有著作中可以读到对春秋法制的描述,但无从确定那些描述是否正确,无从知道那些描述是否有可靠的依据。

经过全面的资料搜寻、仔细的信息处理、多角度多层面的分析、多方位的整理和评判,我完成了约50万字的博士论文《春秋法制研究》。我用这篇论文

填补了古代法制研究的空白,纠正了学界持论已久且被广泛接受的错误观点。我不知道是否达到了"最好",但我知道法学界使用了某些评价指标。除了上述作品之外,这篇博士论文的前期成果和后续成果包括:

(1)《春秋时期法律形式的特点及其成文化趋势》,也就是以上所说的获奖成果,发表在《中国法学》2000年第1期,2001年获"山东省社科优秀成果奖一等奖"。

(2)《略论春秋时期刑罚的特点》,发表在《法学研究》2000年第3期。

(3)《对中国古代法制研究中的几个思维定式的反思——兼论战国前法制研究的方法》,发表在《中国社会科学》2002年第1期,2004年获"山东省第十八届社会科学优秀成果奖一等奖"。

敢于质疑才能创新
——"气候变化问题剖析"成果的创作构思过程

◇ 曹文振

作者简介

曹文振,男,1965年11月出生。毕业于山东大学国际政治经济关系学院获法学学士、硕士、博士学位,1988年7月留校任教。2001年8月调入中国海洋大学法学院,历任副教授、教授、副院长。兼任韩国国立首尔大学行政大学院客座教授,山东省国际政治学会常务理事等职。

科学无禁区,真理无权威。探索知识和真理的道路永无止境,没有人可以垄断和穷尽知识与真理,没有人是全知全能的上帝,每个人都有权利和能力在知识的海洋里寻找真理的宝藏。敢于向流行的观点和既有结论发起挑战,提出质疑,并认真严谨地加以论证,将此作为创新的重要源泉。"气候变化问题剖析"2012年获"山东省高校优秀社科成果二等奖"则是受益于以上思维模式。

科研成果背后的故事

一、科研创作背景——提出质疑

气候变化(climate change)是指气候平均状态统计学意义上的巨大改变或者持续较长一段时间(典型的为10年或更长)的气候变动。《联合国气候变化框架公约》(UNFCCC)第一款中,将"气候变化"定义为:"经过相当一段时间的观察,在自然气候变化之外由人类活动直接或间接地改变全球大气组成所导致的气候改变。"

从气候变化的概念来看,存在两个问题。第一,气候变化没有科学标准,到底达到什么程度才算气候变化呢,这就给一些人的炒作留下了广阔的空间和无限遐想,而且永远不会有错误,因为世界万事万物都是在变化的,都不是静止不动的,说了跟没说一样,这个概念有没有是一样的,是不科学的。第二,气候变化不会朝一个方向改变,它必然包括气候变热、气候变冷、气候稳定、气候恶化、气候异常、气候巨变等多种情况和可能,不会是单向变化的。

20世纪70年代初出现的气候"变冷说"一度成为主流。在美国布朗大学专门召开的一次"当前的间冰期何时结束和如何结束"研讨会上,学者们举出实例证明,目前的地球气温已经在开始下降。他们表示从暖到冷的变化可以不

2012年,曹文振作为嘉宾在凤凰卫视讨论南海问题

足 500 年，如果人类不加以干涉，当前的暖期将会较快结束，全球变冷以及相应的环境变迁就会随之来临。会议的两位发起者甚至还向当时的美国总统尼克松写信发出警报。美国国家科学委员会（National Science Board）曾在 1972 年的一份题为《环境科学的模式与前景》报告中指出："根据过去间冰期的记录，目前的高温行将结束，接下来将会进入一个漫长的寒冷期。"西方科学家曾预言，随着太阳能量的衰减，地球将变成一片死寂，因此要提前建造人工太阳和月亮以防不测。

当然，新冰河时代根本没有出现。从 20 世纪 80 年代开始，全球气候并没有变冷，反而开始变暖。人们对全球变暖的担心日益增加，对由气候变化带来的负面影响越来越关注。于是，这些所谓气候环保专家随后倒向了反面，几乎一致同意地球气候不是变冷而是变暖，而人类就是罪魁祸首。

当今"气候变暖论"已成为主流显学，仿佛谈虎色变一般，谁如果不讲气候变暖就会被人笑话落伍和无知，但谁也拿不出可靠的根据，让人感觉只是瞎起哄，其实这背后隐藏着许多不可告人的目的。气候变化问题体现了西方典型的二元对立和单向思维模式。世界气候不是单向变冷，就是单向变暖，而这些所谓的科学结论不过是建立在最近几年或十几年的并不完整可靠的统计数据上，是难以令人信服的。世界万事万物其对立双方都有存在的合理性、可能性、必然性和现实性，谁也不能否定谁，这就是对立统一规律。对立统一的双方决定了事物发展的方向和运动变化的规律，是不以人的意志为转移的。对科学的迷信和人类能力的迷信造就了气候变化翻手为云、覆手为雨的迷雾，而西方大国以此为掩护借机占领气候政治的道德制高点和气候经济的主导权以及最大市场份额才是气候变化政治的实质和真正推手。西方大国说气候变暖就变暖，说变冷就变冷，变来变去，总是有理，世界气候好像是由他们说了算，其他国家只能鹦鹉学舌。这是打着科学和全球利益旗号的气候霸权主义，是以气候变化为名行侵犯发展中国家生存权和发展权之实，其目的是谋取最大垄断利益。以实用主义、功利主义、形而上学为哲学指导必然是极端片面、急功近利、鼠目寸光、损人利己的。以上帝选民自居必然是居高临下、至高无上、不容置疑、可以洞察和决定世界命运的。这就是气候变化问题由来的总根源。

当今世界的话语权仍然掌握在西方发达国家手里。他们总是提出形形色色、亦真亦假、似是而非的命题供世界讨论和施行,其目的无非是保持他们对世界的霸权和垄断,实现大垄断财团——石油财团、军工集团、金融集团的利益。气候变化在一定程度上就是其提出的一个伪命题和施放的政治烟幕。

二、偶得证据—积累研究—成果"水到渠成"

对气候变化的质疑不断在心头萦绕,但苦于证据不足。真是"踏破铁鞋无觅处,得来全不费功夫",在2009年冬参加本科期末考试监考时,学生放在讲台上一本教材——《海洋科学导论》(冯士筰、李凤岐、李少菁主编)引起了我的关注,书中讲道:"大气中二氧化碳只占大气容量的万分之三,多集中在20千米以下……在大工业区、城市上空,空气中二氧化碳的含量较多,有的地区其含量可超过万分之五;在农村和人烟稀少的地区,其含量较少。""二氧化碳能强烈吸收地球表面发出的长波辐射并放出长波辐射。这种温室效应在二氧化碳浓度不断增加时,可能会改变大气热平衡,导致大气底层和地面的平均温度上升,这将引起严重的气候问题。"但是,海洋对温室效应具有缓解作用:"海洋是地球大气系统中二氧化碳的最大汇集地。""海洋,尤其是海洋环流,不仅减少了低纬大气的增热,使高纬大气加热,降水量亦发生相应的改变,而且由于海洋环流对热量的向极输送所引起的大气环流的变化,还使得大气对某些因素变化的敏感性降低。例如,大气中二氧化碳含量增加的气候(温室)效应就因海洋的存在而被减弱。"

受此启发,我想:地球上有浩瀚的海洋,可以有效调节气温,要想使海洋温度升高一度是非常困难的事情。像书中所述,"海洋-大气相互作用才是气候变化问题的核心内容"。据统计,从1860年到现在地球上温度只升高了0.4 ℃~0.8 ℃。这对人类生活和生物种类并没有太大影响,而且其统计数据是否准确和可持续仍然是令人怀疑的。所以,气候变化里面的很多问题,每个人都可以有自己的思考,不应人云亦云。"气候变化是一个波动的过程。对气候变化问题,需要回归理性。需要质疑的精神,因为质疑是科学的第一要务,而不是人云亦云,更不是以讹传讹。"

基于一直存在的质疑及偶得证据,我继续进行梳理思考,对国内外文献进行研究积累,终于,相关成果陆续发表在《社会科学报》《太平洋学报》等学术期刊,其中《气候变化问题剖析》载于《太平洋学报》2011年第6期,并于2012年获得"山东省高等学校优秀科研成果(人文社科类)二等奖"。

在对气候变化提出质疑后,2010年1月我给中央领导提交了一万字的研究报告。报告中重点说明:现在气候变化问题已经不再是一边倒地认为气候变暖,不容置疑,而是需要进一步深入研究和证明的问题。这对于维护我国的安全和发展至关重要,为在国际上应对气候政治斗争提供了重要理论依据。

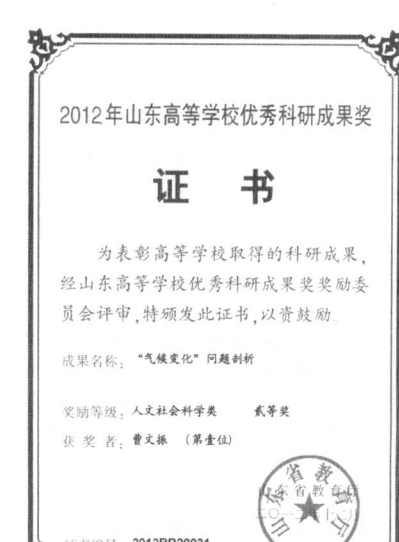

集中化和分散化群决策的概念研究基础
及锤炼攻关

◇ 张勤生

作者简介

张勤生,1952年出生。1997年毕业于西安交通大学管理学院,获管理工程专业博士学位,1997年来中国海洋大学工作。1994年获加拿大Alberta大学博士资格证书。兼任中国管理科学与工程学会理事。

1994年至1997年主持了加拿大国家教育署NSP基金资助的"管理机制设计与应用研究"项目。以主要参加者身份于1994年至1996年参加了国家自然科学基金委员会中青年人才专项基金"群体决策支持系统与群体决策室研究";于1990年至1996年参加了原国家水利部"七五"和"八五"攻关项目"黄河流域骨干工程决策支持系统的研究与开发"等研究项目。在国内外重要期刊 Journal of Systems Science and Systems Engineering、Journal of Organizational and End User Computing,以及《中国管理科学》等期刊上发表论文多篇。其中,《集中化和分散化群决策的概念研究》2004年获"山东省社会科学优秀成果奖二等奖";《管理机制设计理论研究》2000年获"山东省软科学优秀成果奖二等奖";《黄河流域骨干工程决策支持系统的系统分析与建模方法》1999年获"山东省社会科学优秀成果三等奖";《黄河流域骨干工程总体布局的广义模型化研究》2001年获"山东高等学校优秀科研成果奖(自然科学)三等奖"。

一、获奖项目基本情况

2004年"集中化和分散化群决策的概念研究"获"山东省社会科学优秀成果奖二等奖"。该研究成果是在大量研究与实践的基础上获得的。该研究成果是我主持的国家自然科学基金资助的"集中化与分散化群决策:企业集团管理机制设计与应用"项目基础研究的部分内容。本项研究分析论证了集中化过程和分散化过程实质上是一个群决策过程。

二、项目进行中主要难题的解决

为了管理机制设计的需要,我们将本项目研究中涉及的两类群决策定义为集中化和分散化群决策。研究与定义分散化群决策的主要目的是将个体偏好集结成群体的偏好,而不是单纯研究一个个体的偏好。

通过对信息的集中与分散、信息集中化与分散化过程的研究,我们采取在规范研究基础上,结合实地研究解决技术难题。重点实地调研的部委与企业集团主要包括国家发改委、电子工业部、铁道部、水利部、国家海洋局、青岛市发改委、中国电信科学技术研究院、大唐电信集团、四方机车集团、海尔集团、海信集团、青岛啤酒集团、青岛港集团、青岛钢铁集团、澳柯玛集团、秦川发展、中航飞机、成飞集团、四川长虹集团等。在 Hurwicz, Marschak, Hayek, Lange(分别为美国、美国、英国、波兰的经济学家)等人对信息的集中与分散、信息集中化与分散化过程研究的基础上,我们重点研究了集中化与分散化这两类群决策。因为这两类群决策在管理系统中是广泛存在的,对它们的深入研究将会对管理机制设计提供理论基础与设计依据,所以本项目研究从这两类群决策概念的提出、定义进行了深入研究。Hurwicz, Marschak 对信息集中化与分散化过程进行了定义,但是根据此定义,集中化过程或分散化过程难以全面描述管理的群决策过程。因为人们既不能完全禁止各参与者之间的沟通,同时又不能完全禁止各参与者与环境之间的沟通,尤其没有考虑权力、责任软约束变量,不能对权力、责任、风险与利益对等问题进行研究。最后,我们通过归纳总结,提出了集中化和分散化群决策的概念,为该项目研究打下坚实基础。这一关键问题的解决也使得本人主持的国家自然科学基金资助项目得以顺利结题。

三、项目研究成果的主要贡献

为了管理机制设计的需要,本项目研究通过对信息的集中与分散、信息集中化与分散化过程的研究,提出了集中化和分散化群决策的概念,并分析了两类群决策的异同点以及详细分类。

本研究将这一基本的概念应用在管理机制设计中,即在设定一个选择规

2000 年,国家自然科学基金委管理科学部企业集团问题研究
学术交流暨项目检查会合影

则的前提下,寻找一些个体成员在追求各自目标的同时,实现和执行了这个选择映射的管理机制,并能对这些机制的优劣进行比较。传统的群体决策的基本方法实质上忽略了这些个体成员的子决策是如何做出群决策的这一过程,没有重点研究在这个群决策过程中个体成员之间的相互影响,这样就难以将个体效用函数变化的群决策过程描述出来。同时,在将个体成员的子决策结果综合成群体决策结果时,很少研究决策群体对这些综合技术(规则)的选择确定过程以及不同的规则对各个个体成员决策结果的影响。本研究补充了在这方面的不足与空白,为管理机制设计建立了理论基础与设计依据。

2000年我们针对本项目研究成果在国家自然科学基金委员会管理科学部企业集团问题研究学术交流暨项目检查会(南京大学)上做主题汇报,并分别被邀请在管理科学论坛(2002年,重庆大学)、中国管理科学与工程学会第八届年会(2010年,合肥工业大学)上做主题演讲。

《海洋小百科全书》创作出版背后的那些故事

◇ 关庆利

作者简介

关庆利,1954年9月生,辽宁省凤城人。研究员。1978年毕业于山东海洋学院化学系,并留校任教。先后任化学系助教、科研处科长、外事处副处长、工程学院党总支副书记、华海制药厂副厂长、出版社书记兼副社长、图书馆常务副馆长、档案馆馆长等职务。

从业几十年来,历经我国高等教育大变革和大发展的年代,始终坚持理论探索与实践总结相结合,在国际科技合作与学校发展、高校科学研究与管理、高校学生教育与管理、高校校办企业发展与管理、高校图书档案资源建设与管理等的探索与实践中取得了显著研究成果。在国内核心期刊发表十数篇文章,有的被推广应用。20世纪90年代初,成功运用"企业目标管理"的理念,在高校学生教育与管理方面提出并践行的"'七四耦合式'高校学生工作运行机制"创新成果(成果报告15 000余字),先后被《高校领导参考》全文刊发和《中国高教研究》摘登。创意策划、主持编写出版图书8部,合计42种。其中,1998年10月出版的"最新海水养殖技术丛书"(8种),是国内出版最早、海水养殖实用技术最全的科普图书;1998年11月策划出版的《一曲爱国主义壮歌——98'全国教育系统抗洪救灾纪实》,时任教育部部长的陈至立为此书作序;2002年5月主编的《海洋小百科全书》(19种),于2007年10月和2012年1月先后两次修订再版(20种),时任国家海洋局局长的孙志辉为该书作序。2003年获"第五届全国优秀科普作品奖图书类三等奖",2012年获"国家科技进步奖"复评入围,2007年7月主持承担的国家科技部"国家科技基础条件平台"重点建设项目——"中国数字科技馆"的"数字海洋生物博物馆",2008年10月通过中国科协组织的专家验收。

一、获奖项目介绍

《海洋小百科全书》第一版(19种)出版于2002年5月,2003年9月获得中共中央宣传部、国家科技部、国家基金委、中国科协、新闻出版总署、国家广电总局、中国作家协会联合授予的"第五届全国优秀科普作品奖图书类三等奖";该书的第二版于2007年10月出版,2011年11月获得"山东省首届社会科学普及优秀作品著作类二等奖",2012年1月由中国科协推荐,获"国家科技进步奖"复评入围;该书的第三版(20种)于2012年1月出版。

《海洋小百科全书》的创意策划始于1998年5月。整套丛书的内容布局设计、编写创意设计、市场运作设计、创作团队组建、编辑出版规划以及具体编写的计划、规范、范文等文件准备工作完成于同年10月份,随即召开了全体参编作者会议,并宣布编写工程启动。从1999年4月各分册初稿陆续返回,至2001年10月全部书稿统稿完成,耗费了两年半时间,2002年5月才最终编辑、审稿、排版、印刷出版。该书从创意策划到最终出版整整花费了四年时间,又由于在出版过程中遭遇到了前所未有的困难,迫使该书最终由我本人以自费方式出版。

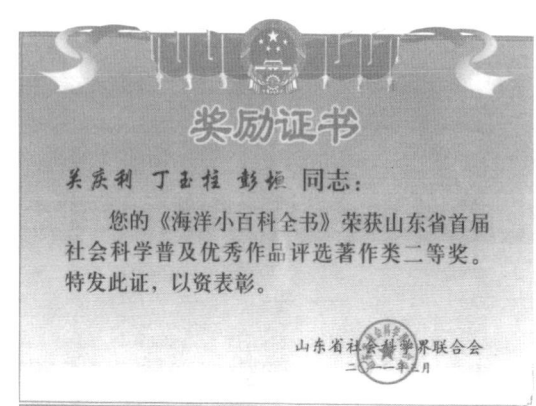

《海洋小百科全书》编录的海洋科普知识内容涵盖了自然科学、人文科学、军事科学等各个方面。时至2012年1月,该书的第三次出版规模已经达到20种,它们是海洋地理、海洋水文、海洋气象、海洋探险、海洋航运、极地科考、海洋生物、海洋动物、海洋渔业、海洋化学、海洋物理、海洋工程、海洋科教、海洋权益、海洋文学、海洋文化、海洋经济、海军兵器、古今海战、海洋军事。按不同海洋学科专业和知识相近性划分,该书共划分出110个知识大类,7 000余个知识问答,选配插图3 000余幅,总400余万字。

我既是该书的总策划,又担任主编,我校教师丁玉柱、彭垣担任副主编。该书的参编作者总计43人,他们分别来自于国内的涉海高校、科研院所、政府机构和海军。时任中国人民解放军海军副司令员的苏士亮中将、著名军旅作家陈明福教授、著名海洋科普作家陈万清教授等均在该书中担任分册主编。我校教师孙即霖、曾名湧、刘洪斌、熊建设、韩树宗、郑建国、李湛、李琳等均在不同分册担任主编。

二、创作思路的提出与完善

《海洋小百科全书》之所以被称为我国迄今为止海洋科普知识涵盖最全面、最系统、最适合青少年阅读的科普图书,且面世十余年连续修订再版,根本原因在于选题策划的思维创意和科学的编写规划、设计。

1. 创作思路产生的社会背景

早在1994年12月,联合国第49届大会通过并宣布1998年为"国际海洋年"决议后,1997年7月,联合国教科文组织又将每年的7月18日定为"世界海洋日"。自此以后,"98'国际海洋年"以及"世界海洋日"就成为世界各国加快进军海洋的全方位行动。当时,我国政府在国家海洋局主导、多部委的参与下,积极组织了迎接"98'国际海洋年",并举办了一系列全国性的宣传教育活动。国内各相关出版单位更是纷纷抢占先机,既努力为海洋知识的普及教育多做贡献,也为扩大海洋科普图书市场占有份额各显神通。仅在1995年至1998年的4年时间里,国内推出的海洋科普图书(含丛书)近20种,创造了我国调动海洋科普编写资源之最,也是有史以来我国出版海洋科普图书最多的年份。

这期间,我正身处学校出版社书记兼副社长的职位上。当"98'国际海洋年"全国性宣传教育活动帷幕落下,自己把精心搜集到的各种海洋科普图书摆在面前时,心情却怎么也高兴不起来。因为,这几乎是国内海洋科普图书的全部了,可在这些图书品种中很难挑选出一部知识内容既系统又全面同时还能较好地满足青少年和非海洋专业人员阅读的优质图书。在这些图书品种中,海洋生物、动物、探险类的低幼读物居多,且很多内容反复转摘,印刷品质良莠不齐。面对国家重视"海洋"的程度与日俱增,而国内偌大的受众群体却没有更适合的书可读,作为海洋专业"出身"又工作在出版工作一线的我,真的有些坐不住了。受义务和责任的驱使,一种声音在我心底迸发:"我应该做点什么?应该做成点什么!"

2. 探索科普创作新思路

在早前已经组织策划"最新海水养殖技术丛书"的经验基础上,在全面了解国内海洋类科普图书出版的历史、质量、潜力的情况下,1998年6月,我开始了《海洋小百科全书》的先期创作思考,于1998年9月初步完成了选题策划设计,并顺利通过了我校出版社的秋季选题论证。

主要创作思路过程及方案设计内容如下:

(1)出版社的责任和图书社会定位。中国海洋大学作为国家重点海洋高等学府,海洋人力资源、文献资源极为丰富,坐拥出版条件如此优越的大学出版社,理应急国家之所急,自觉地站在国家层面,主动多承担对社会进行海洋知识普及推广与传播的义务和责任,设法突破原有海洋科普图书出版低水平徘徊的怪圈,勇于创作出具有国内最好的策划、编写、印装水准,且具有知识的权威性、全面性、系统性,并最受青少年喜爱的海洋科普图书。

《海洋小百科全书》2012年1月第三版（20种）

（2）图书体系架构设计和知识内容综合布局。我国传统的海洋学科主要以自然学科为主，知识本身已自成体系，近年发展起来的涉海人文、军事、工程等学科内容也渐成形。在宏观定位上，若能将这些跨部门、跨行业的涉海专业知识内容，按原有知识系统组合到一个体系架构内，就奠定了知识内容系统性、全面性的基础。在微观上从每一个独立的系统中提炼出具体的适合于普及用的知识内容，按科普图书编写的特殊要求重新进行分类组合，就形成了整套图书知识内容的纵向贯通与横向面、块、点的有机结合。整套图书的册数设计、知识大类的规划以及每册书中的知识条目确定均思考充分、依据确凿。

（3）知识内容的精选和编写质量的高水准。入选知识内容的优劣和编写质量的高低是该书的生命，这是我在策划之初就清醒认识到的大问题。解决这一问题的途径是：第一，确保作者队伍的高水准，重点从国内海洋教学、科研一线的专家学者中遴选作者，努力寻找那些热心科普事业，且具有丰富科普图书编写经验的；或虽然编写经验不足，但具有较好的文字功底的学科专家组建成作者团队。第二，先设计出解决海洋知识内容全覆盖的路径，再从中精选出最适合的入选内容。例如，在给参编作者制定的编写指导方案中明确要求："知识内容收集范围应包括：与海洋有关的自然界原本是什么样？现在是怎样？将来会是怎样；与海洋有关的自然界已经发生过什么？现在正在发生什么？将要发生什么；人类对海洋的探索研究、开发利用已经做了些什么？正在做什么？将要做什么？"

（4）编写风格的统一和编写体例的一致性。文字表达语言流畅、通俗易懂、深入浅出、生动活泼是对科普图书编写的共性要求。而对有 40 余位作者参加编写的多达 19 个分册的大部头图书，既要求编写质量的高标准，又要实现编写风格、体例的高度一致实在不易。不要说作者们自身科普编写能力的差异，就是同样具有较强编写能力的作者，由于编写习惯的不同，编写出的作品风格也一定各有不同。为了解决诸如此类的问题，我们在编写工作启动之前就周密策划、编制出详细的编写技术标准、文字编写规范、知识问答范文、参考资料汇编等；同时，制订了详细的工作运行流程、编写进度计划，等等。大到编写标准、规范、规划、计划，小到标点用法、编写字数等，均考虑得十分精细。例如，在编写范文中提供了同一个知识内容，允许有 4 种编写手法可供作者模仿和参考；每一册书限定 400 个知识问答，每一个问答编写 500 字左右，每 4 个问答选配一幅插图等。在编写推进的流程上要求：每册书先收集、整理出 400 个知识问答目录，经过初审通过后启动 20 个知识问答的文字编写，再经主编对文字的把关、修改，直到编写质量达到要求后，才可以展开整册书稿的后续编写。

二、苦涩的编写历程

1998 年 10 月下旬的一天，筹划良久的编写启动会议在出版社召开了。尽管当时还没有形成一个确切的书名，但所有入会者对我们把该书定位于小学高年级以上并覆盖全体社会大众，内容涵盖科技、文化、军事等海洋知识的各个方面，知识完备性、准确性、权威性的创作方案和周密的实施规划、计划，给予了高度肯定。尽管许多与会的专家学者此前并没有编写科普图书的经历，甚至有的人后来没能同我们携手走完编写创作旅程，但是，大家

2013 年 3 月，《海洋小百科全书》主编关庆利（右）与《海军兵器》分册主编——时任中国人民解放军海军副司令苏士亮中将（左）在北京海军司令部合影

那种积极参与和主动建言献策的热情,无论如何对我们都是极大的鼓励和鞭策。开弓哪有回头箭?长达3年之久的创作编写和编辑出版的艰苦工作就这样开启了。

1. 难以克服的资料困乏

17年前,互联网在国内高等院校、科学院所中尚待建设。可想而知,在没有互联网的年代,整理和收集编书资料的难度与今天非同日而语。由于历史上我国科普出版物积淀较少,而海洋学科专业面窄,从事过海洋科普编写工作的人员寥寥无几,形成的海洋科普参考资料就更少了。怎样实现知识内容的全面性、系统性,如何进行资料收集与编写,承担自然学科分册编写任务的作者尤其感到任务的艰巨。在参考资料十分困乏的情况下,他们万般无奈地只能从有限的海洋专业教材、科技图书中去搜寻和查找,将那些基本适合收录的知识内容,逐条、逐字地摘录下来,再将这些近乎是生硬、呆板的专业术语,按照科普图书的编写要求进行重新改编和加工。

由于本书的读者定位重点是青少年学生,图文并茂是该书策划的另一个特色,同样,它也是作者面临的又一大难题。在那个年代,编写一册书能选配上20~30幅与文字内容相符的插图就很不错了,若达到该书每一册近百幅插图的要求任务十分艰巨。在各分册的文字内容编写、修改已经接近尾声时,我开始侧重于审视每一分册书稿的配图,惊讶地发现:绝大多数作者提交图片的数量和质量与要求相差甚远,甚至有的还不足20幅。在后续几经催促无效的情况下,作为主编的我还能有什么更好的选择吗?根本没有!我只能亲自披挂上阵,不分酷暑严寒,不分白天深夜,着了魔似的到学校和兄弟院所的图书馆、资料室翻阅那些可能与该书内容相关的专业书籍和中外文资料;到各类书店和相关的活动场所去采购、收集相关的图书、光盘及宣传材料。除此之外,还广泛动员参编的作者们相互协作,相互支持,互通有无。就是这样,我们几乎挖掘了周边可用的所有参考资源,还仍有6册书稿的插图与要求相差甚远。无奈之下,我最终不得不做出决定,另请专业绘画作家,量身绘制了300余幅插图,才保证整套丛书中每册书稿插图数量的大体一致。

2. 如何"拉平"悬殊的编写差异

在我们的作者团队中不乏像苏士亮、陈明福、陈万清这样的军中将军和著名科普作家,更多的还是来自于教学科研第一线没有编写科普经验的年轻学者。他们有丰富的专业知识,也不缺少为海洋科普创作勇于奉献的热情,但是,他们却缺少科普作品编写训练的经验。这一过程因作者层次不同,在时间长短上也会有明显区别。有经验的作者只要能较好地按编写要求执行,再通过了先期 20 个知识内容的编写审查,就可以顺利展开全文编写。对于没经验的新手,他们就不得不经过编写—修改—重编写—再修改的多次反复,一步一步地成熟起来。

组织编写大部头科普丛书,综合架构的规划设计和编写内容的合理布局固然重要,而将原本生硬、呆板的专业术语转换成语言流畅、通俗易懂却又不失趣味浓郁、生动活泼的科普语言,才是"真功夫"。在本书编写中尽管前期我们给作者提供的编写要求和注意事项已经相当完备,但作者返回的编写初稿仍旧五花八门、千差万别,多数书稿必须进行大幅度的内容调整和补充,甚至对有的书稿我们主编要逐条逐句地进行文字修改和加工,直至改得原稿面目全非。在本书的编写中对书稿内容审查并提出修改和调整意见由我负责;对初稿的具体文字修改和加工是以我为主,丁玉柱老师协助;而最终对全书文字的韵色和统稿,我仍旧责无旁贷。

从 1999 年 4 月开始,各分册初稿陆续返回,到 2001 年 10 月全部书稿修改、统稿基本完成,共耗时两年半时间。这段时间里,我在确保所分管的出版社发行业务不断开拓、稳步发展的同时,把吃饭、睡觉以外的全部时间和精力都投到该书稿的文字编写和加工的案头工作上。先是要认真审视各分册书稿的知识内容是否全面系统,再对书稿中具体知识点内容的严谨性、准确性的合理把握提出意见,而最费时费力的还是要对书稿进行逐条逐字的修改和加工韵色。尽管案头工作十分乏味枯燥,尽管有些书稿经过再三修改,作者反馈回来后还会让你哭笑不得,但是,当看到已被敲定的书稿如蚂蚁啃骨头般地被一条一条地"啃"完,打印出的清稿在一页页地变厚,整套书稿一册册被加工完成,那种发自心底的欣慰和满足确实无法用语言表达。

3. 我们的"主编"角色如此定位

该书与许多套书、丛书流行名人"领衔"的区别在于"平民化路线",既不设虚衔,也不挂虚名,每一个编委都是具体分册实实在在的编著者,用以确保独立的构思创作不受干扰,最大限度地激发作者自身的创作热情和提高编写工作效率。本丛书中我任主编,丁玉柱、彭垣老师为副主编,丁玉柱参与了选题策划、组织协调和分册初稿的文字修改工作,彭垣重点协助与分册作者间的业务沟通和书稿发排、校对等事务性工作。除此之外,我还担任《海洋化学》分册主编,丁玉柱担任《海洋探险》

工作之余,关庆利在全神贯注地修改书稿

《海洋文化》《海洋文学》三个分册的主编,彭垣担任《海洋水文》分册主编。就这样,我们既在宏观上策划、统筹、组织和推动了整部丛书的编写任务,同时,又必须置身于搜集资料一线,亲自挖掘和搜寻科普知识内容,逐条逐字地完成各自承担的分册书稿的编写任务。尽管我们都不是编写科普图书的经验老手,但迫于组织编写整套丛书和具体分册的双重压力,我们不得不竭尽全力在边学习、边编写、边积累经验的同时,及时掌握各位作者在编写过程中遇到的问题和困难,一同探寻解决思路和办法,准确地把握编写进度,使整套丛书的编写过程少走了不少弯路。

我们对该书的社会定位不仅有创意策划的独特性,还有编写质量、装帧设计、印刷出版的高水准要求,努力实现海洋同类科普图书的最优目标。正是受这种"要做,就做最好"的信念驱使,当书稿达到"齐、清、定"的交稿标准后,作为主编的我,又继续主导了该书后期全套加工制作过程,许多工作又亲力亲为。比如,时至2001年10月,书稿已经陆续交付排版,按要求排版公司应该负责全部的封面、插页、内文页面等装帧设计。在封面设计这一环节,当我把设计要点、参考资料和备用图片提供给对方后,对方却迟迟拿不出满意的设计结果来,最后,还是由我和出版社的美术编辑杨桂荣老师一起,自己动手一笔一画、逐幅图案地绘制完成了19册图书的封面设计。再如,有6册书稿在交稿后仍旧缺少300余幅插图,在相关书稿作者已经一筹莫展情况下,是我又重新逐册逐条地确定书稿中插图位置，勾勒插图绘画思路，四处寻找专业画师，直至最终把关收稿。2002年的1~2月间，正值学校寒假，校园内一片幽静，我却整天整夜地同排版公司的工人们在紧张繁忙中度过。我们一同确定了该书的开本大小、版心尺寸、字型字号等，一同设计了书中扉页、页眉、页边等各种图案和字形，又共同对整套丛书中3 000余幅插图逐个进行了图案修饰和造型处理。可以这样说：19册书中的每一幅图案绘制、每一处色泽选用都融入了我的思想；全书400余万字的书稿，精细到每一个标点符号都经过我逐个仔细斟酌。难怪有的参编作者会感慨地说：从来没有见过有丛书的主编这样执着、严谨地修改书稿，也从未见过出版社的领导对图书装帧加工如此倾心投入。

三、出版过程的一波三折

作为校出版社的主要负责人之一，为出版社组织策划的书稿，最终却没能在本社出版，这其中究竟有什么隐情？

1. 始料不及的双重打击

《海洋小百科全书》的图书选题是1998年9月在我校出版社秋季选题论证会上讨论通过的，直到2001年9月，该书稿的编写工作才接近尾声。正当准备安排书稿的后续发排工作时，又赶上当年出版社的秋季选题论证会。就是在这次会上，该书稿在本社被"叫停"了，同时，还形成"不反对在其他出版社出版该书"的意见。

要说当时我校出版社叫停该书出版，客观上的理由也算是足够充分。因为，当时国内图书销售市场已经放开，二渠道个体书商如雨后春笋般涌现，图书市场竞争异常残酷。以传统靠新华书店销书的主渠道，图书退货现象十分严重，这给各出版社造成的经营压力前所未有，我校出版社也不例外。出于自保，各出版社都纷纷在改变传统经营模式和压缩"风险"图书品种上做文章。历史上，我校出版社从来没有自己组织出版过像该书这么大部头的图书，历届社领导也从未遇到过大的经营风险。当时我校出版社每年的盈利数额也就30万元左右，与该书的出版成本费用相当，万一该书出版后"砸"在手里，恐怕职工的当年收入都会受到影响。而主观上，该书的书稿一编就是3年，这期间出版社的社长已经另作调整，谁愿意承担如此风险？但是，担任该书主编的我，这时却"压力山大"。

是否还要继续承担该书起初策划的社会责任？如何兑现对参编作者们的出书承诺？这一严峻的现实就摆在我面前。好在自从选题策划一开始，我就在密切关注国内科普图书的出版信息、品质趋势和市场动态，尤其是海洋类的科普图书品种。也更加主动地与国内具有传统优势的科普出版社进行沟通和交流，这其中与团中央的中国少年儿童出版社交流得比较深入。时任中国少年儿童出版社副社长的郭永祥同志，得知了我在组织编写该书后，对我的策划思路称赞有加，还主动提出了不少有重要参考价值的意见和建议。当该书的出版在我校出版社被叫停后，我最先向他发出求助信息。当时，他二话没说，立即答应会尽快将该书纳入他们出版社的选题论证。仅两个星期过后，中国少年儿童出版社第一编辑室主任王洪涛同志反馈信息告知：该书的选题论证已经在该社顺利通过，将立即启动对书稿的编审程序。同时，他还深怀感激地说："这么好的选题，这么好的书稿是我们梦寐以求的，它正好填补了我们出版社海洋类科普图书品种的空白。"随后，中国少年儿童出版社便加足马力，以王洪涛主任为首的一编室的编辑人员为主体，调集全社的优势编辑力量，突击展开对书稿的编审工作，一切进展的有条不紊、紧张有序。在整套书稿准备发胶片之前，中国少年儿童出版社还指派由王洪涛主任带队的一行三人专门来青岛昼夜不停地加班工作了7天，顺利完成了最终的审校工作。

本以为大功即将告成，我的心里别提有多高兴了。可谁知，天有不测风云，随后发生的事情竟与我校出版社先前发生过的如出一辙。2002年年初，中国少年儿童出版社的领导班子人员调整，谢副社长开始主持出版社的图书发行工作，图书发行工作也改成目标管理责任考核制。面对该社图书销售出现的大量退货的压力，对于是否还要继续推进出版《海洋小百科全书》，社内两种不同意见争论得异常激烈。在双方相持不下时，谢副社长亲自出面与我进行了数次沟通，最后明确告知我：可以使用中国少年儿童出版社的书号出书，但出版社无法承担出版费用之重。一切不言自明！同样的事情再次发生，双重打击先后袭来，可这后来的一击，却显得异常猛烈。

2. 遭遇人生意志大考，该何去何从

中国少年儿童出版社对该书出版方式的突然改变，如同五雷轰顶一般，

我既没有思想准备,也实在难以承受。不仅如此,当其他副主编和分册作者们知道此消息后,在十分惋惜之余又增加了许多焦虑,纷纷流露出急迫出书的情绪,"只要书能出来,没有稿费都行"几乎成了所有作者的唯一诉求。可作为主编的我,怎么忍心让大家辛苦多年的心血付之东流?即使作者可以不要稿费,那高额的出书成本费用又如何解决?在21世纪初,30万元可不是个小数目,它足以买到百余平方米的房产。如果书出来后"砸"在了手里,对我个人来说那就是倾家荡产!在这种情况下,我尝试寻找社会资金的支持。可在那个年代,能获得国家一级专著出版基金项目支持,经费数额也只有3万~5万元,对这套书出版来说,仍旧是"杯水车薪"。

谁知就在这个时间档口,学校下来一纸调令,我将调离出版社到学校图书馆履新(2002年2月)。调离出版社就意味着将逐步脱离出版系统的人脉,远离图书交易圈,这对于面临自费出书、销书所迫的我来说,将会造成极大的不便。这时的我,面临的抉择是:如果就此罢休,我可以以工作调动为由,推脱掉所有该书出版的责任,顶多自己白费了几年辛苦、落下作者们一些埋怨、国内缺少一部海洋科普图书品种而已;而我从此可以放下所有包袱,轻松洒脱地继续正常人的工作和生活。倘若是仍旧坚持自费出书,那还不仅仅是冒巨大经济风险的问题,未来的图书印刷、运输、仓储问题,图书销售、结算以及销售过程中各种各样问题的处理和解决等等,就是一整套出版社的出版、销售业务工序,可能会是"苦海无边"。一个人既要在履新工作岗位上做好本职工作,又要承担图书自费出版造成的精神上、经济上的巨大压力和处理全部烦琐的出版、销售事务,连国家一级出版社都难以承担的出版风险,我一个小个体能承担得起,能支撑得住吗?是进,还是退?这是我人生遭遇的一次最难大考。

当时,尽管该书出版遭遇了种种阻力和困难,但我却坚定地认为:自己对该书策划的理念、方向是正确的,对社会需求和市场前景的判断是准确的,对该书编写质量和装帧设计是有自信的;之所以出版社不敢接这个"烫手山芋",核心在于对该书"含金量"和市场前景掌握和判断上存在着差异。不过,我更坚信,"是金子终会发光"这一朴实道理应该在我们的书上得到体现。在思想斗争了数日之后,我毅然决定:迎着困难上,哪怕山高水更深,走"逼上梁山"的自费出书之路!

选定了道路，坚定了意志，接踵而来的就是我必须勇于面对一切困难：资金不足，花光了个人积蓄，再向亲朋好友筹借，甚至借到了多个作者的头上；图书印刷、仓储、货运各种大小琐碎事务必须亲力亲为；联系印刷厂并亲临车间现场监督印装质量，甘当搬运工装卸图书、打拆包、码垛等；广告宣传、寻找销路、发货结款更要亲自谋划、事无巨细。开国元勋叶剑英曾经说过："世上无难事，只要肯登攀。"国内第一部海洋知识最全、出版规模最大的科普图书，就这样被赋予了生命。当然，在后期的出版和销售的许多环节，学校的有关领导，出版社、图书馆的许多同仁，书店系统的许多朋友都给予了力所能及的帮助和支持。

3. 往事不堪回首，却耐人回味

《海洋小百科全书》于2002年5月终于问世了。当在青岛书城看到小读者们手捧新书爱不释手时，当出版社同仁和书店朋友对我的担当和勇气心生敬意时，当参编作者为该书设计之精美、装帧之细腻而倍感自豪时，我在暗自窃喜之余，心里却总深藏着一点点遗憾：当初，如果不是为了压缩印刷成本，而选用更好一点的纸张的话，该书真的会更加完美。

尽管历经了千辛万苦和百般磨难，我仍然认为自己是幸运的。它让我有机会与图书出版结缘，使我对所学专长的挚爱和对社会责任勇于担当的人格特质得以施展，也有机会展现了我职守、敬业和想干事、能成事的内在本质。试想一下，如果没有海洋专业学科背景，怎么会有策划该图书选题的创意？如果不是在出版社就职并熟练出版业务，怎么能又怎么敢组织这么庞大的作者团队？如果缺少社会责任担当的勇气，如果没有勇往直前的毅力，如果没有精诚、实干的精神，结果一定是另外一种情景。

《海洋小百科全书》的出版既是历史的必然，又是众望所归。在该书的策划、编写、出版、发行的整个过程中，涌现出许许多多感人肺腑的事例，令我难以忘怀；特别是与该书出版没有任何利害关系的人们，那种无私的奉献更加感人至深。我的化学系老师陈德昌先生，为了支持我编写《海洋化学》分册，不仅拿出了自己多年的资料积累，还主动深入资料室继续帮助查找资料；市新华书店副总经理蔡蔷华的爱人仲先生，从领导岗位退休后一直坚持美术爱好，在我出书遇到困难时主动伸出援手帮助我设计图书封面；时任副校长的于宜法同志在该书出版后的第一时间,在《青岛晚报》上发表了题为"呼唤海洋文明——《海洋小百科全书》出版发行有感"的书评;为了使该书早日进入青岛市,乃至山东省的中小学课堂,他亲自出面向青岛市教育局、山东省教育厅大力推荐。大家都有一个共同的心愿:希望《海洋小百科全书》早日问世,并能"一路走好"。

当然,我的作者团队称得上是勇于探索、不畏艰难、团结协作的集体。他们来自于祖国各地不同的涉海业务部门和工作岗位,有的身居要职,工作十分繁忙;有的领衔在科研教学一线,承担着繁重的教学和科研任务;有的年事已高,身体活动不便;有的从编书开始到图书出版,仅凭书信和电话沟通,连面都未能见过一次。尽管他们的地位、职级不同,年龄差异悬殊,

2012年7月12日,出书十年后,《海洋小百科全书》主编关庆利第一次与《海洋科教》分册主编胡领太(左)在天津会面合影

经验和水平各异,但是,却情愿汇集在《海洋小百科全书》的旗下,协助我一起探索策划,一起组织推动,一起克服各种各样的困难。不管是从该书第一版构思策划到出版的前四年,还是从第二版开始修订到第三版面世的后十年,大家都能精诚团结,紧密配合。特别是在我最困难的时候,给予了我充分的理解、信任、包容和支持,不离不弃,无怨无悔,对此我将永生不忘。同时,我也相信,经过十余年的打拼和磨炼,团队中的每一个人,特别是年轻的团队成员,他们是我国未来海洋科普作品创作中的骨干力量,并将发挥出更大作用。

四、图书效益的社会印证

《海洋小百科全书》于2002年5月第一次出版后,我们并没有"粮草入库,马放南山",仍旧在继续积累新的资料信息,并根据市场的不断需求,于2007年10月在中国少年儿童出版社出版了修订版,又于2012年1月在中山大学出版社出版了第三版;同时,随着社会关注度的不断提高,青岛市、山东省、全国级

的奖项也接踵而来。

在十多年前,该书的出版已经填补了我国按学科专业知识分类编写出版海洋科普图书的空白,也创造了国内科普图书"自助出版"规模最大的先例,为我国科普类图书的选题策划形式探索出新的路径,同时也为后续海洋科普作品的编写和再创作奠定了良好的基础。直至近几年,同样按学科专业知识分类形式策划的海洋科普图书,才相继在海洋出版社、中国海洋大学出版社、青岛出版社出现。我校承担建设的"数字海洋生物博物馆"之所以能在国家科技部立项,我校的后续"数字海洋博物馆"项目能在图书馆启动建设,《海洋小百科全书》的创意优势和科普资源的存量优势起到了决定作用。

在该书十余年的编辑出版过程中,得到了社会许多层面的重视和首肯。中国工程院院士、时任中国海洋大学校长的管华诗同志,时任国家海洋局局长的孙志辉同志,先后为该书的出版和再版作序;时任中国海洋学会理事长杨文鹤同志、中国海洋大学副校长于宜法同志、中国海洋报社副总编辑刘涛同志,先后在《青岛晚报》《中国图书商报》上发表书评文章和撰写评审意见;中国科学院院士文圣常先生,在

2009年5月,应北京市科协邀请,我校"数字海洋生物博物馆"项目组代表张展在"数字博物馆的科学发展与实践——2009年北京数字博物馆研讨会"上进行经验交流

该书2010年2月申请"国家科技进步奖"时予以热情推荐。

由于地方政府的重视,为该书顺利进入中小学课堂起到了决定性作用。青岛市教育局早在2002年10月,山东省教育厅也于2003年4月,先后以青教办字(2002)241号文件和鲁教备处函(2003)7号文件专门为该书下发通知,要求在所辖区域内各中小学校图书室进行装备。通知中还明确指出:"《海洋小百科全书》是我国至今为止,编写理念最新,知识涵盖最系统、最全面,最适合青少年阅读的海洋科普图书,是中小学开展第二课堂和海洋科普教育的最佳教材。"

山东省教育厅和青岛市教育局为中小学图书馆装备
《海洋小百科全书》专门下发的文件照

2003年5月,杨文鹤同志在对进入"第五届全国优秀科普作品奖评选活动"的复评作品审读时,给《海洋小百科全书》的审读意见中这样写道:"我用一周的时间初读了一遍《海洋小百科全书》,突出的感觉是非常的全面!其内容涵盖之广泛、信息汇集之丰富,是以前任何一套海洋科普丛书所无法比拟的。全书不但包含了海洋科学与技术、海洋探险与航海、海洋环境与保护、海洋权益与法规,而且还有海洋机构和人物、海洋文学与文化、海洋军事与兵器等等知识,涉及了海洋的古今中外,包罗了海洋的万千世界。另一个感觉是,全书的写作手法生动活泼。虽然该书采用一问一答的叙述方式,但比较适合青少年获取知识的心理特点。尤其是在介绍科学道理和相关知识时,能结合日常生活和学习中碰到的一些问题和奇谈趣闻,以通俗的语言,运用相当多的典故、神话和民间传说来深入地揭开神秘的海洋之谜,生动地说明海洋与人类文明发展的关系,把知识性和趣味性有机地结合起来,使之引人入胜。"

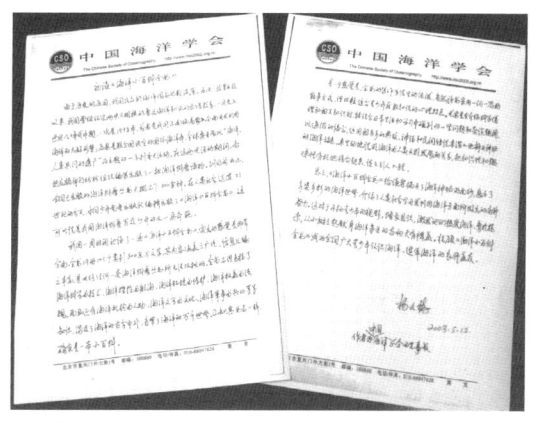

2003年5月18日,时任中国海洋学会理事长杨文鹤同志撰写的《海洋小百科全书》审读意见的手稿照

2010年4月,时任国家海洋局局长的孙志辉同志,在《海洋小百科全书》第三版序言中这样写道:"在人类进入21世纪的伟大时代,在全球开始创造海

洋经济的伟大时刻,在世界日益关注海洋权益的今天,这套经过缜密修订,再次出版的全面、系统、科学地介绍海洋知识的《海洋小百科全书》,无疑是奉献给我国青少年朋友的一份珍贵礼物,是对激发青少年的海洋兴趣,增长海洋知识,普及海洋文化、宣传海洋文明、提高海洋素质、促进海洋教育所做的一件功在当代、利在千秋的非常具有实践成就和指导意义的工作。"

一段回忆
——"日本宪法第九条及其走向"项目获奖过程回顾

◇ 管 颖

作者简介

管颖,男,生于1963年,山东省青岛市人。1992年辞去公职自费留学日本,先后取得金泽大学法学硕士、博士学位。2001年回国后在浙江大学做博士后研究一年零六个月,2004年受聘中国海洋大学法政学院,从事亚太关系、中日关系的教学和研究。

2014年是中国海洋大学建校90周年,校档案馆准备出一本书,让我写一篇文章介绍"日本宪法第九条及其走向"2004年获山东省社会科学优秀成果奖的获奖成果背后的故事,由此勾起了我对那段逝去时光的回忆。

一、创作启蒙——在浙大幸遇李龙先生

1. 辗转中坚持研究方向

2001年3月,我取得了金泽大学的法学博士学位,为九年的留学生活画上

了句号。那时,正值父亲病重入院,为了尽"迟到"的孝心,弥补一点这些年来漂泊海外的亏欠,我向浙大博士后流动站发出了入站申请,很快便得到了答复,效率之高,备受鼓舞。5月20日,告别了尊敬的恩师,告别了亲爱的日本友人,告别了一同拼搏的"战友",也告别了记录着我求学足迹的"第二故乡"——美丽的金泽,踏上了归国的旅途。

在浙大的研究工作因为从秋季新学期才开始,我得以有时间朝夕与父亲相处,陪伴他走完生命的最后旅程。为此,我内心对浙大一直充满感激。9月的杭州,湿热渐退,气候宜人。法学院坐落在西溪校区,周围车水马龙,很是嘈杂,与记忆中的杭州"判若两人"。在这里,我见到了将要成为我合作指导教授的李龙先生。先生是湖南人,快言快

1996年,赏樱季节拍摄于金泽大学旧址——金泽城楼前

语,坦率睿智,在宪法学、法理学方面造诣深厚、建树良多,时任武汉大学法学院副院长兼浙江大学法学院院长。能够求教于先生,是我人生中的幸事。

我在日本,从硕士到博士,因为一直从事日本对华外交的研究,所以希望能够继续这方面的工作。但是,先生的专长与我的研究领域是两个不同的学科,这是我事先所不知道的。先生理解我内心的纠结,希望我先留下来。随后的几次接触,先生谈了他的人生经历,可谓坎坷跌宕、悲喜交集,我感到与先生之间的距离一下子被拉近了。我决定在没有找到合作研究的契合点之前,先按照自己的计划进行。就这样,一晃到了寒假。这段日子的研究成果后来以论文《中日和平友好条约缔结谈判之研究——交涉停滞与进展的原因分析》发表在2003年《浙江大学学报》第六期上,并被《中国社会科学文摘》2004年第二期全文转载。

2. 契合点突现——确定研究课题

2002年寒假过后,我带着陷入伤感孤独之中的母亲,从青岛返回杭州。一天,先生突然给我出了一个题目,让我写一篇有关日本宪法第九条的文章。那

时,日本自民党小泉内阁正利用"9·11"事件,加紧为海外派遣自卫队和建立日本"有事法制体制"修法、立法。作为规定战后日本国家发展方向的宪法第九条面临着何去何从的问题。

先生敏锐地看到了宪法第九条背后的国际政治因素,为我的研究指出了方向。我于是决定

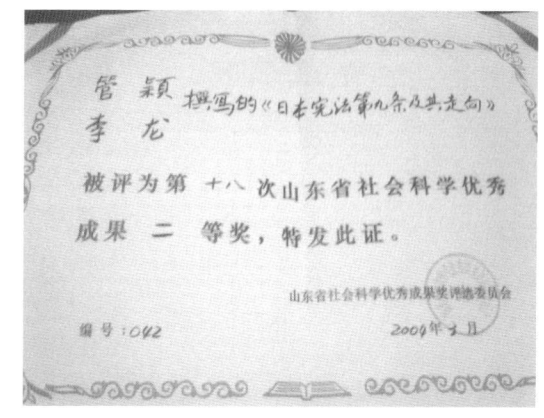

以"战后东亚历史中的日本宪法第九条"作为博士后研究课题,把先生的专业领域与我的研究特长结合起来,从而解决了合作与指导方面存在的问题。

现在回想起来,如果要说在浙大的一年六个月里最大的收获是什么,那就是遇到了李龙先生。先生敏锐的学术思维、深邃的政治洞察力和独到的问题意识,使我受益匪浅,由衷钦佩。

二、九年攻读 初尝甜蜜

遵照先生的要求,我立即着手撰写论文《日本宪法第九条及其走向》,以便能够赶在"8·15"日本战败投降纪念日到来之前发表。从日本带回来的20多箱资料和书籍发挥了作用。我匆匆赶往青岛的家里查找资料,又风风火火地返回杭州,花了一周时间打好腹稿,伏案数日,完成了34 000多字的初稿。我深知此文关系到先生对我研究能力的判断,所以逐字逐句地反复修改推敲了几遍,才把"命题作文"交给先生。隔日,先生打来电话,让我抓紧压缩到一万几千字,说是4月初要去北京开会,想顺便把稿件带给《中国社会科学》编辑部。

第二天上午,我带着压缩修改后的文章去院里请先生审阅。中午时分,在走廊上碰到正准备去吃饭的先生。"你是个快手,这是一篇好东西!"先生脱口而出。我如释重负,"初试"过关。周六,先生打电话请我去他家,说下周一动身去北京,想再议一下论文。按图索骥找到先生的住处,先生谈了对文章的总体看法,并做了几处修改,然后在末尾加上了一句:"何去何从?日本政府应该三思而后行。"简短一笔,文意生辉。

文章投出之后,很快就接到《中国社会科学》副主编李林先生的电话,称

这篇实证性研究文章"为今后编辑部采用同类研究成果提供了参考平台",编辑部一致同意录用稿件,不过,前提是有权对文章进行局部调整和修改。对此,我没有任何意见。李林先生的来电对我是一个极大的鼓舞,进一步增添了做好课题的信心。

2003年8月,论文在《中国社会科学》第四期刊出,《中国日报》英文版也摘要做了转载。这篇文章后来于2004年获"山东省社会科学优秀成果二等奖"。九年攻读初尝收获的甜蜜,内心百感交集,充满感恩——对远在金泽、近在杭州的恩师们。

三、顺利出站 走进海大

2003年5月,凝聚着无数不眠之夜的心血之作——《战后东亚历史中的日本宪法第九条》定稿。按照国家规定,能否获得通过,除了合作指导教授的意见之外,还需要经过两位外校专家的审核。李龙先生推荐武汉大学法学院资深教授叶必丰先生,林来梵教授给我推荐了中国人民大学法学院的许崇德先生。

在电话征得同意后,我把研究报告邮寄给两位专家。尽管我怀有信心,但还是没想到会得到三位专家(包括导师)的高度评价,一致认为"从资料到内容都是先进的","居于国内相同研究的领先水平"。许老在电话里高兴地说:"我已经很久没有这么痛快地阅读了。"得知我要去中国海洋大学工作,先生说:"将来有机会去海大,我去拜访你。"一部稚嫩的报告,德高望重的老前辈却给予这么高的褒奖,虚怀若谷、鞭策后生的大家风范令我深深感动。如今,先生已逝,虽无缘当面聆听教诲,但先生的人格魅力将永远激励着我。

6月,我收到教育部发来的合格出站证书,婉拒了浙大博士后流动站和法学院的多次挽留,告别了导师和博士后理事会的战友们,满怀着美好的记忆与感激之情,离开了杭州。青岛——我亲爱的故乡,海大——学子向往的殿堂,我的心已有归属。

走过90年历程的海大,如今沧海变桑田,是一代又一代献身祖国教育事业的前辈辛勤耕耘、忘我奋斗的结果。我有幸加入到"海大人"的行列,愿追随海大之精神,为更加美好的未来,脚踏实地地努力向前。

营运资金管理研究的协同创新

◇ 王竹泉

作者简介

王竹泉,男,1965年生,山东栖霞人,管理学博士、教授、博士生导师。现任中国海洋大学管理学院副院长兼会计学系主任、中国企业营运资金管理研究中心主任等职。他于2005年入选"教育部新世纪人才支持计划",2006年入选"财政部首批全国会计学领军人才培养工程",2008年获"国务院政府特殊津贴",2012年被评为"山东省教学名师和山东省优秀研究生导师"并获财政部颁发的"全国会计领军人才"证书,2013年当选中国会计学会教育分会会长,2014年入选首批"全国会计领军人才培养工程特殊支持计划"。

于2007年承担的国家自然科学基金资助项目"基于渠道关系管理的营运

科研成果背后的故事

资金管理理论研究与中国上市公司营运资金管理数据平台建设"取得了一系列研究成果:"中国上市公司营运资金管理调查",2009年获"山东省社科优秀成果奖二等奖",2010年"获青岛市社科优秀成果一等奖",2011年获"财政部、中国会计学会优秀成果二等奖",2012年获"全国商务财会优秀成果二等奖";《营运资金管理发展报告》,2013年获"山东省社科优秀成果奖二等奖";"营运资金管理特色研究、创新型人才培养和社会服务的互动与协同",2014年获"山东省普通高等教育优秀教学成果一等奖"。

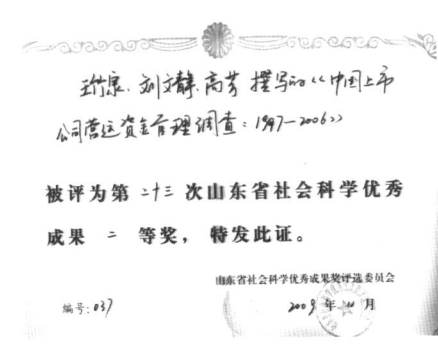

一、获奖项目背景介绍

营运资金管理是企业财务管理的重要内容,财务经理在营运资金管理上花费的时间至少在三分之一以上。但20世纪80年代以来,国内外对于营运资金管理的研究基本上处于停滞状态,仍然停留在对企业营运资金各个要素(存货、应收账款、应付账款、有价证券等)的孤立研究上,其理论框架基本没有变化,缺乏将营运资金管理与业务流程相结合从而体现财务、业务一体化理念的营运资金管理理论。这种状况不仅与营运资金管理的重要地位极不相称,也与日新月异的企业管理实践严重脱节。与此同时,虽然美国 CFO 杂志和 REL 咨询公司自 1997 年即开始对美国最大的 1 000 家企业进行营运资金调查(The Working Capital Survey),这一调查所使用的指标都是存货周转期、应收账款周转期、应付账款周转期等基于要素的营运资金周转期指标,但仍然缺乏体现业务、财务一体化理念的创新指标。而我国对企业营运资金管理状况的实证调查则更是空白。

二、营运资金管理研究中的困难和协同创新的方式

我对营运资金管理的研究始于 1997 年,当时接受海尔冰箱股份有限公司的委托,对其在全国各地区销售分公司的应收账款和存货进行审计诊断与制度设计,开始尝试从业务流程再造和财务会计系统的整体优化中寻求对跨地区经营企业营运资金管理问题的解决方案。在《会计研究》《经济管理》《中外管理》

中国企业营运资金管理研究中心共建揭牌仪式

中国上市公司营运资金管理数据库开通

等重要刊物发表了 20 多篇跨地区经营企业营运资金管理的研究成果,并在《会计之友》杂志 2004 年第 1～12 期上专设"跨区分销理财"专栏发表系列研究成果。2005 年 9 月,在《会计研究》上发表了《分销渠道控制:跨区分销企业营运资金管理的重心》一文,提出"将企业营运资金管理的重心转移到渠道

控制上"的新理念;2007年2月,在《会计研究》上发表了《国内外营运资金管理研究的回顾与展望》一文,提出"以营运资金重新分类为切入点,建立基于渠道管理的营运资金管理新框架",同时设计了全新的"基于渠道管理的营运资金管理绩效评价体系"。

虽然前期研究取得了一定的成果,但是这些成果主要是规范性的理论成果,和实际的结合主要是个案式的,尚缺乏大样本的实证检验和经验支持。由于我国对企业营运资金管理状况的实证调查还是空白,因此,实证数据的缺乏成为营运资金管理理论研究进一步提升的关键瓶颈和障碍。但是,要填补这一空白,显然不是一两个人所能解决的问题,必须依靠大规模团队的协同创新方能完成。

2007年10月,我作为负责人申请的"基于渠道关系管理的营运资金管理理论研究与中国上市公司营运资金管理数据平台建设"课题得到了国家自然科学基金的资助。在国家自然科学基金的资助下,我带领项目研究团队首先对1997~2006年10年间中国上市公司营运资金管理进行了调查分析,并在2007年第12期的《会计研究》上发表了《中国上市公司营运资金管理调查:1997—2006》。由于营运资金管理是各行各业的企业都要涉及的问题,营运资金管理的研究若缺乏实践部门专家的支持和配合无异于纸上谈兵。因此,我于2007年12月向中国会计学会提出了"关于成立中国企业营运资金管理研究中心的建议报告",建议中国会计学会以中国海洋大学为依托设立"中国企业营运资金管理研究中心":该研究中心由中国会计学会和中国海洋大学共同建设,作为会计学术领军人才和企业类领军人才联合开展营运资金管理研究的开放式基地,在业务上接受中国会计学会的指导和监督;研究中心的研究队伍以中国海洋大学管理学院的部分专职研究人员为主,吸收有兴趣的会计学术领军人才、企业类会计领军人才和青岛名牌企业的财务总监作为兼职研究人员。这一建议得到了财政部、中国会计学会的批准。2009年8月,中国会计学会与中国海洋大学合作设立的"中国企业营运资金管理研究中心"正式成立,成为财政部全国会计领军人才培养工程设立的第一个开放式合作研究基地。

研究中心自成立以来,每年有几十位研究生和社会专家参与到营运资金管理研究的协同创新中来,与我校已有的专职研究团队一起形成了大规模的协同创新团队。2012年12月,中国企业营运资金管理研究中心又实现由财政部企业司、中国会计学会、中国海洋大学、青岛市财政局、山东省会计学会等9家单位共建,成为政、产、学、研协同创新中心。协同创新团队持续开发和更新"中国上市公司营运资金管理数据库"、持续发布"中国上市公司营运资金管理绩效排行榜"、持续编撰"营运资金管理发展报告系列丛书"、持续举办全国性营运资金管理高峰论坛,取得了一系列具有显示度的标志性成果。据中国知网2014年统计,在国内营运资金管理领域被引率最高的10篇论文中,我们团队的论文占了6篇。所开发的"中国上市公司营运资金管理数据库",填补了我国在营运资金管理专项数据库方面的空白,目前可实现对1997~2013年共17个年度中国上市公司营运资金管理数据的在线查询。完成的"营运资金管理发展报告系列丛书"被学界和业界誉为"营运资金管理的思想库、文献库和信息库",为推动营运资金管理理论研究和管理实践做出了贡献。

在协同创新取得丰硕成果的同时,协同创新团队还积极开展科研反哺教学。自2009年开始在全国高校首开"营运资金管理"课程,率先开展专职教师与社会专家联合执教的改革,协力培养营运资金管理领域的特色创新人才。经过几年的建设,"营运资金管理"课程2012年获评"山东省精品课程",其网络视频课程也被作为超星学术视频公开课与社会分享。此外,以营运资金管理特色课程为依托,协同创新团队还主持了教育部"十二五"职教师资素质提高计划重大研究课题"财务管理职教师资本科培养标准、培养方案、核心课程与特色教材的开发"课题,获得150万元经费资助,负责研发我国财务管理职教师资的培养标准和配套资源,实现了营运资金管理研究、营运资金管理特色人才培养和营运资金管理实践的互动与协同。

三、成果的创新性和实际效益

（1）引入基于渠道管理的营运资金管理研究新视角，对营运资金进行了重新分类，构建了基于渠道管理的营运资金管理理论新框架，打破了 20 多年来营运资金管理基础理论停滞不前的局面，为深入开展营运资金管理策略和管理模式的研究及加快进行我国上市公司营运资金管理数据平台建设提供了理论支持。

（2）创立了基于渠道管理的营运资金管理绩效评价指标体系，与美国 CFO 杂志和 REL 咨询公司开展的"The Working Capital Survey"所采用的按要素计算的营运资金管理绩效评价体系相比，该指标体系的管理理念更为先进，分类方法更为科学，功能导向更加明确。运用该评价指标体系持续开展中国上市公司营运资金管理调查，并成功开发具有自主知识产权的"中国企业营运资金管理数据库"和"中国企业营运资金管理案例库"，填补了该领域的空白，为我国营运资金管理的理论研究和管理实践提供了坚实的数据平台支持。

（3）以"基于渠道管理的营运资金管理绩效评价体系"和"基于渠道管理的营运资金管理理论"创新为基础，通过政、产、学、研协同创新和科研反哺教学，带动营运资金管理教学内容、教学方式的改革，实现了科学研究、人才培养和社会服务的良性互动。

那些随风飞逝的记忆
——《精神生态视野中的20世纪中国文学》写作琐忆

◇ 温奉桥

作者简介

温奉桥,男,1968年出生。文学博士,文学评论家。现任文学与新闻传播学院教授,研究生导师,王蒙文学研究所所长。2009年入选"教育部新世纪优秀人才计划"。中国作家协会会员,山东省中国现代文学学会理事,青岛市文艺评论家协会副主席。

温奉桥在华盛顿大学图书馆

已出版《王蒙文艺思想论稿》《现代性视野中的张恨水小说》《张恨水新论》《现代性视野中的20世纪中国文学》等各类学术著作17部,在国内外权威学术刊物上发表论文80余篇,多篇论文被《新华文摘》《人大复印资料》等全文转载。他承担了国家、教育部、山东省等各类科研项目10余项,曾获"山东省社科优秀成果奖""山东省刘勰文艺评论奖""山东省高等学校优秀科研成果奖""青岛市社科优秀成果一等奖"等学术奖励10余项。

《精神生态视野中的20世纪中国文学》一文是与中国海洋大学文学与新闻传播学院教授李萌羽合作完成的,于2008年获"山东省社科优秀成果二等奖"。

一、往事与回忆——写作缘起

如果不是档案馆组织编写学校的《科研成果背后的故事》一书,我竟忘了还曾获得过这样一个奖项,但一经提醒,往事就像春风吹过的原野,一下苏醒了过来。然而,一股莫名的伤感也同时随之涌向心头,那毕竟是近10年前的旧事了……

我的这篇承蒙谬奖的论文——《精神生态视野中的20世纪中国文学》2008年获"山东省社科优秀成果二等奖"。说起来,这篇论文还有一个小小的"缘起"。12年前,我正在泉城千佛山下的一所大学读博士,我的导师——著名学者朱德发先生主持了

李萌羽在剑桥大学图书馆

一个国家社科基金项目"20世纪中国文学的理性精神",我承担了其中的一部分。这一部分很有趣,叫作"非理性的哲理文学"。当时,我正在做博士论文《现代性视野中的张恨水小说》,这两个题目基本风马牛不相及。一方面,导师催得急;另一方面,博士论文又绝不能出半点差错,心中焦虑,自不待言。于是,一会张恨水,一会"非理性",颇有点今天说的"穿越"之感。无奈,就靠咖啡提神、助思——我后来喜欢喝咖啡,就是从这时开始的。我承担的这一部分,主要是从隐喻和象征的视角,来重新考察和评估20世纪的

中国小说。说来也怪,我之前很少从这一角度来思考和看待中国文学。带着课题任务来重新阅读那些小说,像是鲁迅的《药》、钱钟书的《围城》、许地山的《缀网劳蛛》、张爱玲的《金锁记》,还有王蒙的《蝴蝶》、贾平凹的《废都》等小说,仿佛一下完全不同了,变得陌生起来,就像熟人、老朋友一下变得不认识了,我第一次体会到了理论的重要性。我想起了"批判的武器不能代替武器的批判"的著名说法,我后来之所以对研究生反复强调一定要重视理论、要有扎实的理论功底,就

温奉桥在斯坦福大学演讲

是从这里得到的启发。我常对学生讲:如果把一篇论文比喻成一座房子的话,你阅读的小说等文本,就是沙子、砖块、水泥,而理论则是钢筋、框架。没有沙子、砖块、水泥当然建不起房子来;同样,没有钢筋、框架也同样不会有房子。道理很简单,但真正运用理论来阐释,要想做得好,并不是件容易的事。

经过几个月的焦头烂额,终于交差了,导师对我承担的这一部分还算满意。在这个过程中,我还与导师合作撰写了《非理性视野中的现代中国文学》(《北方论丛》2003年第4期)《论文学创作中的非理性思维》(《学习与探索》2003年第3期)等论文,前者被《新华文摘》2003年第10期全文转载,这也算是这次学术经历的"副产品"和"意外"收获吧。然而,最大的"意外"收获还不是这些,而是这篇获奖的论文——《精神生态视野中的20世纪中国文学》。

二、往事与回忆——创作的萌芽及构思过程

课题虽完成了,但是从隐喻和象征视角看取和透视中国文学的这一方法仍旧存在于我内心的某一角落,并没有忘记,似乎总是在等着一个新的机会。博士毕业后,我来到了中国海洋大学工作,住在浮山校区,由于住得近,春天的时候,有时几个老师就相约爬校园后面的浮山。记得一次与文学院的同事孟华教授、曲金良教授、黄亚平教授、李玉尚教授、孟岗博士爬山,极富人文情怀的孟华教授提议,以后每周爬一次山,但同时每人主讲自己研究领域的一个问

题,相互切磋,近乎读书沙龙吧。一经提议,群起响应。现在想想,我那时轻狂,也许是想起了20世纪30年代初闻一多、梁实秋等人"酒喝胶济一带,拳打南北二京"的豪兴吧。记得一次,我带了青岛啤酒,李玉尚教授带了花生米等,大家边喝酒边交流,海阔天空,现在想来还颇为怀念那段浮山岁月呢。我在浮山上讲的,其实就是这篇获奖文章的思路和雏形。千佛山下种下的种子,几年后,在浮山上悄悄萌发了!

恰巧,此时我读到了德国学者米歇尔·福柯的《疯癫与文明》和美国学者苏珊·桑塔格《疾病的隐喻》,特别是苏珊·桑塔格所说的疾病是通过身体说出的话、是一种自我表达的理论,使我一下子明白了很多,我之前许多模糊的认识似乎逐渐清晰起来了。为什么20世纪中国作家笔下不约而同地出现了那么多的肺结核病患者形象?如鲁迅《药》中的华小栓,茅盾《追求》中的史循,巴金《灭亡》中的杜大心,《家》中的钱梅芬以及《寒夜》中的汪文宣,还有曹禺《日出》中的陈白露、黄省三,林语堂《京华烟云》中的曾平亚、红云,张恨水《春明外史》中的杨杏园,沈从文《三三》中的来乡下养病的年轻人以及萧红《小城三月》中的翠姨,王蒙《青春万岁》中的苏君等等,这些都是偶然吗?都是不经意间的"巧合"吗?都是无心的吗?我知道世界上的很多作家、诗人如卡夫卡、托尔斯泰、契诃夫、加缪、卢梭、雪莱、济慈等,以及中国的鲁迅、巴金、瞿秋白、蒋光慈、郁达夫、萧红、林徽因等都患过甚至死于肺结核病,但从没有思考过原来中国20世纪文学中的肺结核病患者形象更多。这些肺结核病患者与20世纪中国社会的文化与精神有什么内在联系?越想越兴奋,真有豁然开朗之感,那种快乐,既简单又强烈,既纯粹又醇美。人们常说"高峰体验",有时我想,学问的快乐,不也是人生"高峰体验"之一吗?

然而,我的思考并未就此止步,困惑也相伴而至。沿着这一思路继续下去,我发现了更多的20世纪中国小说中许多未被充分注意或被严重遮蔽的"秘密":20世纪中国小说人物画廊中不但有一群肺结核病患者,而且还站立着一群"疯子"——中国现代第一篇白话小说,即鲁迅的《狂人日记》的主人公就是一个疯子,这是一个多么不祥的预兆啊。更令我震惊的是,还有许多阳痿病患者形象:张贤亮《绿化树》《男人的一半是女人》中的"半个人"章永璘,王蒙长篇小说《失态的季节》里的曲风明、《青狐》里的杨巨艇以及贾平凹《废都》

中的庄之蝶等等,这些发现让我既兴奋又惊讶,因为大哲学家维特根斯坦说过:人的身体是人的灵魂的最好图画,那为什么中国革命造就了如此多的阳痿病患者呢?这些结核病患者、疯子、阳痿病患者隐喻着中国社会和文化怎样的真相啊,他们实在是中国社会和文化"寓言性"的表达啊。

  说实话,我曾遇到不止一个人问我同样的问题:文学有什么用?当然,问这个问题的人都是真诚的,而不是故意为难我,但是每次遇到这个问题,我都感觉这个看似简单的问题比哈姆雷特的"to be or not to be"还要难以回答。你说文学有用吧,似乎有老王卖瓜的嫌疑,再说他问的那个"用"与你想回答的那个"用"其实不是一个层面的问题;你说文学没用吧,你又觉得对不起发问者,是对发问者的不尊重或怠慢,更对不起自己从事的专业。我知道我每次的回答都不令人满意,因为我基本是鲁迅式的"今天天气哈哈哈"。在一般读者看来,小说就是故事,读小说不就是消遣吗?哪有那么多的弯弯绕在里面?如果真有那么多微言大义在里面还叫"小"说吗?其实,并非如此。文学是人类精神的火焰,是最美的精神之花。人类的创造性表现在两个方面,一个是科学技术的发明创造,一个就是文学艺术的创造。小说也并不仅仅是个虚幻的世界,它其实就如作家王蒙所说的,是一个社会现象、文化现象,也是一个生命现象。或者说,小说其实就是一种关于社会、文化和生命的隐喻性表达。

  现在回想起来,那些困惑和兴奋,也都如风中之屑一般,散落,飘逝。然而,它们毕竟是我生命的纪念,是我生命的"对象性存在",它记录着我的昨天,那段随风飘去的岁月。那时我刚好 40 岁。

  拉拉杂杂,写了这些。其实,我借这篇小小的回忆性文章,表达的是对时间的留恋,对 40 岁的留恋,也是对我学术生涯特别是对我热爱的中国海洋大学的纪念和感谢。

记"论我国环境污染损害公共补偿的理论基础与制度构建"的研究过程

◇ 阳露昭

作者简介

阳露昭,1969年出生,四川泸州人,法学博士。现为中国海洋大学法政学院教授。主要研究领域为经济法学、金融法学、环境资源法学、绿色金融法律与政策。在《中国法学(英文版)》《政治与法律》等期刊发表论文20余篇,部分论文被人大报刊复印资料全文转载。

2006年主持教育部人文社科规划基金项目"环境污染损害社会化救济法律制度研究",该项目的阶段性成果"论我国环境污染损害公共补偿的理论基础与制度构建",于2009年获"山东省社会科学优秀成果奖二等奖"。

一、课题立项时的社会背景及其基础条件

伴随着科学技术的高速发展和工业化社会的快速推进,工业生产带来的

环境污染所引发的环境侵权损害事件屡屡发生。2003年重庆开县中石油井喷事件,2004年四川沱江水污染事件,2005年中石油吉林石化公司车间爆炸的松花江特大污染事件,都是受害人众多、地域广阔的社会性灾难。根据国家环保总局的通报,2006年上半年的重大、特大污染事件呈多发态势。全国化工石化项目环境风险大排查结果显示,总投资近10 152亿的7 555个化工石化建设项目中,81%布设在江河水域、人口密集区等环境敏感区域,45%为重大风险源,我国化工石化行业存在严重的布局性风险。

关于环境污染损害赔偿制度主要是在《环境保护法》《海洋环境保护法》等法律中依据污染者负担和无过失责任原则的民事赔偿制度。环境污染所引发的环境损害责任必然增加企业的财务负担,环境污染受害人的救济问题仅仅依靠传统民法理论的个体责任难以实现对受害人的充分、及时救济。针对重大特大环境污染事件,必须考虑环境侵权损害责任的社会化分担。加害人对受害人的赔偿,不仅由加害人以自己的财产来承担,而且可以通过社会化制度来解决。在这样的社会大背景下,基于以上思路,我申报的教育部人文社科规划基金项目"环境污染损害社会化救济法律制度研究"获得了成功。

二、项目研究的全过程

阳露昭部分科研成果及获奖证书

现实生活中污染事故尤其是重大特大、涉及面广的污染事故,受害人的权益是否能获得充分的保障?要解答这个问题,必须从调研环境污染的实际案例入手。

科研成果背后的故事

为了开展好这一课题的研究,掌握大量的实证资料,为理论创新提供有力的支撑,我带领课题组成员先后赴黑龙江、吉林省,对松花江污染事故的补偿问题进行调查;赴重庆对天然气井喷污染事故的补偿问题;赴四川沱江流域对污染损害的救济问题展开详细调研。

在当地政府尤其是环保部门的大力支持下,我们获得了大量的第一手材料。分析结果显示,在上述事故善后处理中,受害人除依据传统民法理论获得一定救济外,主要还是依靠政府提供的资金予以补偿。由于政府事前并无专项环境污染损害的资金准备,基于维稳考量的政府买单行为,实际上大大加重了政府的经济负担。

在调研过程中,我们一直在思考这样一些问题:在我国经济社会高速发展的背景下,社会公众面对的环境风险日益增加,假设为数众多的环境污染受害人提出索赔,依据传统的侵权责任理论是否可以解决受害人的赔偿问题?在司法实践中,环境污染受害人通过诉讼提出索赔的概率究竟有多大?即使提出诉讼,胜算能有几何?诉讼过程中环境污染因果关系认定是否容易?通过走访、调研和分析,我们逐步认识到,环境污染受害人的权利救济问题,实际上并不像我们在理论推演中设想的那样,受害人会选择诉讼的途径获取污染赔偿。由于环境污染侵权行为的特殊性,因果关系求证困难,受害损失难以认定,在上述几起重大特大环境污染事故中,受害公众提起诉讼并成功立案和胜诉的案例并不存在,受害人主要还是依靠政府提供的资金得以补偿。由此,我们认识到,对于涉及面广的环境污染受害人而言,通过政府主导的环境污染公共基金获得补偿才是切实可行的污染受害事后救济路径。

思考至此,问题远远没有解决。如果想要合理解释污染受害人公共补偿问题,需要论证制度设计的理论基础。无论是法理学、经济学、社会学,都有必要对污染受害人选择从政府主导的基金获得补偿(而不是从加害人处获得赔偿)做出合理的解释。顺着这一思路前行,我们逐渐明晰,对于福利国家的积极行政理论,经济学上社会成本的考量以及社会学中基于冲突各方缓解矛盾,追求社会稳定的需求,都可以解释现实条件下,污染受害人公共补偿的合理基础。我们需要论证的是:① 公共补偿基金如何建立,也就是解决资金来源的问题;

② 公共补偿基金的适用范围和对象；③ 公共补偿基金的日常管理和运作。

经由上述专题调研并对调研中出现的现象和问题深入思考，结合法理学、经济学和社会学的理论，我们逐渐形成了论证环境污染公共补偿理论基础的思路，并建立起公共补偿基金如何设立、如何运行、如何监管的框架。

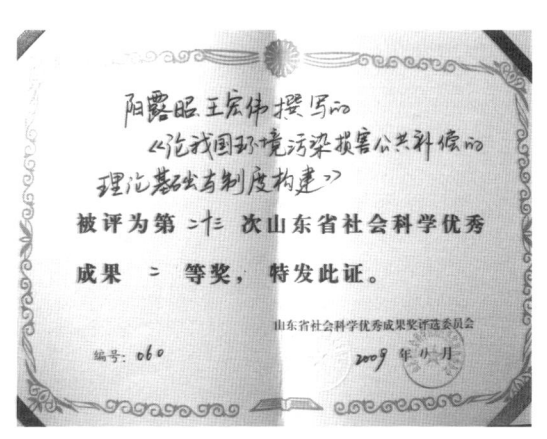

我们根据环境污染损害公共补偿制度的定义（环境污染损害公共补偿制度是指政府以行政手段介入环境侵权损害赔偿，通过征收环境税、环境费的方式设立损害补偿基金，并设立相应的救助条件，以该基金补偿环境污染受害人，使受害人获得迅速、确实的赔偿的制度），提出环境污染损害公共补偿制度的产生和发展有着深刻的理论依据和迫切的现实需要，并从法理基础、经济学以及社会学角度论证了这一制度建立的合理性及对社会的价值。

从法理基础上看，环境污染损害公共补偿制度是在私法自治原则受到限制，福利国家理论、积极行政理论兴起的背景下出现的。国家给予环境污染受害人公共补偿的救济，体现了以社会利益为本位的环境法运用公法手段有效干预私法领域的问题；从经济学角度看，环境污染损害公共补偿制度可以省去受害人与加害人的交涉与诉讼成本，减少社会成本的支付；从社会学角度看，环境污染损害公共补偿制度可以有效缓解社会矛盾，维持社会稳定。

三、项目研究的结论成果

通过调研得出的数据结果及理论分析，我们得出的结论是：环境污染损害公共补偿的制度运行，首先应当解决资金的来源问题。鉴于我国目前经济社会发展的实际情况，我们又把实践调研与理论结合起来，创造性地提出我国宜多方筹措资金的几个途径，比如：① 政府通过税收拨付转移一部分资金，此举体现国家政府的积极行政;② 从排污费、环境罚没款以及环境税中提取一部分投入补偿基金;③ 通过发行环境债券来募集部分资金;④ 通过社会团体、个人捐赠等集资金。

另外,我们还对公共补偿制度的适用对象范围限定、权利范围以及制度施行机构设置等需要配套解决的问题进行了论述、提出了独到的见解,为政府施行环境污染损害公共补偿制度提供了决策依据以及配套的构建体系。

"泛黄海地区海洋产业布局研究"项目是怎样炼成的

◇ 韩立民

作者简介

韩立民,男,1960年3月出生。现任中国海洋大学管理学院教授、博士生导师。中国海洋大学海洋发展研究院副院长,兼任中国海洋学会海洋经济分会副理事长等职务。

近年来主持承担了国家级、省部级研究项目和地方委托横向课题共10余项,在国内核心刊物上发表学术论文40多篇。先后出版《海洋产业结构与布局的理论与实证研究》《泛黄海地区海洋产业布局研究》《海域使用管理的理论与实践》《海洋产业布局的基本理论研究》学术专著四部,主持编著《中国海洋论坛论文集》三部。主持完成的国家社科基金课题"海洋产业布局的基本理论研究"获"国家社科规划办社科基金课题结项优秀证书";主持完成的国家开发银行委托课题"中国海洋产业发展战略研究"获"中国高校科研优秀成果奖";个人专著《海域使用管理的理论与实践》获2008年"山东省软科学优秀成果一等奖";2014年申报的国家社科基金重大项目"我国海洋事业发展中的'蓝色粮仓'战略研究"获批立项,批准经费80万元。

一、获奖项目介绍

由我为项目负责人承担的"泛黄海地区海洋产业布局研究"项目,是2005年立项的教育部人文社会科学重点研究基地重大项目,2008年8月项目组向教育部社政司报送最终研究报告——《泛黄海地区海洋产业布局研究》,标志着该项目圆满结题。2009年2月同名专著《泛黄海地区海洋产业布局研究》在经济科学出版社出版,该专著由我国著名海洋学家丁德文院士作序,2011年荣获"山东省社科优秀成果奖二等奖"。

二、立项背景及其重要意义

"泛黄海地区"是中、日、韩三国学者以资源联合开发和经济合作交流为中心提出的一个次区域交流层次,地理范围包括中国的辽东半岛地区、山东半岛地区、苏北地区,韩国的西海岸及东南地区,日本的北九州及山口地区。"泛黄海地区海洋产业布局研究"项目涵盖区域为上述定义的中国部分。该地区海岸线8 300多千米,北起鸭绿江口,南至长江口,跨越我国环渤海和长江三角洲两大经济区。该项目主要探讨了我国这一区域内的海洋产业布局以及与日、韩两国在海洋产业发展方面的国际合作问题。

截止到2005年,我国学术界内研究渤海、东海和南海的比较多,相比之下,以黄海为研究对象的较少,而关于泛黄海地区海洋产业布局的研究在当时国内学术界和产业界仍是一片空白。泛黄海地区有着丰富的海洋资源储量、雄厚的海洋经济实力和显著的海洋科技优势,在我国东部沿海地区海洋产业发展中扮演着举足轻重的角色。海洋产业布局理论属于一般产业布局理论的研究范畴,是一般产业布局理论在海洋产业领域的应用和发展,而有关海洋

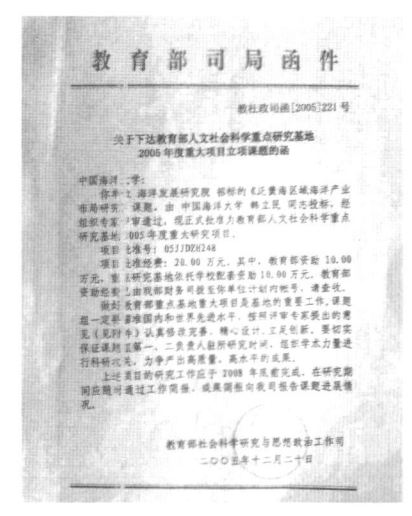

项目立项函

产业布局的研究在当时也基本处于空白状态,这已严重不能适应合理布局我国海洋产业的现实需要。由此看来,以泛黄海地区海洋产业为对象进行项目研究是十分必要的,具有重要的现实意义。

三、项目进行中的攻坚克难

在收到项目下达通知书以后,课题组成员立即有计划地开展了项目实施工作。2005年年底至2006年元旦期间,大家热情高涨,秉承科研工作者的责任感,明确职责,科学分工,为项目实施奠定了一个良好的开端。大家都知道这是一项艰巨而有意义的工作,时刻做好了吃苦耐劳、攻坚克难的准备。每次课题组开会,成员们都会风雨无阻地

2007年,项目攻坚中韩立民(左)与课题组人员研讨项目问题

从四面八方赶来按时参加,积极分析讨论项目问题,尤其是骨干成员,几乎从未缺席,一直发挥着带头示范作用。会上大家积极交流,发现困难并及时想办法解决困难,分享资料和想法,团队的合作力量推动着项目研究有条不紊地进行。开展科研工作总是在和大大小小的各种困难打交道,虽然大家都有心理准备,但有些困难的解决着实耗费了我们不少心血。"泛黄海地区海洋产业布局研究"项目研究始终有两大困难。一是海洋产业布局在当时是一个非主流学科,是崭新的学术领域,难度大,可供借鉴的资料远远不能满足需要。为此,我们在选择课题组成员时,有意吸纳有过访问学者经历、熟知泛黄海地区情况的成员。课题组主要成员除了到学校图书馆、资料室、北京国家图书馆以及国内其他院校的图书馆、科研机构和研究中心,通过高校的校园网直接进入"中国期刊网"、"数字图书馆"、NBER(美国国家经济研究局)和SSRN(美国社会科学研究网)等国内外著名的文献检索机构查阅文献、收集数据、获取有限的资料外,每个成员都与国内本领域的其他同行保持着密切的联系,保证经常有机会和这些专家学者探讨本领域的相关理论问题,并阅读本领域的一些研究成果,

包括理论著作和课题成果,这为开展本课题的研究提供了良好的基础和保证。二是泛黄海地区地域范围广阔,加上可供直接借鉴的成果过少,使得调研工作量巨大。为提高调研成效,每次调研出发前,我们都会认真准备调研计划,明确调研内容,调研过程中我们要在有限的时间内做大量的走访、考察、询问、记录工作。2006年3月,课题组成员到日照、连云港、盐城等地对江苏岸线进行了考察;2006年8月,课题组成员到丹东、大连对辽东岸线进行了考察;2007年5月,课题组成员赴秦皇岛、唐山、天津、沧州对河北岸线进行了实地考察。调研过程中,我们广泛走访了当地海洋与渔业局,与工作人员进行了面对面交流,了解当地海洋经济发展与海域使用情况,并索取了渔业发展规划、海域利用规划等相关海洋经济发展规划。同时,我们还实地考察了当地大部分岸线,走访了当地港务局和部分渔业企业,掌握了大量关于当地海洋经济发展情况的一手资料。2007年10月,两位课题组成员又赴韩国、日本进行海洋产业布局调研,在克服语言交流障碍、环境陌生的困难后,认真考察了当地的海洋产业,走访了不少相关企业,并在高丽大学等高校与专家学者进行学术交流,交换了有关海洋产业、海洋经济等方面的意见和看法,收获颇丰。调研结束后,需要进行繁杂的资料整理,这是一份需要耐心、细致入微的工作。课题组成员兢兢业业,对相关数据、资料进行了认真归类、整理,国内外资料整理历时两个月,为课题研究的顺利开展奠定了坚实基础。

随后,课题组举办了"环黄海海洋产业布局问题研讨会",邀请国内外同行专家参加,并根据同行专家的建议对课题研究内容、研究方法进行了调整与改进。2007年11月至12月集中探讨了研究过程中遇到的新问题,统一研究思路和研究成果写作风格;2008年1月至5月撰写了研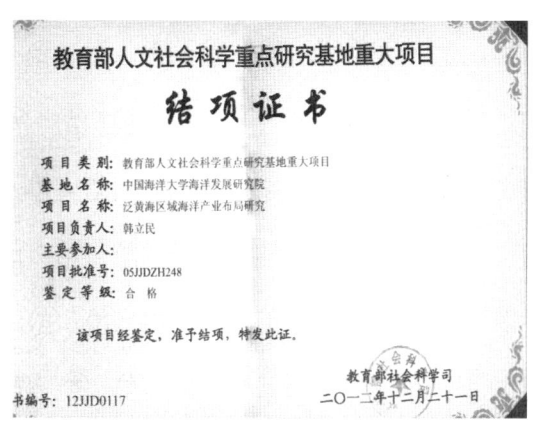究报告初稿;6月邀请专家进行评议;7月至8月修改定稿,并报送最终研究成果,至此课题顺利结项。

四、研究成果的学术和实践价值

"泛黄海地区海洋产业布局研究"项目具有一定的学术和实践价值。该项目探讨了海洋产业的分类、海洋产业布局的内涵与外延、海洋产业布局的层次与内容、海洋产业布局的影响因素、部分重点海洋产业布局的区位指向、海洋产业布局演化的一般规律、海洋产业的集聚与扩散机制、海洋产业布局的原则以及海

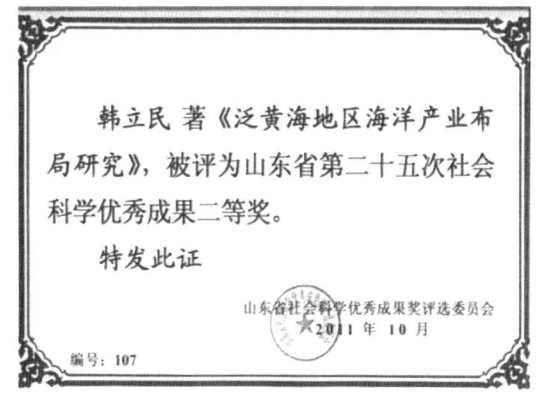

洋产业布局的优化模式等海洋产业布局基本理论问题,加强了海洋产业布局的基础理论研究,推动了海洋经济学科的发展,为我国海洋经济区划的制定和实施奠定了理论基础。对泛黄海地区的海洋产业布局与国际合作问题进行了深入研究,通过分析评价泛黄海地区海洋产业布局的资源条件、现存问题、区域特征等,提出了一套切实可行的、富有操作性的泛黄海地区海洋产业布局方案,为实现泛黄海地区海洋产业的合理布局提供了参考和决策依据。

作为一名科研工作者,能够为科研事业奋斗是一件十分幸福的事情。当我们手捧着沉甸甸的结题报告时,心情无比的激动和喜悦,毕竟那一张张图片、一句句话都凝聚着大家的心血,承载着大家的辛勤付出与真心期盼。每一次科研经历都在丰富着我们的人生,让我们在科研的道路上不断收获、不断进步!

"国外语言损耗研究的现状调查"研究的实际价值

◇ 杨连瑞

作者简介

杨连瑞,男,1963年出生。中国海洋大学外国语学院院长,教授,博士生导师,教育部人文社会科学重点研究基地——北京外国语大学中国外语教育研究中心兼职研究员,教育部"新世纪优秀人才支持计划"获得者。担任山东省专门用途英语教学研究会会长,山东省本科教育教学指导委员会委员(外语专业类副主任委员),中国教育语言学研究会副会长,中国翻译研究中心顾问,国际 SSCI 学术期刊 *System—An International Journal of Applied Linguistics* 编委等。

长期致力于应用语言学、二语习得等领域学术研究,主持国家社科基金、教育部人文社科和省社科等课题 8 项,发表论文 150 余篇,出版著作 10 余部。曾获"全国高校优秀教学成果二等奖""山东省社科优秀成果二等奖"等 15 项奖励。

论文《国外语言损耗研究的现状调查》(原刊载《解放军外国语学院学报》2009 年第 6 期)系我主持的国家哲学社会科学基金课题(07BYY026)和山东省社会科学规划研究重点课题(06BWJ017)的成果之一,于 2011 年获"山东省社科优秀成果奖二等奖",2010 年获"山东省高校优秀社科优秀成果一等奖"。

一、获奖项目研究背景介绍

语言损耗主要指双语者或多语者个体或团体由于某种语言使用的减少或停止,其运用该语言的能力随着时间的推移而逐渐减退或丧失的现象。语言损耗过程往往是语言习得的逆向过程和伴生产物,因而对当今语言习得研究特别是第二语言习得研究具有重要理论价值。

国外语言损耗研究已经有 30 多年的历史,并建立了许多相对完整的理论框架和独特的研究途径,而我国在这个领域的研究几乎还是学术空白。早期语言损耗研究主要源于心理学研究中的记忆和遗忘理论,20 世纪 90 年代以来开始借助于认知语言学,最近几年许多学者开始从社会语言学视角研究语言损耗。

我在研究了国外的 40 多项研究成果后,在国内语言学研究领域率先对国外语言损耗研究进行了开创性的全面分析和总结,根据我国特殊的外语学习条件和我国少数民族语言状况大力开展关于我国在这一领域的研究。

二、获奖项目进行中的难忘经历

自然科学研究追求客观世界与真理的客观性和绝对性,研究者要排除主体的意志、情感、愿望等主观意识的东西,主体的作用只在于能动地去探索、发现和掌握客观世界的规律与必然。而人文社会科学研究则以人的生存价值和生存意义为学术研究的主题,研究人类的精神与意义的世界。尽管人文社会科学与自然科学有着不尽相同的学术特点以及人才培养等方面的独特规律,但二者都是科学,都是主观与客观的统一,都是相对性和绝对性的统一,都具有普遍的必然性、规律性,都具有真理性。作为人文社会科学研究领域的学者,应该及时了解国外人文社会科学的研究动态,追踪国外人文社会科学发展趋势,提高我国的人文社会科学研究水平。

回顾过去,我的学术研究与三次留学经历密切相关。我曾先后三次获得了

2005年，杨连瑞为项目研究查阅资料

国家留学基金委公派出国留学的机会。1998年9月，我到美国冈泽格大学作语言学访问学者，为期一年。2005年2月，我到澳大利亚堪培拉大学和澳大利亚国立大学作语言学高级访问学者，为期一年。2012年10月，我又到了英国剑桥大学作语言学高级研究学者，为期四个月。每次出国，国家资助了不少的费用，机会难得，我都备加珍惜。一个人在国外生活，一切从简。除了参加校内的课程和讨论，偶尔参加一些校外的学术研讨会之外，差不多每天早上就备好午饭，整天都待在学校办公室或图书馆，查阅研究资料，阅读相关文献。每次回国，不是托运来大量复印资料，就是带来扫描的资料或电子资料，内心十分充盈和满足。这时的我就像出差远行带回精美礼物的父亲急于与孩子分享一样，这些宝贵资料就成了我与我的研究生和研究团队接下来几年共同研读和思考的精神食粮。基于国外资料，一方面我们及时向国内学术界介绍评述这些最新研究成果，在重要期刊上发表一些论文，另一方面借鉴国外的研究方法让研究生选择该学科领域的国际前沿研究问题作为论文选题并在国内外发表研究成果。由此，我指导的一些研究生自此走出了国门，走进了国际学术研究领域。

研究成果《国外语言损耗研究的现状调查》就是我2005年到澳大利亚堪培拉大学和澳大利亚国立大学进行学术访问和研究后回国完成的。当时我们对50余项国际上研究语言损耗的重要文献进行了反复研读，该研究领域涉及认知科学、心理学、神经科学

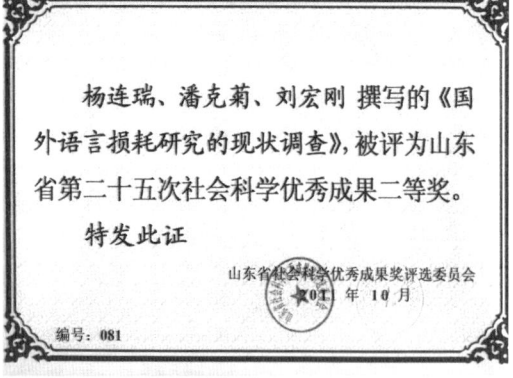

等学科,该领域的研究在国内学术界还没有开展起来,其中的理论和学术观点非常新颖,理解并评述国外的研究状况并非易事。在研究国外成果的基础上,课题组近几年发表了该专题的系列研究成果,如《国外语言损耗研究的社会心理因素》《国外母语损耗研究的动态》《词汇损耗面面观》《二语损耗研究的方法设计》等,这些成果均在我国外语界和语言学界产生了重要影响。有近10名研究生在这一新的学术领域选题并完成硕士论文,如《汉语环境中词源对研究生二外日语词汇损耗影响的实证研究》《语言学能与听力水平以及听力损耗的相关性研究》《汉语语境下非英语专业大学生英语名词损耗实证研究》等,已经形成了我国语言学研究领域语言习得与损耗研究的学校特色和研究团队。

三、科技成果的创新性和实际效益

该成果率先对该领域研究的相关理论和术语进行了界定和确立,创造性地评判和分析了语言损耗研究的回归假设(regression hypothesis)、提取失败假设(retrieval failure hypothesis)、保留范式假设(savings paradigm hypothesis)等几个重要理论模式和研究进展。该成果对未来我国语言损耗研究具有开创性理论意义。该成果对我国现在的语言损耗研究作了初步思考,认为我国语言损耗研究应该在充分吸收国外研究成果的基础上,根据我国特殊的外语学习条件和我国少数民族语言状况大力开展这一领域的研究,并提出了具有战略意义的学术观点。

该成果发表后被中国人民大学书报资料复印中心《语言文字学》2010年第1期全文转载(首篇),《新华文摘》进行了摘登,在我国语言学界产生了重要影响。

辨析史料　考镜源流
——《刘向、刘歆赋学批评发微》的写作经过

◇ 冷卫国

作者简介

冷卫国，男，1969年出生。中国海洋大学文学与新闻传播学院教授，文学博士。出版《汉魏六朝赋学批评研究》等专著、合著10余部，发表论文60余篇，独立主持国家社会科学基金项目两项。获"中央国家机关优秀青年"等荣誉称号，入选"山东省理论人才百人工程""教育部新世纪优秀人才支持计划"。兼任青岛市国学会副会长、青岛市古典文学学会副会长、中国屈原学会理事、中国辞赋学会常务理事等。

研究领域包括中国古代诗歌、辞赋，中国古代文类与文体学，中国古代文学史。论文《刘向、刘歆赋学批评发微》2012年获"山东省第二十六次社会科学优秀成果二等奖"。

一、研究的缘起及背景

中国文学批评史有源有流，通体一贯；不同的文体之间亦相互渗透、彼此

影响。诗、词、曲、赋是中国古代韵文的四大体裁。关于诗、词、曲三种文体的批评史,已研究得较为深入,但关于赋学批评史的研究,迄今为止却一直是薄弱环节。目前,国内外还没有一部赋学批评通史,也没有一部赋学批评断代史,因此开展赋学批评史的研究,就显得十分必要。"赋"作为一种兴于战国,盛于两汉,横跨上古、中古、近古而不绝的文体,在中国古代文学史上有着极其重要的地位,在汉代是"一代之文学",在魏晋南北朝,其地位则与诗相埒。中国古代文学史上的作家,除了辛弃疾之外,几乎无人不写赋。汉代的刘向、刘歆父子是中国赋学批评史上的重要人物,但是,对刘氏父子的赋学批评观念却从没有人做过专门、系统的探讨。

二、论文写作过程中涉及的几个难点

正是基于以上考量,我选择了这一题目。但是,接下来面临的问题是,如何根据史料,从史料出发,再把研究向前推进一步。

谈到刘向(约公元前77～前6年)、刘歆(公元前50～公元23年)的赋学批评,就不免要涉及刘氏父子的《别录》《七略》与班固的《汉书·艺文志》的关系。关于这个问题,前人已经涉及很多。梁阮孝绪曾经明确指出:"校书郎班固、傅毅并典秘籍,固乃因《七略》之辞,为《汉书·艺文志》。"而根据班固的自述"今删其要,以备篇籍"(《汉书》卷三〇《艺文志》)看来,班固对《七略》做过"删去浮冗,取其指要"(《汉书》卷三〇《艺文志》)的工作,因此,《艺文志》是在对《七略》进行删节的基础上形成的。班固对《七略》进行删取,并将其要旨分散到六略的序中等等,这是可以肯定的。据此,《汉书·艺文志》保存了《别录》《七略》的精要之言,此为不争的事实。对《七略》被保存在《艺文志》,班固交代得很清楚,认为"歆乃集六艺群书,种别为《七略》。语在《艺文志》"(《汉书》

冷卫国在图书馆查阅研究资料

卷三六《楚元王传》）。所以，探讨刘氏父子的赋学批评，《汉书·艺文志》也就成了我们讨论的主要依据。

在《汉书·艺文志》中有这样一条材料——传曰："不歌而诵谓之赋，登高能赋可以为大夫。"按照刘勰的说法，"不歌而诵谓之赋"系出自刘向之口："刘向云：明不歌而颂。"（《文心雕龙·诠赋》）。目前，几乎所有的学者根据《文心雕龙》中的这一条材料，就把这句话的来源归之于刘向了。但是，对此，我却抱有怀疑态度。为此，我考察了"传曰"的辞例。从最早出现"传曰"的《荀子》一书，再到《史记》《汉书》《论衡》，我发现有关"传曰"的用例，在《史记》《汉书》中多见。从其用例来看，"传"主要有以下三个方面的含义：第一，指《论语》《礼记》《荀子》等儒家典籍；第二，与"经"相对，圣人著述曰经，解释经义曰传；第三，指的是古文本的儒家典籍文献。综合以上《荀子》《史记》《汉书》《论衡》等所记载的情况来看，对"传曰"的阐释，以杨倞的说法最为简明扼要："凡言传曰，皆旧所传闻之言也。"由此可以证明，这句话并非刘向的原创，换言之，这句话是刘向根据旧所传闻之言而加以征引而已。

根据《诗赋略》，论文还考察了刘氏父子的文体观念：骚、颂、七、成相杂辞、隐书、歌等都属于赋。另外，在杂家叙录中，有"臣说三篇"条，而在《诗赋略》陆贾赋类的叙录中有"臣说赋九篇"，前者班固注："武帝时所作赋。"可见，《汉书·艺文志》的叙录亦间有重出者。

关于《艺文志·诗赋略序》，究竟是出自刘歆还是班固之口，向来也有不同的说法。本文通过辨析《诗赋略序》中涉及司马相如赋的矛盾性评价，证明《诗赋略序》出自刘氏父子特别是刘歆的可能性远大于班固。再联系班固明确说过《七略》"语在《艺文志》"来看，笔者也认为《诗赋略序》出自刘歆的可能性最大。

正是根据对以上史料的辨析，克服了以上难点，使全文的写作得以顺利展开。

三、成果的创新点及其理论、实践意义

《刘向、刘歆赋学批评发微》第一次全面系统地论述了刘向、刘歆的赋学批评观念，解决了学界长期以来的一个悬而未决的问题。尽管历来研究刘向、刘歆或研究《艺文志》的论著很多，但还没有系统论述刘向、刘歆赋学批评观念的研究成果。论文梳理了刘向、刘歆的赋学批评与《汉书·艺文志》的关系，指

出"不歌而诵谓之赋"虽然出自刘向的《别录》，但实际上并非刘向的原创而是刘向据旧所传闻之言而传之，《诗赋略序》反映的也是刘氏父子的赋学观念，分析了《别录》中的辞赋解题与赋学批评、《诗赋略》所透露出的文体观念、刘氏父子重讽谏的赋学价值观，同时指出了"不歌而诵"在文学史上的意义。

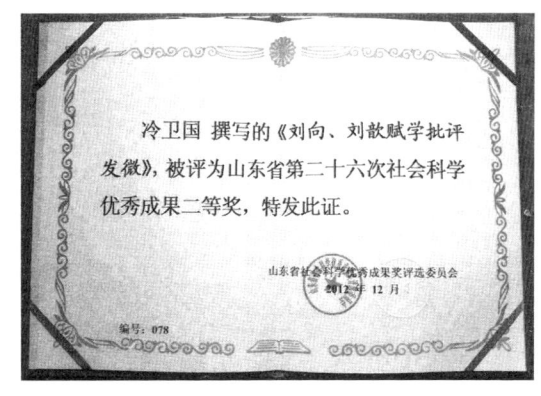

总之，刘氏父子的赋学批评，没有脱离赋为"古诗之流"的阐释框架，固然有其局限性，并且在本质上依然是一种宗经的文学观，或者说其本身就是对这一观点最具代表性的阐释。但是刘氏父子的赋学批评也具有独特的重要价值，他们不仅注意到了文化背景与创作主体之间的关联，更重要的是在批评方法上确立了融文学批评于历史背景的考察之中这一双重的观照维度，开创了史、论结合的批评范式。后世的挚虞、刘勰等人的赋论，继承了这一传统，并使赋学批评在理论形态上日臻完善。"不歌而诵谓之赋"，在刘向、刘歆看来，这是赋之为赋的基本特征，也是《诗赋略》划分歌诗与辞赋这两种文体的最基本的标准，以此划开了"歌"与"诵"的分野。而赋体四类的区分，更显示出从某一类文体当中把握不同作品特征的努力和倾向，进而为魏晋时代"文的自觉"与文体辨析意识的明晰化埋下了深刻的伏笔。

"后代人权利理论批判"研究心得

◇ 刘卫先

作者简介

刘卫先,男,1978年生于河南省商城县。2001年本科毕业后先后在南开大学、中国海洋大学取得法学硕士、博士学位,随后在清华大学法学院从事博士后研究工作,出站后回中国海洋大学法政学院任教。现任中国海洋大学"青年英才工程"岗位副教授。

先后在《法学研究》《现代法学》《法制与社会发展》《法学评论》《法学论坛》《当代法学》等CSSCI来源刊物发表学术论文20余篇,其中部分论文被《中国社会科学文摘》《人大复印资料》《高等学校文科学术文摘》《学术界》《公安研究》等学术刊物转摘或全文转载。先后主持国家社会科学基金项目1项,博士后基金项目1项,出版学术专著1部。研究成果曾获"中国海洋大学优秀博士论文二等奖""山东省社会科学优秀成果二等奖"。

《后代人权利理论批判》一文发表于法学权威期刊《法学研究》2010年第6期，并于2012年12月获得"山东省第二十六次社会科学优秀成果二等奖"。

一、选题背景及立项依据

《后代人权利理论批判》论文是在我的博士论文基础上修改完善而成的。论文的写作实际上经历了三年，基本贯穿了我博士学习的整个过程。论文的选题主要是在我的博士生导师徐祥民教授的指导下，根据我个人的研究兴趣，并结合我国当前的环境法研究和发展现状而定。从世界范围来看，环境法是应现代环境危机而诞生的，与具有上千年发展历史的民法、刑法、行政法等传统法学相比，环境法毫无疑问是一位法学家族中的"晚辈"。作为后生的环境法学虽然可以借助后发优势，利用传统法学的一些成熟制度为自己服务，但这一优势往往也是自己的弱点之所在，容易使环境法遭受传统法学思维模式和制度的禁锢，而后代人权利理论就是这种禁锢在环境法学领域中的体现。

完善的环境法离不开成熟的环境法学。环境法作为新兴的部门法，更急需完善成熟的环境法学理论作为自己的支撑，从而促进环境法的成熟与发展，这也是每一位环境法学者义不容辞的责任和梦寐以求的目标。在这种背景下，绝大多数环境法学者都把目光投向了作为现代法学基石范畴的权利，希望能够以权利为基础来构建环境法大厦，用权利这一"法宝"来应对和解决环境危机，实现环境保护的目的。后代人权利理论就是权利思维在环境法领域中的具体化。但是，就现代环境危机的根源而言，在某种意义上说，现代环境危机就是人们权利意识的直接后果。权利保护的是权利者的私利，而自然环境则是一种典型的公共利益。权利的张扬和行使即使不与环境保护相悖，那也对环境保护力不从心。

基于上述认识，我们选定了"批判后代人权利"这一题目，以期彻底指出后代人权利理论的虚构性及其在环境保护中的局限性，进而指出环境保护的权利路径是不可行的，并指出可行的保护环境法律路径。

二、获奖成果研究过程中的难忘经历

由于后代人权利理论在世界范围内具有较为广泛的影响，并且一些著名的法学家对此也持赞同的态度，而且该理论也得到了部分国外立法和司法实践的认可。所以,要想对这种理论进行批判,进而改变大多数人思想中的固有认识,难度可想而知。但我并没有知难而退,反而凭借着"初生牛犊不怕虎"的"鲁莽"采取了"咬定青山不放松"的态度。

整篇论文的写作过程既有艰辛,也有喜悦,现在回想起来,有些场景还历历在目。

由于"后代人权利理论"的另一种表现形式就是"代际公平理论",这一理论不仅在环境法学领域,而且在环境伦理学、环境政治学、环境经济学等领域都具有广泛的国内外支持者,所涉及的研究资料非常多。所

刘卫先工作照

有这些前人的研究,我都需要收集和阅读。经过一年半的努力,我终于在大量收集和阅读国内外相关研究资料的前提下顺利地通过了我的博士论文开题,并且在此基础上,公开发表了一篇学术论文,即《对后代人环境权论的几点质疑》,被人民大学报刊复印资料《经济法学劳动法学》全文转载。这给了我极大的鼓励,使我更有信心把这个项目做好。

在论文写作的过程中,为了更方便地把握和应用有关英文资料,我在收集大量英文资料并通过阅读筛选之后,把一些重要的英文资料都用手写的方式翻译成了汉语,字数达到15万字,写满了整整一个笔记本。现在这本翻译的资料还摆在我的书架上。翻译资料固然辛苦,但论文创新更加艰辛。失眠已习以为常,无数个不眠之夜虽然带来了精神的憔悴,但也让我产生了一些新奇的想法和论证思路,这些想法常常让我更加兴奋,更加

难以入睡……恶性循环便由此而生,而论文也在慢慢增厚。当我满怀信心地把论文初稿呈给导师后,本以为可以稍作休息和放松,但结果出乎我的预料,导师给我的意见是"全部重写"!这一结果当时对我来说简直就是晴天霹雳,一时间让我不知所措……之后,我冷静思索了半个月之久,然后重新又回到论文的创作中来。我根据导师的意见重新整理思路,并在关键问题上及时与导师交流和沟通,最终在我毕业的时候交上了令人满意的答卷。现在回想起来,虽然导师当时的严格要求增加了论文创作的痛苦,但让我受益终身,所以我应该感谢导师的严格要求。正因为如此,我才有了今天的一系列研究成果。

三、获奖成果的创新性和实际效益

获奖成果的创新之处在于通过对"后代人权利理论"的梳理和批判性分析,指出所谓的"后代人权利"只不过是一个理论虚构,"后代人权利"的追求给社会留下的只是人们普遍承担的保护环境的义务。环境义务不仅是"后代人权利理论"的本质所在,也是"后代人权利理论"的正确出路与归宿。该研究成果为探索环境保护的正确法律路径做出了理论上的努力。

该研究成果的相关内容在学术刊物上分别公开发表,其中被《中国社会科学文摘》转摘2篇,被人大复印资料《经济法学劳动法学》全文转载1篇,相关论文被他引次数截至2014年2月共计60余次,在我国环境法学界产生了较为广泛的影响。

衣带渐宽终不悔
——《当代英美马克思主义文论研究》的获奖过程

◇ 柴 焰

作者简介

柴焰,女,1975年出生。文学博士,哲学博士后,现任中国海洋大学文学与新闻传播学院副教授。出版《伊格尔顿文艺思想研究》《当代英美马克思主义文论研究》《自觉自信自强——涵养当代中国文化建设的内驱力》《影像表达与文化阐释》《经典电影赏析十五讲》等学术著作5部,在《东岳论丛》《山东社会科学》《理论学刊》《兰州学刊》等CSSCI学术期刊上发表论文20余篇。主持两项国家社科基金项目,其中一项已完成,并获得"优秀"鉴定等级;主持省部级、市厅级各类科研项目近10项。

专著《当代英美马克思主义文论研究》2013年荣获"山东省社会科学优秀成果二等奖""青岛市第二十六次社科优秀成果一等奖"等。

一、获奖项目选题背景——学术方向之抉择

时光荏苒,不知不觉间我博士毕业来到中国海洋大学工作已过去 11 载春秋。这 11 年的光阴在繁忙的教学和学术研究中度过,几番风雨几番晴,几多艰辛几多收获。回首来时路,苍苍横翠微。那曾经付出的努力和不敢懈怠的学术追求,在 11 年的岁月中有了格外的分量。

1997 年,我从郑州大学本科毕业,同年被免试保送攻读文艺学研究生,也正是从那时起,我开始了文艺理论研究的学术征程。2000 年我考入山东大学攻读文艺学博士学位,师从著名文艺理论家谭好哲教授。读博士期间,在恩师的悉心指导下,从最基础的资料收集、文字训练到学术素养培植和研究方向确认,我从事研究工作的学术根基进一步得到了夯实,并选择了马克思主义文论作为研究的主攻方向。

对于一位女性从事马克思主义文论研究,很多人表示不解,而对我而言,在大的时代和社会背景下,中国政府全面深化改革,为马克思主义理论工作者提供了展现才智的极大平台和创新空间,也带来了诸多理论研究的挑战,我渴望在这样一个平台上施展才华、接受挑战。从个人学术兴趣上,马克思主义文论家的思想和学术品格令我深深着迷。马克思逝世已经 130 余年,但马克思的思想并没有因时间久远而消失,相反,它仿佛是屹立于理论高原之上的最高灯塔,光芒四射。尽管苏联解体、东欧剧变使社会主义遭遇重大挫折,马克思逝世后,"过时论"此起彼伏,但西方马克思主义思想家对马克思主义的捍卫使之一次次破产,马克思依然被西方评为"千年思想家"。中国共产党领导全国各族人民所取得的新中国革命、建设、改革的伟大胜利更向全世界显示出马克思本真思想的光辉。20 世纪 60 年代以来,西方马克思主义文论家为发展马克思主义做出了卓越的贡献,他们以敏锐的眼界捕捉时代问题,以扎实严谨的理论创新促进了马克思主义文论的学术生长,捍卫了马克思主义对当下现实的解释效力。

经过 30 多年几代国内外学人的努力,西方马克思主义文论研究成绩斐然,在这样一个已有相当基础的"高地"上,找出自己研究的"一席之地"确实不是易事。恩师谭好哲教授指导我仔细地分析了国内外马克思主义文论研究的现状,分析了我国研究西方马克思主义的优势和长处,决定重点探讨当代英美

马克思主义文论。我的博士论文在国内首次对英国著名马克思主义文论家伊格尔顿的文艺思想进行了全面系统的研究,论文完成后获得了评审专家的高度评价。

二、学术发展之路——水到渠成的获奖

2003 年,我进入中国海洋大学文学与新闻传播学院工作,在繁重的教学工作和抚育孩子的忙碌中继续着学术上的探寻。文学与新闻传播学院有着浓厚的学术气氛,我身处其中,既得到了许多德高望重、资深学博的学者专家的指点、帮助和提携,还有才情颖秀、思维深湛的年轻学人可以交流切磋,这对于从事学

术研究来说,实属幸事。我亦不敢懈怠,唯有更加努力。

学校对人文社会科学十分重视,历来在学术研究方面给予年轻教师大力支持,我深受其益。2004 年,我的博士论文经过仔细修改后,定名为"伊格尔顿文艺思想研究",由学校人文社会科学学术出版基金资助在学校出版社出版,该书引起了学界的关注和好评,并于 2006 年获得"山东省社会科学优秀成果三等奖""山东省文化艺术科学优秀成果一等奖"。

以此为基础,我的研究更进一步,继续追踪当代英美马克思主义文论的最新研究成果,并向英美马克思主义文论家理论的比较研究延展。2006 年我申报的"20 世纪英美马克思主义文论研究"获得山东省社会科学规划研究项目立项。该项目成果《当代英美马克思主义文论研究》(著作)于 2013 年获"山东省社会科学优秀成果二等奖""青岛市社科优秀成果一等奖"。我的学术成果在马克思主义文论研究领域受到广泛关注,多次受邀在国内文论界的重要学术会议上交流。

三、学术研究的升华

2007年,为了在学术研究中获得更宽广的学术视野和学科包容面,我在学院和学校的支持下进入山东大学哲学博士后流动站。在站期间,我申请的山东省博士后创新项目获得立项。同年,我获得由山东省社会科学优秀成果奖评选委员会颁发的"山东省首届社会科学学科新秀奖"。这个奖项旨在奖励35周

2010年,柴焰受邀在学术会议上做报告

岁以下,科研成果显著,有较大发展潜力,研究水平处于本学科前沿的学术骨干,全省每年只评选出5名。获得"新秀奖",我受到莫大的肯定和鼓舞,更加坚定了学术上的自信、自强。

博士后在站期间,我力图在马克思主义文论的研究方法上实现创新,决心采用传播学的数据统计和内容分析法,将实证研究引入文艺学的研究领域,实证考据与理论阐发相结合,使结论具有更坚实的可靠性和科学性。基于此,2009年我申报了国家社科基金青年项目"当代英美马克思主义文论在中国的传播及影响研究",并成功获得立项。这个项目历经4年,2013年,该项目成果《当代英美马克思主义文论在中国的传播及影响研究》(著作)经过5位同行专家双向盲评和国家社科规划办的复审,获得了"优秀"鉴定等级。

恩师谭好哲教授曾教导我:善于驻思与总结是理论研究者应具有的一种良好习惯。在学术研究的不同阶段,我时常回顾自己的探索足迹,反思自己所阐释的学术观点,思考可能存在的研究发展空间,发现新的学术问题,寻求新的理论增长点,探掘新的思想端倪,以明晰自己后续的研究方向。

2013年5月之后,我历经几个月的时间,一心一意、沉下心来对自己10余年来的学术研究成果进行汇集、归纳、修改和整理,深刻地体悟到治学境界的提高和学术收获的丰厚离不开"聚众矢于一的"的学术方法,离不开史料、文献与感受、辨析和思想能力所形成的一个交互作用的系统以及在看似扞格难

通之处打通不同学科、不同地域学术思想的内在精神,这需要数十年的苦读精思和极高的悟性和辨识力。

作为一位马克思主义理论女性研究者,也深感创新与求是并重,析理与论道相融,始终坚持按照马克思主义的立场、观点、方法创造性地回答时代提出的新问题,践行"关注现实、研究现实"的学术研究路径,浸于感性,却又步出感性,把"哲学的深沉、文学的优美、史学的丰富"结合在一起,才能开出理性之花,做出具有饱含思想分量和理论活力的研究成果。对学术研究之路的总结、审思和体悟使我决定将今后学术注意力主要集中在英美新马克思主义最新理论发展的文学伦理学思想,并对接中国当代社会发展中存在的重大现实问题,提出构建中国马克思主义文学伦理观的设想,以拓展中国文艺理论的研究视域和理论创新空间。

2013年底,我申报的"中国马克思主义文论新形态建构研究"课题再次获得山东省社科规划项目立项。2014年,我申报的"英美新马克思主义文学伦理学思想研究"课题也成功获批国家社科基金项目。这是我主持的第二个国家社科基金项目,这些项目也为我所从事的马克思主义文论研究向前推进提供了强有力的支持和保障。站在新的起点,我将以更加饱满的精神和干劲再度扬帆起航,力求取得新颖扎实、既有理论深度又具文采风流、前沿性和前瞻性并重的高水平学术成果。

四、个人感悟

即将步入40岁的年月,"四十不惑",从前许多纠结和困扰如今已能一一化解,学会与生活讲和是我人生必修的功课,坚持学术追求,坚守学术理想是我人生价值所在。怀恩报本,饮水思源。感谢海大,感谢所有帮助和鼓励过我的人们。海大,是我事业起航的地方,是成就我梦想的热土。海大,给予每个海大人人生出彩和梦想成真的机会,我的人生理想和追求已经深深融入海大的事业发展之中。"欲穷千里目,更上一层楼。"这是千百年来激励人们奋进的诗句。适逢海大建校90年,我希望自己从事的马克思主义文论研究能够更上一层楼,为海大增光添彩,也道一声深深的祝福,祝福海大在未来的征程中谱写出更加浓墨重彩的壮丽篇章。

教学成果部分

记述"大学英语教学管理的改革"的获奖前后

◇ 张春寿

作者简介

张春寿,男,1933年2月出生于南京市。中国海洋大学退休教授。1955年本科毕业于解放军外语学院英语系,1961年本科毕业于北京外语学院俄语系。毕业后任教于山东海洋学院、青岛海洋大学外语系,从事大学俄语、英语的精读、泛读、听力、语法、快速阅读以及研究生英语教学工作,历时30余年。历任教研室副主任、系主任等职。曾任山东省大学外语教学研究会副理事长。

曾获省部级以上优秀教学成果奖两项:1989年"大学英语教学管理的改革"获国家教委"普通高校优秀教学成果奖";1997年"加强合作交流建设提高全省大学英语教学水平的运行机制"获"山东省普通高校省级教学成果一等奖"。

一、获奖项目情况

1987年,我校85级学生在全国第一次大学英语四级统考中成绩突出,名列全国高校前茅,山东省高校第一位。成绩对比见表1。

表1 1987年我校英语四级统考成绩与其他高校成绩比照情况

学校	级部	全国实有学生总数的通过率(%)	优秀生率(%)
全国大学	85	19.9	1.4
非重点大学	85	10.1	0.3
重点大学	85	37.2	3.4
山东省大学	85	23.8	1.4
我校	85	68.6	9.7
我校	86	77.25	10.15

由于取得了上述优异的成绩,为我校在全国高教系统中赢得了声誉。除我省大学外,江苏、浙江、东北、河北、河南、山西等省的兄弟院校都曾先后来我校交流学习,反响很大,因而促使我撰写了一篇论文——《大学英语教学管理的改革》。文章一经发表获得普遍好评,并参加了全国普通高校优秀教学成果奖的评审。当时,我校以施正铿校长为负责人的校评审委员会的评审意见是:"我校公外教研室在公外英语教学中率先试行新《大学英语教学大纲》和分级教学,建立了一套从教学管理到测试的完整的教学系统,积累了丰富的教学经验,培养了一批教学水平较高的教师,对提高全校学生英语水平做出了突出成绩。在全省历次英语统考中我校成绩一直名列榜首,在全国四级英语统考中名列前茅。"

1989年11月2日,《大学英语教学管理的改革》获得了我校第一个教学方面的国家级优秀教学成果奖。回顾过去,我校大学外语教研室的教学成果是在非常困难的条件下取得的。

二、我校大学英语教学改革的前后

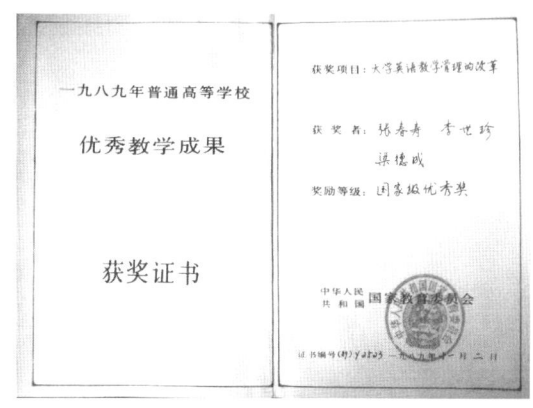

从思想上说,过去我们的思想是比较保守的,仅满足于现状,对外界的新思想和做法不去了解也不愿去接触,只是闭门"造车",总认为老一套的教材,老一套的教学法,用起来驾轻就熟,得心应手,省心省力。然而,随着我国"四化"建设的发展,对大学外语提出了越来越高的要求。新的教学理论、教学思想、教学方法及教材的不断出现,学生的素质也在不断发生着变化。这股新浪潮冲击着我们的守旧思想,使我们感到:不走出校门,不接受新的事物,不对教学进行改革是绝对行不通了。特别是《大学英语教学新大纲》的出现,使我们下定决心,解放思想,立即采取行动。1984级的第二学期,我院提前开始了按《新大纲》试行的分级教学,经过半年的尝试,使我们从弯路和碰壁中获得了必要的经验和教训,为我们1985级全面贯彻《新大纲》,实行分级教学铺平了道路。

从人力上说,由于我校的迅速发展,新系和新专业不断出现,而大学外语教师的数量却远远跟不上发展的需要。以1986年为例:我校大学外语教研室只有教师19人(其中病假、产假各一人),而全校要开设的大学英语班级却有80个,因此每位大学英语教师一般每周都要上14~16学时的课,最多的达20学时。而在这19人中50岁以上的占9人,刚毕业一两年的占5人(其中女同志13人,俄语改行教英语的7人),而且老、弱、病的教师多,许多教师经常带病工作。有的教师家人病重动大手术需要陪床、送饭,但仍坚持不耽误一节课。在如此师资困乏的情况下,幸得校长施正铿、副校长秦启仁、教务处长侯家龙等校领导以及系党总支书记陈一鹤等同志的大力支持和鼓励。我教研室同志团结协作,采取了一系列开拓性措施,改变了我校的外语学习气氛,大大提高了整体英语教学质量。具体改革方案分为两个阶段。

第一阶段:在贯彻《大学英语教学新大纲》(简称《新大纲》)之前,我们采

1991年,张春寿(一排左八)在青岛主持全国大学英语"专业阅读"、"写作教学"研讨会

取了一系列措施:果断采用高起点教材,狠抓阅读教学,在全校进行"英语水平测试";改革考试制度,统一教材,统一试题,统一阅卷,对学生的成绩进行登记建档;改善听力条件,开展第二课堂英语活动等。

第二阶段:我们切实贯彻《新大纲》精神,提出相对应的具体措施:

(1)率先试行《新大纲》。《新大纲》正式执行是在1985年,但1984年我们就开始试行,取得了许多经验,这为我们正式执行《新大纲》打下良好基础。

(2)认真执行分级教学和分课型教学。

(3)实行教师责任制。一个教师负责2～3个班级,从学生入学到结业期间,教师相对稳定,尽量做到不动或少动,从而加强了教师的责任感。

(4)抓预备级和三四级。抓预备级,尽可能避免出现不及格学生,争取更多的人通过国家四级统考。抓三四级则可培养出尖子学生。

(5)进一步改革考试制度。我们规定:授课教师对任课班级不能自行出试题,不能本人监考、阅卷,以保证考试成绩的可靠性和准确性。

(6)试题要求高标准。要向全国第一流的兄弟院校看齐,我们的试题力求内容与难易程度接近于清华、北大、复旦、交大等院校。只有用这种标准来检验自己，才能看出与一流院校之间的真正差距，确定自己的努力方向。

（7）定期开展班级与班级，院系与院系之间的评比。

（8）进一步改善学生的视听条件。

（9）做好考前培训，以提高学生的应试能力。

（10）重视省内外的信息动态，及时改进、调整我们教学中的不足。

在此改革期间，我系的大学俄语专业在全国统考中也名列全省前茅、全国上游，俄语一次统考通过率为75%。我系的专业英语也实施了改革，开始实行全国统考，并取得了可喜的成绩，名列全省前茅（88级学生，专业英语四级通过率达82.1%；87级学生，专业英语八级通过率达81.3%），并在全省英语竞赛中多人多次获奖。

三、《大学英语教学管理的改革》成果的实际效益

当时，我校的校报是这样报道的："我院在1987年全国大学英语四级统考中取得了名列全国前茅，获山东第一的优异成绩，受到国家教委好评和兄弟院校的瞩目。省教育厅日前在青岛召开了总结大会，全省28所高校派人参加大会。全国考试中心办公室主任列席了会议，他充分肯定了我院在英语教学中做出的显著成绩。省教育厅奖给我院锦旗一面，向我院颁发了统考成绩90分以上学生所获得的荣誉证书22本（占全省总数的一半），并高度赞扬了我院为整个山东省争得了荣誉……"（摘自《山东海洋学院学报》，第181期）

《山东海洋学院报》关于我校英语统考佳绩的报道

《大学英语教学管理的改革》获奖后，学校专门在青岛市人民会堂为外语系召开了全校性的庆功大会，会上还邀请我做了专题发言。此后在全国英语统考通过率上，我校都取得了优异成绩：1987年（85级）68.6%；1988年（86级）77.25%；1989年（87级）83.65%；1990年（88级）88.94%；1991年（89级）

山东省教育厅奖给山东海洋学院的锦旗照

87.87%。1992年参考的是90级的学生,他们的教学工作大部分是在1990年、1991年进行的,教学的情况也很好,至于最终考试结果如何,由于换届我就知之不多了。

多年来,从我校毕业生所在工作单位反馈回来的许多信息表明:用人单位对我校毕业生外语水平普遍感到很满意。在许多全国性的考试或出国选拔考试中,我校毕业生的成绩突出。当时,上级主管部门也普遍认为,"外语好"是我校的主要特色之一。

"搞好课程评估,确保教学质量"
——获国家级优秀教学成果奖的工作历程回顾

◇ 秦启仁

作者简介

秦启仁,1935年11月出生,重庆市涪陵区人。1955年毕业于四川大学物理系,1955年10月来校参加工作。先后担任过物理系理论物理教研室副主任,物理系副主任,教务处处长兼党总支书记,山东海洋学院副院长,青岛海洋大学副校长、常务副校长,中国海洋大学校务委员会常务副主任,山东省高等学校教学指导委员会主任等职。

作为山东省专业技术拔尖人才,在专业理论物理学的教学与研究方面有较高的水平;在教学和管理工作方面造诣颇深。在担任副校长期间,全面推进了学校的教学改革,建立健全了各项规章制度,实行教学工作的科学管理,使学校的教育、教学质量和水平实现了历史性跨越,深受社会的广泛赞誉。曾经获得省"富民兴鲁劳动奖章",1995年被评为"山东省劳动模范",享受国务院政府特殊津贴。

高等学校的重要任务是培养合格的高水平德才兼备的社会主义事业的建设者。教学工作始终是学校的中心工作。当时，为保证和提高教学质量，我们做了一些工作。我作为课题负责人的教学管理类项目——"搞好课程评估，确保教学质量"，于1993年获得"国家优秀教学成果奖二等奖""山东省优秀教学成果一等奖"。

一、课程评估工作历程回顾

今天追忆起这一获奖项目，不得不提到我校还是青岛海洋大学时期的教学评估专家委员会。当时，我在学校教务处工作，后任学校副校长，分管这一块工作，该委员会是对全校教学质量进行监督检查和评价的专门机构。它成立于1986年，自成立以来，以课程评估为基础，在深化教学改革、推进专业和课程建设、加强师资特别是青年教师培养等方面开展了大量卓有成效的工作，对提高我校的教育质量、实现教育目标作出了显著的成绩。

教学评估工作是一项十分复杂的工作，要做好这项工作，不仅要有严密的评估程序和科学的评估方法，而且评估机构必须对教学质量评价的裁决具有权威性；否则，就可能使评估工作变成泛泛的议论和空谈，或者走过场，流于形式，使评估工作失去应有的原则性和严肃性。

1. 评估过程如何做到权威、有效

我校教学评估专家委员会对教学质量的评价具有最终决定权，课程评估的质量评价由委员会投票表决，在表决前对某门课程或某个教师的教学质量评价有不同意见可以讨论，一旦付诸表决，任何人不得更改其结果。但是在实际工作中，我们总会遇到很多想象不到的问题。当某门课程被评为一等奖（学校设立的教学质量奖）时，有的教师就不服气，而当某个教师的教学质量被评为不合格时，更会有人出面说情。在类似的这些情况出现时，我们的专家们也能排除各种干扰，严格按评估程序和指标体系办事。我们曾经先后两次将在评估中获一等奖的青年助教直接推荐给校职称评审委员会，破格晋升为讲师；而有两名教学质量达不到基本要求的教师被停止教学：一名限期达标，一名调离教学岗位。另外，在推进学校教学质量评估的七年间，有三次因被评课程教学质量均达不到学校优秀标准，本着宁缺毋滥的原则，一等奖空缺。这些做法充

分表明了教学评估专家委员会的工作是客观的,从而在全校教师中赢得了很好的声誉,很好地树立了该机构对学校教学质量评价的权威性。

由于教学评估专家委员会的成员由各院、系骨干教师组成,他们所从事的专业比较分散,在评估某一门课程时往往会出现同行专家较少的情况,也曾经出现过某一专业专家对另一专业课程的教学质量的评定有"隔行如隔山"的现象。为了提高课程评估效果,从1989年开始,我们将委员会的人数做了适当压缩,成立了10人组成的常设委员会。每学期再根据评估课程的情况,聘请校内外同行教师和专家若干人,负责本学期的课程评估工作,这样既保持有少量热心并熟悉课程评估工作的教师,又能保证有一定数量的同行专家参加课程评估工作,保证了课程评估工作的有效性。

2. 探索科学评估方法,制定评估指标体系

评估工作程序既要能客观反映教学工作全过程各个环节的情况,又要能体现评估工作的公开、民主。评估委员会在这一思想指导下,结合长期教学评估工作实践,摸索建立了一套比较严密的评估工作程序和科学的评估方法。这一方法是以课程评估为基础的,因为课程评估是专业评估的基础,专业评估是学校办学水平评估的基础。

在课程评估工作中,教师的教学态度、教学水平和教学效果是评估的重点。因此,我们的评估工作形式就包括现场听课,检查教学计划、教学大纲、教学日历等教学文件,召开学生座谈会,分析考试成绩,听取班主任、教研室主任、系主任等的意见,召开教学情况讲评会,被评教师自我总结,专家委员会评定等。为了使考试成绩更客观,更可靠,并且成为课程评估的重要信息,我们还组织了统一由专家组命题和阅卷的学期考试。

为了搞好教学评估工作,我们遵照国家教委有关课程评估工作文件的精神以及课程评估工作的基本要求,结合我校实际情况,在参考兄弟院校制定的课程评估指标体系的基础上,制定了我校关于理论课、实验课和体育课的课程评估指标体系。当时那个年代,在非体育院校对体育课进行评估的学校还为数不多。我们的评估指标体系充分体现了学生在德智体诸方面的全面发展,能客观地反映教学工作的全过程,并能在定性基础上做到量化测评。同时,评估指标体系切实可行,确实能在提高教学质量上显示实际效果。

我校的教学评估指标体系在多年使用过程中,历经多次修改和补充,是一步一步完善起来的。每学期评估工作结束时,我们都要对参评的课程和教师进行评比,对教学成绩优良的教师进行表彰奖励。同时,把对教学质量的书面评价发给教师本人,以便使他们能不断改进教学方法,提高教学水平。

3. 课程评估全面系统,教学质量整体优化

最初,我校的课程评估工作主要集中在大学英语、高等数学、普通物理、程序设计和算法语言等全校最重要的公共基础课上。之后,为了加强政治理论课、德育课作为对学生进行政治思想教育的主阵地作用,我们及时将课程评估工作的重点转移到面对全校的政治课——中国革命史、马克思主义基础,德育课——大学生思想修养、法律基础等课程的评估上。

体育课在普通高等学校的教学评估中常得不到应有的重视,在国内很少能看到关于体育课评估的资料。为了提高学校对学生在德智体诸方面的整体教学水平,我们根据国家教委关于加强体育课教学的有关文件精神和体育课课程的特点,制定了《青岛海洋大学体育课程评估指标体系》,评估内容覆盖了课前准备、课堂教学水平和教学效果三个方面,以便全面反映体育课教学的实际情况。实践证明,对体育课的评估有力地促进了体育课教学的正规化、标准化,对改进教学方法、提高教学质量起到了积极的推动作用。

对研究生教学的检查评估一直是高等学校教学评估工作的薄弱环节,包括研究生学位课程在内,教学随意性现象十分普遍。为了保证研究生课程的教学质量,从1990年开始,我们逐步开展了对研究生学位课程的评估。在3年时间里,被评估的课程多达22门,其中评出优秀课程4门,良好课程8门,达到基本要求课程5门,未达到基本要求的课程5门。评估结果比较客观地反映了我校研究生课程教学的基本情况,改变了以往有些研究生学位课程因缺乏应有的监督检查出现的教学随意性现象,全面保证了研究生的教学质量。

为了使教学评估工作能够密切配合学校对师资队伍的建设,尤其是加快对青年教师的培养工作,我们从1991年开始在全校开展了专门针对青年教师教学质量的评估工作,并专门制定了青年教师开设课程的评估办法。评估工作分教研室、系、校三级进行,对由教研室和各系通过初评推荐的青年教师,填写好课程评估申报表后,由校教学评估专家委员会进行评审,并对他们的教学大

纲、教学日历、讲稿、批改的作业、学生试卷等进行展评,每位被评教师再做10分钟讲演,然后召开讲评会,以无记名投票的方式,当年共评出教学质量优良的青年教师36名。1992年,我们又组织若干专家组对他们进行跟踪复评,帮助他们巩固成绩,继续提高。

二、课程评估工作成绩显著

自从该委员会成立以来,我校的教学评估工作从未间断过。在长期教学评估工作的实践中,评估程序不断完善,评估方法日趋科学。评估课程从大学英语、高等数学、普通物理、程序设计与算法语言、中国革命史等公共基础课逐步扩展到专业基础课、专业课、德育课乃至体育课,从对本科生的课程评估逐步扩展到专科生乃至研究生课程。开设评估委员会的7年内,由教学评估专家委员会直接进行评估的课程有123门,占全校开设课程总数的17%,接受评估的教师共158人,占全校教师总数的27.3%。在"全国普通高等学校首次优秀教学成果奖"评奖中,我校有8项成果荣获"山东省普通高等学校优秀教学成果奖",其中,被评估的课程和教师获奖就达5项,大学英语课程组成绩突出,荣获"国家级优秀教学成果奖"。接受评估的教师中涌现出了如周天华副教授等一批国家、省市级优秀教师。

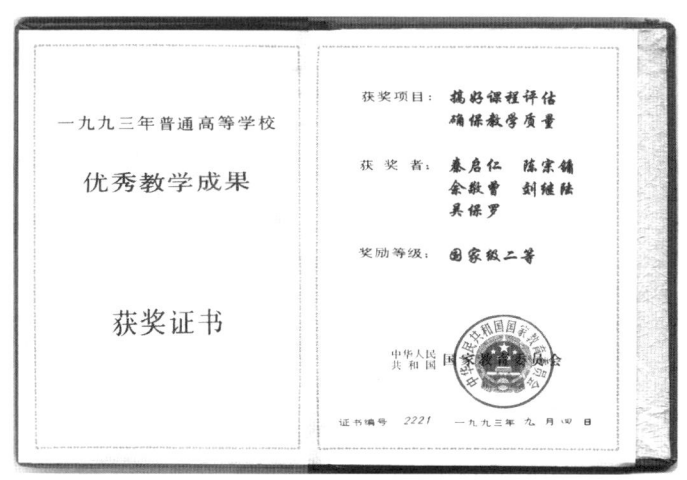

1. 教学评估工作对稳定教学秩序起到了监督保证作用

长年持续不断地开展教学评估工作,对稳定学校的教学秩序,并使教学工作真正成为学校经常性的中心工作起到了监督保证作用。自1986年以来,教学评估工作已经成为我校教学管理方面的一项极为重要的经常性工作。那些年,社会各方面的变革对学校教育产生了很大的冲击,既有推动教育改革的积极影响,也产生了不少的消极作用,教师不重视教学工作的现象都比较普遍。但是,由于我们常年坚持对教师的教学工作进行评估,这就保证了我校教学工作在整体上得到健康发展。

2. 教学评估工作有助于良好教风和学风的形成

通过教学评估,对教师的教学工作有了一个比较科学而严格的要求,促使教师必须把主要精力用于改进教学方法、提高教学水平上。同时,被评估的教师普遍对学生要求较严格,以提高教学效果,尤其是一些全校性的公共基础课,如大学英语、高等数学、普通物理等。根据评估程序要求,必须统一命题,统一阅卷,这样做,把教师和学生都推到了教学竞争的起跑线上,这对良好教风和学风的形成产生了积极的影响。

3. 教学评估提升了学生的基本素质

我校是一所综合性大学,学科较多,专业分散,开设的课程达700多门,我们不可能对每一门课程都进行规范化评估。所以,作为校级的教学评估机构,我们必须考虑如何使教学评估工作在提高我校学生的基本素质上下工夫。当时,我们始终把大学英语、高等数学、计算机语言三门课程作为评估课程的重中之重加以保证,坚持不懈地进行严格检查评定。全校各个专业不管是理工科,还是文科都必须确保这三门课的教学质量。同时,我们还将生物、水产、地质专业开设的三类数学改为二类数学。当然,文科与理工科在这些课程的深度上有不同要求,但作为对学生进行基本素质培养的要求是一致的。这是因为科学技术发展到今天,面对我国改革开放的形式和高等教育必须要"面向现代化,面向世界,面向未来",必须要给高等学校的各个专业的学生打好外语、数学及计算机语言方面的知识基础。实践证明,我们在这方面的努力收到了很好的效果,从我校毕业生质量跟踪调查中反馈的信息表明,我校毕业生的基础扎实,外语水平高,在加快对外开放的形式下,我校毕业生明显显示出在这方面的潜力和优势。

4. 课程评估促进了课程建设

为了进一步提高重点基础课的教学质量,我们在开展课程评估的同时,将大学英语、高等数学、普通物理等课程首批纳入重点课程的建设计划。这些重点课程必须要根据课程评估的意见,对课程的师资培养、教材建设和实验条件保障等方面作出全面规划,学校还要拨出专门经费以保证规划的实施。之后,经过三年多的建设,课程的整体水平有了明显提高,我校大学英语四级统考水平一直在全省和全国重点院校中名列前茅,本科毕业生报考硕士研究生的英语考试成绩,在全省处于前列。

5. 教学评估使师资队伍结构优化,实力更加雄厚

教学评估工作不仅是对教师教学质量的监督检查和评价,从本质上说,也是加强师资队伍建设的一项重要措施,这是因为对教师的教学工作进行检查评定的过程也是对教师的培养过程。过去有的教师,尤其是一些青年教师,对教学工作不以为然,以为只要把教材看明白就能上讲台。经过教学评估,他们真正体会到,教学工作并不简单,除了各种条件保障外,教师的教学水平起着关键的作用。要教好一门课,没有学问固然不行,不掌握教学规律和方法同样也不行。那些年,在被评估的教师中先后涌现出了一批教学质量优秀的教师,其中有10名教师获得过教学评估一等奖,像常宗林、傅圣雪等几位青年助教,由于教学评估成绩优异,被直接破例推荐晋升为讲师。当年取得教学评估优异成绩的青年教师,如今有的已走上院系的领导岗位,不少教师已成为所在专业教学第一线的骨干力量。教学评估对教学质量优秀的教师无疑是一种鼓励,而对教学水平较低的教师更是一种鞭策。当时也有个别教师因教学评估不合格被停止教学,限期达标,甚至被调离教学岗位。有一位中年教师,授课质量达不到评估基本要求,我们一方面坚持评估标准,宣布其讲授课程质量不合格,一方面建议所在院系领导采取措施,帮助其提高教学水平。后来这位教师被派到外校进修,在不到一年中发表了三篇科研和教学研究论文,回校后重新讲授该课程,经检查,不仅达到评估要求,还得到学生们的一致好评。

另外,教学评估工作作为教学管理工作的重要组成部分,它的稳步推进也大大促进了我校整体教学管理水平的提高。通常我们的教学评估工作计划是根据学校年度教学工作要点安排的,始终与教务处的教学行政管理工作密切

配合。可以说，教务处从行政方面给我们的教学评估工作提供保证，而我们通过总结被评估课程的成绩和问题，又为教务处改进教学管理提供依据。几年中，在建立健全教学规章、开展课程建设、加强对青年教师的培养等方面向教务处提供了很多宝贵建议，促进了我校教学管理水平的提高。我校教务处在全省高校教学管理工作评比中被省教委授予"山东省普通高等学校教学管理先进集体"称号。

教学评估工作在一定程度上还推动了教学科学研究。教学评估是根据一定的目标和标准，通过系统的收集信息和科学分析，对教学质量做出判断，为提高教学质量提供依据。所以，教学评估工作本身就是一项教学科学研究。我们先后制定了理论课、实验课和体育课的课程评估指标体系，在总结课程评估工作基础上对教学评估工作进行了理论上的探讨，撰写并发表了系列论文11篇、总结材料10多篇，大大丰富了我校的教学科研成果。同时，我们的课程评估工作也有力地推动了广大教师参与教学科学研究工作。很多教师在接受教学评估后，继续深入、认真地研究教学规律和总结科学方法，撰写出一批很有见地的教学科研论文。我校的教学科研杂志目前稿源充足，教学研究工作达到了一个新的水平。

经过多年的不懈努力，我校教学评估专家委员会的工作取得了显著的成绩，在全校广大教师中树立了很高的声誉，同时，在社会上也产生了很好的影响。先后有10多所院校和高教研究团体前来我校学习和交流经验，我们发表的10多篇教学评估方面的学术论文得到了同行的肯定，我们在教学评估方面的做法和经验在"1990年武汉国际教育评估研讨会"大会上作了重点介绍，得到了全体与会中外专家的一致好评。

"李萨如图形研究"的开花与结果

◇ 徐定藩

作者简介

徐定藩,男,1941年出生。中国海洋大学教授,学校首批教学拔尖人才,享受国务院政府特殊津贴,教学科研项目"普通物理教学内容研究"1997年获"山东省教学成果二等奖"。

一、获奖项目情况介绍

两个振动方向垂直、振动频率比为整数比的简谐振动的合成振动轨迹为稳定的曲线,曲线图形以发现者李萨如(Lissajous,法国,1822~1882年)的名字冠名,即李萨如图形。

李萨如图形的轨迹图线和运动方向取决于频率比和初相位。各种频率比随初相位变化的基本图形排列成为图形列表,如图表所示。该图表早先出现于1949年英国出版的声学专著中,1955年出现于法国物理教科书中,20世纪70年代以来出现于我国众多的物理教材中。我在1994年所查阅到的二十几种物理教材中引用的该图表均存在一些疏漏、缺点和错误。

我国的自然科学核心期刊《大学物理》，在 20 世纪 80 年代以来开展过关于对该图形的专题讨论，发表过众多关于该图形性质和图表的论文。其中，该刊 1987 年第 2 期和 1988 年第 8 期分别转载了美国物理学杂志（American Journal of Physics）1984 年第 7 期和 1986 年第 2 期关于书刊中该图表修正的论文，

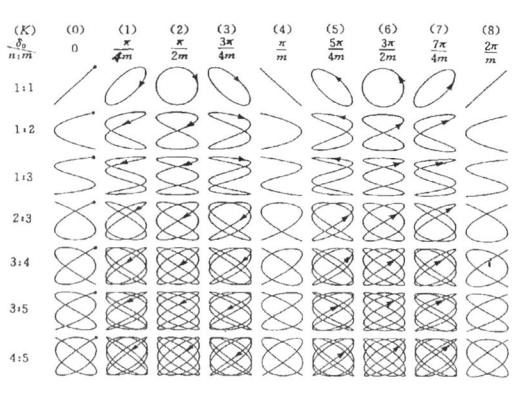

李萨如图形表

但文中修正后的结果仍存在明显的错漏。我深受触动，也深受启发，于是对众多书刊中图表存在的问题进行了剖析和梳理，统筹考虑图形的图线和走向，推算各种频率比的图形随初相位变化的重复周期，图形选取合适的、统一的具体数学公式，并编制出全方位反映图形随频率比和初相位变化规律的规范图表。规范图表中，同一频率比的图形横向对照充分显示图形随初相位的周期性变化规律，不同频率比的图形纵向对照清晰显示共同特征——对称性、封闭性和走向特性。

由重复周期可推算每一频率比中图形一样、走向一致的相同图形的初相位对应关系的判定公式。由图形的同一性公式可给出任何图表的基本图形和规范图表的对应的换算公式。

一切图形都具有一定对称性，对称性类型取决于频率比的整数奇偶性。每一频率比的图形都有两种基本图形具有高度对称性，既左右对称又上下对称，这两种图形的图线相同、走向相反。每一频率比的图形都有两种基本图形是非封闭图形，图线不闭合，质点走向双向，存在两个瞬时速度为零的转向端点。其他的基本图形和非基本图形均为封闭图形，图线闭合，走向单向。由规范图表及其图形的统一表式可简捷推算高度对称性图形和两类非封闭图形的初相位对应关系的判定公式。

二、研究成果的社会效应

我的论文《关于李萨如图形的讨论》刊载于《大学物理》1995年第8期的首要栏目"教学研究"首篇。文章发表后广受学界关注,文中的规范图表先后被众多书刊引用。其中,刊于《大学物理》1997年第1期的文章:亢桂生、梁昆淼,《用透明胶片演示李萨如图形》(注:梁昆淼——南京大学教授、全国高校理科理论研究会名誉董事长)直接引用了论文的公式,据此为原理,用透明胶片演示论文中的规范图表。《大学物理》编辑部和编委会会议对我的论文表示赞赏,并认为我对李萨如图形的研究起到了一锤定音的作用。该刊于1997年第11期发表了论文:赵淳《关于李萨如图形讨论的小结》,而在文眉的编者按中是这样表述的:图形的基本问题已经解决,十多年来关于图形的专题讨论宣告结束。

我在常年教课中使用的是高等教育出版社出版,漆安慎、杜婵英伉俪编著的力学教材(注:漆安慎——北京师范大学教授、全国综合性大学、师范院校力学研究会理事长),当我换用其1997年新版书后惊喜地发现在新教材中引用了我论文中的规范图表并标明了出处。1997~1999年,从自己购书和作者赠书中得知北京师范大学、北京大学、上海交通大学、徐州师范大学等新编的五部教材、教学用书均引用了该图表。

该论文于1998年获得"学校教学科研论文一等奖",1999年获"山东教育出版社举办的新中国成立50周年山东省教育教学论文一等奖"。

我沉淀多年的物理教学心得是：厚积薄发，勤奋笔耕。1995～1997年，本人在力学、热学、电磁学方面发表的论文18篇；其中，《大学物理》3篇，《物理通报》3篇，高校中的自然科学学报9篇，本校教学刊物3篇。

教学内容研究的真谛在于错综复杂的问题经过归纳提炼或创建捷径会变得简单明了。有的论文内容单一，灵感一闪，一气呵成；有的论文内容繁复，苦思冥想，千锤百炼。无论是"阳春白雪"还是"下里巴人"，论文《关于李萨如图形的讨论》既开花又结果，引用多、影响大已成为定论。

由三年的教学科研论文为主体组成的教学科研项目"普通物理教学内容研究"，于1996年获"学校优秀教学成果一等奖"，1997年获"山东省高校教学成果二等奖"。

"大学法语系列教学文件及大学法语'十五'规划教材"获得"国家级教学成果二等奖"的历程

◇ 李志清

作者简介

李志清,男,1944年4月出生。中国海洋大学二级教授,担任三届教育部高等院校大学外语教学指导委员会副主任兼大学法语组组长,担任中国大学外语教学研究会副会长法语分会会长,自大学法语4级考试举办以来始终担任命题组组长。主讲的"大学法语"课程被评为国家级精品课程,本人被授予"山东省教学名师"称号。由于对中法文化与

2012年,李志清在北京"全国大学法语第二届研讨会"上做关于教学法研究的报告

教育交流做出的杰出贡献,先后三次荣获法国金棕榈文化教育勋章。科研成果累累,在国内外发表《自然语言理解系统的自动词汇扩展》《法国20世纪小说新观念》,以及 La dernière classe de Daudet en Chine、Les poèmes chinois et l'esthétique poétique 等有关文学和应用语言学的论文数十篇。出版《20世纪法国

文学》《新大学法语》《法国语言与文化研究》等教材与专著数十部。被法国巴黎第七大学、雷恩第二大学、南特大学等7所大学聘为客座教授或博士论文导师。

2012年7月,李志清作为中国法语联盟代表在法国总统府受到奥朗德接见

1996年,李志清获得法国金棕榈教育与文化骑士勋章与法国大使的合影

我出身于教师家庭。家父曾在多所大学任教,在"文革"中,他受到了严酷的冲击。家父的遭遇也严重地影响了我,但也因此而锻炼了我坚韧不拔和奋发图强的性格和价值观,使我顺境不易其志,逆境不改初衷,屡受打击不放弃,在岗位上有所建树。

1962年我考入上海外国语学院(现上海外国语大学),1966年大学毕业后被分配到西安外国语学院。"文革"中,我除了在部队农场接受了两年的再教育外,又在工厂锻炼"改造"了五年。其中的艰辛与蒙冤一言难尽,但我对于这段时间的回忆总体来说始终是美好的、向上的。"文革"期间,因我发明了一种无动力旋转钉齿耙,于1978年参加了山东省科技大会,并有幸结识了时任山东大学党委书记的孙汉卿。孙书记在没有调入我的档案的情况下(西安外院坚持要我返校,因而扣押我的档案长达五年之久),将我调入山东大学,筹建山东省第一个法语专业。2000年中国海洋大学前任校长管华诗院士又将我调入海大,始建学校的法语专业。管华诗院士为我创造了一个优越而宽松的教学与科研氛围。我发奋工作,力求对得起我的母校、我的老师、法语界的前辈们以及两位"伯乐"。自那时起不管春夏秋冬,我几乎是每天第一个进入外国语学院,最后一个离开的人。时至如今,尽管已经70岁,我依然如故。

一、项目过程中遇到的困难与感悟

2005年我主持的"大学法语系列教学文件及大学法语'十五'规划教材"项目获得"国家级教学成果奖二等奖"。当我获悉该消息时,20余年的酸甜苦辣一股脑儿地涌上心头,顿时热泪盈眶。我在第一时间向在美国的北京外国语大学法语系主任陈振尧教授报告了这一振奋人心的好消息:全国法语界第一项"国家级优秀教学成果二等奖"诞生了! 正是陈振尧先生(时任中国法语教学研究会会长和教育部外语教材编写委员会副主任、法语教材编审组组长)1985年在一次全国会议上找到我,郑重其事地对我说:"法语教材编写组和法语教学研究会决定

由你负责筹备大学法语指导组和大学法语教学研究分会。我想你不会拒绝的。"法语前辈的提携我怎能拒绝? 从此,我义无反顾地走上了这条最初并不热爱(本人更爱法国文学)且并不熟悉的路。

当时我国的外语教学理论十分落后,除了前苏联专家留下的并不系统且相对落后的一点教学理论书籍外,没有任何可以借鉴的理论与实践。为了能够胜任这一艰巨的任务,我在国家图书馆一待就是整整一个星期,搜集了大量的宝贵资料。我的英语水平有限,我几乎用了整整半年的时间才熟悉了西方当时流行的一些教学理论(因此我还在山东大学用英语为硕士研究生教授过外语教学法流派研究)。只有英语参考资料显然是不够的,我开始自费邮购法国的一些参考资料,很快我的书库就成为当时全国最为齐全的法国教学法资料库。

国家的需要就是自己的第一需要,而且一种内心的声音告诉我:唯有如此方可有所作为。在当时国家教育委员会高教司的支持下,我们开始编写《大学法语教学大纲》,很快完成初稿并试行。根据这一临时教学大纲,我开始组织编写《核心法语》,这部教材后来就成为获奖教学文件和教材之一的《新大学法语》的基础。那个时代还没有进入网络时代,搜集最新的语料谈何容易!

科研成果背后的故事

1989年当时还在山东大学的我作为访问学者被国家派往法国进修。真是天赐良缘！前六个月我在巴黎第七大学进修语言学和教学法，后六个月在法国国家教育研究所一方面进行法国外语教学状况调查，一方面广泛搜集语言素材。很快一套既符合中国国情，又贴近国外先进的教学理念的教材就基本成型了。为了购买欧洲权威的外语教学指导文件 *Niveau Seuil*，至少花费了我两个月的奖学金！纸质的语言素材和资料的重量远远超过了航空公司的规定，多亏我国驻华使馆教育处的帮助，我才将这些宝贵资料运回国内。

"天安门事件"后的法国对于中国产生了众多误解，很多法国朋友规劝我不要返回中国，留在法国从事比较文学研究。一些好友甚至为我安排了收入丰厚的工作，但决心在法语教学上奋斗终生的我婉言谢绝了，按期返回山东大学。至今我还经常庆幸自己当时头脑万分清醒，否则哪有后来的作为！

永不止步、追求完美以及和气致祥的秉性促使我和我们的团队砥砺切磋，共求精进，不断修改教育部的各种大学法语教学指导文件（《大学法语教学大纲》和《大学法语4级考试大纲》）以及按照这些教学文件而编写的《大学法语》统编教材（后来国家取消了统编教材的制度）。现在《新大学法语》系列教材已经成为国内发行量最大的一套法语教材，迄今已经发行20余万套。该系列教材先后被列入国家"十五"和"十一五"规划教材。

家母对儿子的认知始终是千真万确的："你天资并不聪颖，干什么都要切记笨鸟先飞。"在国家优秀教学成果二等奖的基础上我没有止步，始终朝乾夕惕，在此基础上组织我校法语系教师或亲自编写了8套国家"十五"或"十一五"规划教材。辛勤的耕耘带来了丰硕的成果，海大的法语专业成为山东省优秀教学团队、山东省品牌专业，大学法语课程成为国家级精品课程，本人被评为山东省教学名师和山东省优秀党员。70岁的我决心生命不息，奋斗不止，立志为我国的法语教学事业做出更大的贡献。如果有一天能够在讲台上鞠躬尽瘁，那该是何等的快事呀！

获省部级三等奖以上科研(教学)成果总表

一、自然科学成果奖项目表

序号	获奖年度	项目名称	获奖情况	获奖级别	主要完成人
1	1978	实验室海水电导盐度计	全国科技大会重大贡献奖	重大贡献奖	陈国华 吴葆仁
2	1979	海水及天然水中痕量汞冷原子测定方法	山东省科学大会奖	三等	潜婉英 周家义
3	1979	新胃肠道药物——红右豆醇酯	四川省科技成果奖	三等	孙玉善
4	1981	渤黄东海大面积水温预报	山东省优秀科研成果奖	一等	苏育嵩 苏志清 李凤岐
5	1981	斗式含沙比自控装置	山东省优秀科研成果奖	二等	孙志楷 许龙江
6	1982	《风暴潮导论》	国家优秀科技图书奖	一等	冯士筰 秦曾灏
7	1982	浅海风暴潮的动力机制及其预报方法的研究	国家自然科学技术奖	三等	秦曾灏 冯士筰 孙文心
8	1982	HD-12型海水盐度计	国家重大科学技术发明奖	四等	陈国华 吴葆仁
9	1982	新胃肠道药物——红右豆醇脂	国家医药局科技成果奖	三等	孙玉善
10	1982	对虾工厂化育苗技术	山东省优秀科研成果奖	一等	王克行 李德尚 高洁
11	1982	JGCC-1型激光细胞手术仪	山东省优秀科研成果奖	二等	赵白 张闻迪 楼宝城
12	1983	《风暴潮导论》	全国自然科学专著奖	一等	冯士筰 秦曾灏

续表

序号	获奖年度	项目名称	获奖情况	获奖级别	主要完成人
13	1983	渤黄东海大面积水温预报	农牧渔业部技术改进奖	一等	苏育嵩　李凤岐　苏志清
14	1983	对虾工厂化育苗技术	农牧渔业部技术改进奖	一等	王克行　李德尚　高洁
15	1983	胶州湾污染状况及其自净能力的研究	山东省优秀科技成果奖	二等	陈时俊　俞光耀　王化桐
16	1983	配色检验光谱光源	山东省科技成果奖	二等	束越新　向国菊　陈绪茂
17	1983	DF-1型电化学分析仪	山东省科技成果奖	三等	王庆璋　王维新　冯德顺
18	1984	黄河三角洲水文特征分析及泥沙运动规律研究	国家教委科技进步奖	三等	侍茂崇　赵进平　赵松鹤
19	1984	PS双重造影硫酸钡制剂	农牧渔业部技术改进奖	二等	田学琳　陈正林　管华诗
20	1984	降糖素的研制	农牧渔业部技术改进奖	二等	管华诗　牛祺衡　兰进
21	1984	彩虹全息技术重要进展	山东省自然科学理论成果奖	二等	单启哲
22	1984	黄河口三角洲无潮区、深水港港址可行性研究报告	山东省自然科学理论成果奖	二等	侯国本
23	1984	1986～2000年山东省基础科学发展预测研究	山东省自然科学理论成果奖	二等	待核实
24	1984	黄河三角洲水文特征分析及泥沙运动规律研究	山东省自然科学理论成果奖	三等	侍茂崇　赵进平　赵松鹤
25	1984	现代海洋沉积相的研究	山东省自然科学理论成果奖	三等	待核实

续表

序号	获奖年度	项目名称	获奖情况	获奖级别	主要完成人
26	1984	聚类分析法在海水团分析中的应用及黄东海变性水团的分析	山东省自然科学理论成果奖	三等	苏育嵩
27	1984	一步法生产亚磷酸三甲酯	山东省科技成果奖	三等	王庆璋
28	1985	对虾工厂化全人工育苗技术	国家科学技术进步奖	一等	赵法箴 曹登宫 王克行
29	1985	港口工程技术规范——海港水文	国家科学技术进步奖	二等	谢世楞 文圣常
30	1985	渤、黄、东海大面水温预报	国家科学技术进步奖	三等	苏育嵩 邱道立 苏志清
31	1985	海带单倍体的应用研究	国家教委科技进步奖	二等	方宗熙 欧毓麟 崔竞进
32	1985	多通道光学图象处理技术	国家教委科技进步奖	二等	刘智深 贺明霞
33	1985	螺旋浆导管防蚀装置	农业部科技进步奖	二等	洪文友 高清廉 周玉光
34	1985	1986～2000年山东省基础科学发展预测研究	山东省科技进步奖	三等	待核实
35	1986	WSC型电脑色差仪	国家科学技术进步奖	三等	束越新 成齐铭 赵方正
36	1986	海水中微量元素——固体粒子等温线的研究	国家教委科技进步奖	一等	张正斌 刘莲生 郑士淮
37	1986	海浪理论及计算原理	国家教委科技进步奖	一等	文圣常 余宙文
38	1986	中国标准海水（实用盐度二级标准）	国家教委科技进步奖	二等	陈国华 谢式南 刘洪熙

续表

序号	获奖年度	项目名称	获奖情况	获奖级别	主要完成人
39	1986	栉孔扇贝自然海区采苗技术的研究	农牧渔业部科技进步奖	三等	王如才 张连庆 吴远起
40	1986	新药 PSS 的研究	山东省科技进步奖	一等	管华诗 兰进
41	1986	栉孔扇贝人工育苗研究	山东省科技进步奖	二等	王如才 张群乐 曲学存
42	1986	甲醛、碱预处理海带低温低碱消化提取褐藻胶工艺	山东省科技进步奖	三等	陈正霖
43	1987	海水中液-固界面分级离子/配位子交换理论	国家自然科学技术奖	三等	张正斌 刘莲生 郑士淮
44	1987	海洋中液-固界面分级离子/配位子交换理论及其应用	国家教委科技进步奖	一等	张正斌 刘莲生 郑士淮
45	1987	"1985国家高程基准和用流体动力水准联测海南岛的高程"的研究	国家教委科技进步奖	一等	陈宗镛 汤恩祥 周天华
46	1987	我国渤海和十个海湾水质预测及物理自净能力研究	国家教委科技进步奖	二等	陈时俊 俞光耀 孙文心
47	1987	北太平洋海域气象导航研究	国家教委科技进步奖	二等	秦曾灏 李志申 胡基福
48	1987	常微分方程理论的若干问题	国家教委科技进步奖	二等	梁中超
49	1987	模糊数学方法在水团分析中的应用	国家教委科技进步奖	二等	李凤岐 苏育嵩 王凤钦
50	1988	864-人工皮肤	第37届"尤利卡"金牌奖	国际金奖	楼宝城 林华英 刘万顺

续表

序号	获奖年度	项目名称	获奖情况	获奖级别	主要完成人
51	1988	拉格朗日余流和长期输运过程的研究——一种三维空间弱非线性理论	国家教委科技进步奖	一等	冯士筰 奚盘根 孙文心
52	1988	864-人工皮肤	国家教委科技进步奖	二等	楼宝城 林华英 刘万顺
53	1988	海洋钾肥资源的化学研究	国家教委科技进步奖	二等	孙玉善 彭启强 王薇
54	1988	黄河口及邻海域沉积物中重金属含量分部及其赋存形式	国家教委科技进步奖	二等	黄薇文 张经 刘敏光
55	1988	《普通遗传学》	国家教委高校优秀教材奖	一等	方宗熙
56	1988	《潮汐学》	国家教委高校优秀教材奖	二等	陈宗镛
57	1988	对虾营养生理及配合饵料（84-1号）配方的研究	农业部科技进步奖	二等	李爱杰 楼伟风 徐家敏
58	1988	对虾营养及配合饵料	山东省科技进步奖	二等	李爱杰 楼伟风 徐家敏
59	1989	拉格朗日余流和长期输运过程的研究——一种三维空间弱非线性理论	国家自然科学技术奖	三等	冯士筰 奚盘根 孙文心
60	1989	青岛麦饭石研究	国家教委科技进步奖	二等	曹钦臣 张保民 李巍然
61	1989	浅海工程环境和海底不稳定性研究	国家教委科技进步奖	二等	杨作升 路念祖 王兆祥
62	1989	鱼虾贝类疾病的研究	山东省科技进步奖	二等	孟庆显 俞开康

续表

序号	获奖年度	项目名称	获奖情况	获奖级别	主要完成人
63	待核实	鲁南大港可行性研究	山东省科技成果奖	二等	侯国本 侍茂崇 崔承琦
64	1990	宽视角水下激光电视	国家发明奖	三等	郑国星 谭锐 周汝城
65	1990	防暴程控流量仪	国家新产品奖		卫孝泉
66	1990	理论风浪谱及其应用	国家教委科技进步奖	一等	文圣常 张大错 郭佩芳
67	1990	一种新发现的细菌特殊存活形式 活的非可培养状态	国家教委科技进步奖	一等	徐怀恕
68	1990	《海洋物理化学》（专著）	国家教委科技进步奖	二等	张正斌 刘莲生
69	1990	印染废水回收再用	国家教委科技进步奖	二等	王恕昌 田由芸 黄立英
70	1990	防波提护面块栅栏板的设计计算方法	国家教委科技进步奖	三等	张就兹 纪再华 张学信
71	1990	栉孔扇贝人工育苗的自然海区采苗	国家教委科技进步奖	三等	王如才 张连庆 王兴章
72	1990	SLC9-2型直读式海流计	国家教委科技进步奖	三等	宋文洋 吴葆仁 孟昭舫
73	1990	SLC9-2型直读式海流计	山东省科技进步奖	二等	宋文洋 吴葆仁 孟昭舫
74	1990	单细胞藻薄膜袋封闭式大量培养技术	山东省科技进步奖	二等	缪国荣 解承林 宫庆礼
75	1990	贻贝系列保健食品的开发研究	山东省科技进步奖	二等	李八方 管华诗 王长云
76	1990	威海市污水排海可行性研究	山东省科技进步奖	二等	王化桐等

续表

序号	获奖年度	项目名称	获奖情况	获奖级别	主要完成人
77	1990	激光探测海洋次表面温度剖面	山东省科技进步奖	二等	刘智深 张锦龙 陈文忠
78	1990	焦河蓝蛤的资源调查与生物学特性研究	山东省科技进步奖	三等	董景岳 廖承义
79	1990	海南水产资源开发利用前景分析研究	海南省科技进步奖	三等	王启华 吕拔明 王克行
80	1991	海洋环境数值预报业务系统	国家"七五"科技攻关重大成果奖	重大成果奖	（1）文圣常 张大错 吴增茂 （2）冯士筰 孙文心 汪景庸
81	1991	海洋光学探测及信息处理	国家"七五"科技攻关重大成果奖	重大成果奖	贺明霞 赵朝方 方辉
82	1991	风浪频谱的改进及应用	国家自然科学奖	四等	文圣常 张大错 郭佩芳
83	1991	生物敷料膜生产工艺	国家发明奖	三等	楼宝城 林华英 刘万顺
84	1991	对虾营养及配合饲料的研究	国家教委科技进步奖	一等	李爱杰 楼伟风 徐家敏
85	1991	意MOD GLOO磨粉机噪声控制	国家教委科技进步奖	三等	傅圣雪 许龙江 李刚
86	1991	渤海中路海洋水文气象观测与研究	国家教委科技进步奖	三等	沈育疆 俞光耀 张大错
87	1991	对虾人工越冬亲虾疾病的防治研究	山东省科技进步奖	二等	孟庆显 俞开康 骆登坤
88	1991	意MOD GLOO磨粉机噪声控制	山东省科技进步奖	三等	傅圣雪 许龙江 李刚
89	1991	浅海风暴潮动力机制及数值预报方法的研究	山东省科技进步奖	三等	秦曾灏 刘风树 孙文心

续表

序号	获奖年度	项目名称	获奖情况	获奖级别	主要完成人
90	1991	海水中液-固界面离子/配位子交换的化学动力学研究	山东省科技进步奖	三等	刘莲生 张正斌 蔡卫君
91	1991	波思帕氏水域中国丛纤毛虫分类研究	山东省科技进步奖	三等	宋微波
92	1991	《泛函微分方程振动理论》（专著）	山东省科技进步奖	三等	张炳根
93	1991	网箱养鲤配套技术的研究	山东省科技进步奖	三等	李德尚 张兆琪 李文旭
94	1992	时滞微分方程的定性研究及其应用	国家教委科技进步奖	二等	张炳根
95	1992	对虾疾病防治技术研究	国家教委科技进步奖	二等	孟庆显 俞开康 战文斌
96	1992	黄河口及渤海南岸南部沉积作用	国家教委科技进步奖	三等	杨作升 王琦 曹立华
97	1992	紫菜叶状体细胞和原生质的研究	国家教委科技进步奖	三等	戴继勋 张全启 包振民
98	1992	对虾体表致病性纤毛虫的生态与区系	国家教委科技进步奖	三等	宋微波
99	1992	大港电厂海水冷却系统腐蚀与污损综合治理	国家教委科技进步奖	三等	王庆璋 颜民 韩冰
100	1992	大港电厂海水冷却系统腐蚀与污损综合治理	冶金部科技进步奖	三等	王庆璋 颜民 韩冰
101	1992	战术导弹低空环境测定	航空航天部科技进步奖	二等	吴世义 张大错 徐静琦
102	1992	海洋温跃层深度声探测	中科院科技进步奖	三等	包青华 惠少华 王辉照

续表

序号	获奖年度	项目名称	获奖情况	获奖级别	主要完成人
103	1992	舰船磁场机动监测系统	全军科技进步奖	三等	陈芸 赵培聪 顾新宏
104	1992	海表温度数值预报研究	山东省科技进步奖	二等	苏育嵩 王赐震 李凤岐
105	1992	真鲷工厂化育苗技术研究	山东省科技进步奖	二等	姚善成等
106	1992	鲤鱼全价配合饲料的研究	山东省科技进步奖	二等	李爱杰等
107	1992	海水中重金属与浮游植物间相互作用化学研究	山东省科技进步奖	三等	孙秉一 史致丽 陆贤昆
108	1993	养殖对虾疾病调查及主要疾病防治的研究	国家科技进步奖	三等	孟庆显 俞开康 战文斌
109	1993	中国器测海面和沿海地壳变形的研究	国家教委科技进步奖	二等	陈宗镛 周天华 于宜法
110	1993	栉孔扇贝及大连湾牡蛎三倍体育苗技术研究	国家教委科技进步奖	三等	王如才 于瑞海 闫炳钧
111	1993	对虾体表致病性纤毛虫的生态与区系	国家教委科技进步奖	三等	宋微波
112	1993	印染废水回收再用工程技术	国家教委科技进步奖	三等	王恕昌 田由芸 黄立英
113	1993	黄河口及渤海南部沉积作用	国家教委科技进步奖	三等	杨作升等
114	1993	南沙群岛及其邻近海区综合科学考察	中科院自然科学奖	一等	钱树本 陈国蔚
115	1993	海洋激光雷达系统及探测机制研究	山东省科技进步奖	二等	刘智深 张锦龙 陈文忠

续表

序号	获奖年度	项目名称	获奖情况	获奖级别	主要完成人
116	1993	时滞微分方程和时滞差分方程的定性分析	山东省科技进步奖	二等	张炳根
117	1993	陆架陆坡区内波的随机特征	山东省科技进步奖	三等	方欣华 张玉琳 王景明
118	1994	山东海岛资源调查	山东省科技成果奖	一等	史致丽等
119	1994	山东省海岛资源综合调查（威海片）	山东省科技成果奖	二等	钱树本 王凤钦 沈渭铨
120	1994	烟台市城市污水排海工程研究	山东省科技成果奖	二等	孙英兰等
121	1994	莱州湾开发整治研究	山东省科技成果奖	二等	李进道 袁俊峰
122	1994	罗氏沼虾人工配合饵料的研究	山东省科技成果奖	三等	李爱杰 徐玮
123	1995	浅海变性水团分析和预报研究	国家教委科技进步奖	二等	苏育嵩 李凤岐 王凤钦
124	1995	我国北方海域小型底栖生物生态学、方法学和分类学研究	国家教委科技进步奖	二等	张志南 于子山 钱国珍
125	1995	AHA研制及其应用基础的研究	国家教委科技进步奖	三等	刘万顺 张学成 陈西广
126	1995	舰船磁场机动监测系统及应用	国家教委科技进步奖	三等	陈芸 赵培聪 顾新宏
127	1995	污染物通过大气向海洋的运输过程	国家教委科技进步奖	三等	张经 刘敏光 刘素梅
128	1995	海浪非线性与二阶谱结构的实验和理论研究	国家海洋局科技进步奖	二等	孙孚 丁平兴 余宙文

续表

序号	获奖年度	项目名称	获奖情况	获奖级别	主要完成人
129	1995	浅海温跃层声深测实验研究	国家海洋局科技进步奖	三等	包青华 惠少华 王辉照
130	1995	茌博园铃枣、大蒜保鲜技术研究	山东省科技进步奖	二等	与外单位协作
131	1995	黄河口的河口-海洋化学	山东省科技进步奖	二等	张正斌 刘莲生 孙秉一
132	1995	黄河三角洲银鱼渔业生物学与渔业资源调查	山东省科技进步奖	二等	陈大刚 刘文铎 曾晓起
133	1995	农业环境影响评价技术方法及近岸海域环境保护功能区划与管理对策研究	山东省科技进步奖	三等	与外单位协作
134	1995	CTD资料质量控制	山东省科技进步奖	三等	方欣华 张玉琳 王景明
135	1995	海上防护建筑物护面块删栏板的试验研究	山东省科技进步奖	三等	张就兹 孙学信 钱炳义
136	1996	海浪数值预报方法	联合国技术信息促进系统中国国家分部"发明创新科技之星奖"		文圣常 张大错 吴增茂
137	1996	意MOD GLCO磨粉机噪声控制	联合国技术信息促进系统中国国家分部"发明创新科技之星奖"		傅圣雪 许龙江 李刚
138	1996	灾害性海浪数值预报产品的研制	国家"八五"科技攻关重大成果奖	重大成果奖	文圣常 张大错 吴增茂
139	1996	冲绳海槽中部和钓鱼岛附近海域勘察	国家"八五"科技攻关重大成果奖	重大成果奖	杨作升 林振宏 李巍然

续表

序号	获奖年度	项目名称	获奖情况	获奖级别	主要完成人
140	1996	南大洋磷虾资源考察与开发利用研究	国家"八五"科技攻关重大成果奖	重大成果奖	侍茂崇 孙曰彦 赵松鹤
141	1996	海洋数值预报方法	国家教委科技进步奖	一等	文圣常 张大错 吴增茂
142	1996	对虾营养及配合饵料研究	国家教委科技进步奖	一等	李爱杰 楼伟风 徐家敏
143	1996	新药藻酸双脂钠的研究	国家教委科技进步奖	二等	管华诗 车琼 兰进
144	1996	复变函数、有限单元法和边界单元法在地球物理中的应用	国家教委科技进步奖	二等	徐世浙
145	1996	微分方程与差分方程的振动理论	国家教委科技进步奖	三等	张炳根
146	1996	海洋中化学过程介质效应	国家教委科技进步奖	三等	张正斌 刘莲生
147	1996	随即波群的模拟	国家教委科技进步奖	三等	徐德伦 吕宏民 侯伟
148	1996	海面风场微波激光遥感遥测系统	国家教委科技进步奖	三等	刘智深 张亭禄 张洪兵
149	1996	MJJ煤用节能降污助燃剂	国家内贸部科技进步奖	三等	张锡仁 封宝宽 等
150	1996	黑潮与大风环流相互作用的动力机制	国家海洋局科技进步奖	三等	刘秦玉 徐启春 秦增灏
151	1996	反潜飞机机载潜艇尾迹探测系统	中国船舶工业总公司科技进步奖	三等	沈正 王伟
152	1996	复变函数、有限单元法和边界单元法在地球物理中的应用	山东省科技进步奖	一等	徐世浙

续表

序号	获奖年度	项目名称	获奖情况	获奖级别	主要完成人
153	1996	地球物理中的有限单元法的边界单元法	山东省科技进步奖	三等	徐世浙
154	1997	海浪数值预报方法	国家科学技术进步奖	三等	文圣常 张大错 吴增茂
155	1997	新药藻酸双脂钠的研究	国家科学技术进步奖	三等	管华诗 车琼 兰进
156	1997	近海异常海温分析及预报研究	国家教委科技进步奖	二等	王赐震 苏育嵩 杜勇
157	1997	《海洋生物趣谈》（科普图书）	国家教委科技进步奖	二等	童裳亮
158	1997	污水海洋处理工程设计参数研究	国家教委科技进步奖	三等	孟伟 杨作升 杨宗严
159	1997	泛函微分方程振动理论	国家教委科技进步奖	三等	张炳根
160	1997	《虾病防治手册》（科普图书）	国家教委科技进步奖	三等	孟庆显
161	1997	随即波群的模拟	国家教委科技进步奖	三等	徐德伦
162	1997	我国北方海区养殖水体中自由性纤毛虫原生动物的生物多样性及细胞发生学(自然理论)	国家海洋局科技进步奖	一等	宋微波 王梅 徐奎栋
163	1997	海螺生产单细胞饵料技术研究	国家海洋局科技进步奖	三等	戴继勋 王海 韩宝芹
164	1997	印染废水处理方法	中国专利奖	优秀奖	王恕昌 田由芸 黄立英

续表

序号	获奖年度	项目名称	获奖情况	获奖级别	主要完成人
165	1997	胜利油田前海滩徐石油勘探开发对环境及生态资源的影响和控制对策研究	中国石油天然气总公司科技进步奖	二等	奚盘根
166	1997	风暴潮客观分析、四维同化数值预报产品研究	山东省科技进步奖	二等	冯士筰
167	1997	新药甘糖脂（ME）的研究	山东省科技进步奖	二等	管华诗 李桂玲 袁 玮
168	1997	日本对虾在黄海放流增值研究	山东省科技进步奖	二等	王克行 张存义 王启华
169	1997	从海洋微生物制备海藻解壁酶	山东省科技进步奖	三等	韩宝芹 戴继勋 徐文武
170	1998	海洋与淡水环境中纤毛原生动物的基础生物学研究	教育部科技进步奖	一等	宋微波 王 梅 魏 军
171	1998	海洋上混合层动力机制的研究	教育部科技进步奖	二等	田纪伟 楼顺里 孙 孚
172	1998	南沙海域内波及垂直细结构研究	教育部科技进步奖	二等	方欣华 吴 巍 鲍献文
173	1998	分层介质中波的逆散射的研究	教育部科技进步奖	二等	王 宁 赵犁丰 林俊轩
174	1998	关节轴承寿命与额定载荷计算方法	教育部科技进步奖	三等	杨咸启 姜招峰 孙立明
175	1998	南海水温的低频振荡	教育部科技进步奖	三等	周发琇 于慎余 王东晓
176	1998	振动磨机动力学及其超微颗粒制备机理研究	教育部科技进步奖	三等	王树林 胡沂清 李巨光

续表

序号	获奖年度	项目名称	获奖情况	获奖级别	主要完成人
177	1998	有机磷农药对中国对虾的毒性效性及诱发对虾病害的研究	教育部科技进步奖	三等	汝少国　李永祺　姜　明
178	1998	《水产养殖手册》（科普图书）	教育部科技进步（科普图书）奖	三等	李德尚　朱述渊　刘焕亮
179	1998	中国对虾维生素营养的研究	国家海洋局科技进步奖	二等	李爱杰　陈四清　刘铁斌
180	1998	有机磷农药对海洋微藻改毒机理研究	国家海洋局科技进步奖	二等	唐学玺　李永祺　宫相忠
181	1998	泛函微分方程及其离散形式的定性研究	山东省科技进步奖	三等	张炳根
182	1999	中国沿海月均和年均相对海面的机理和预报的研究	教育部科技进步奖	一等	陈宗镛　郑文振　于宜法
183	1999	海带配子体细胞工程研究及其应用	教育部科技进步奖	一等	戴继勋　崔竞进　欧毓麟
184	1999	验色光谱仪（智能验色光谱仪）	教育部科技进步奖	一等	束越新　张幼红　顾宝荣
185	1999	齐鲁石化公司排海管线（广饶段）泄露调查评价	教育部科技进步奖	二等	刘贯群　贾永刚　刘红军
186	1999	WDA相对电导率测定仪	教育部科技进步奖	三等	陈国华　吴葆仁
187	1999	龙须菜遗传学研究	国家海洋局科技进步奖	一等	张学成　隋正红　李向峰
188	1999	濒危动物文昌鱼的发育和生殖	国家海洋局科技进步奖	二等	张士璀　张红卫　吴贤汉
189	1999	岩藻聚糖硫酸酯生产的技术研究	山东省科技进步奖	二等	薛长湖　林鹤峰　李兆杰

续表

序号	获奖年度	项目名称	获奖情况	获奖级别	主要完成人
190	2000	大型海藻生物技术研究及其应用	国家科学技术进步奖	二等	戴继勋 张学成 崔竞进
191	2000	中国沿岸现代海平面变化及其应用研究	国家科学技术进步奖	二等	陈宗镛 郑文振 左军成
192	2000	对虾白斑症（WSSV）病毒的流行病学与检测诊断技术研究	国家海洋局海洋创新成果奖	二等	战文斌 福田颖穗 王远红
193	2000	海浪统计理论与海浪研究	中国高校科技奖	一等	孙孚 管长龙 丁平兴
194	2000	对虾养殖白斑症病毒的研究	中国高校科技奖	一等	战文斌 王红远 周丽
195	2000	海洋界面化学	中国高校科技奖	二等	张正斌 王修林 刘莲生
196	2000	热带太平洋环流中几个重要问题的研究	中国高校科技奖	二等	吴德星 孙即霖 王凡
197	2000	时滞微分方程和差分方程的定性分析	中国高校科技奖	二等	张炳根 周勇 杨博
198	2000	对虾苗期细菌病毒诊断与控制：养殖环境、技术与虾苗健康的关系	中国高校科技奖	二等	徐怀恕 杨学宋 李筠
199	2000	时滞差分方程和微分方程的振动理论	山东省科技进步奖	二等	张柄根
200	2000	天然海洋生物硒制品的开发研究	山东省科技进步奖	二等	毛文君 李翊 李八方
201	2000	珍惜濒危动物文昌鱼的生殖发育和保护生物学	山东省科技进步奖	三等	张士璀 李国荣 吴贤汉

续表

序号	获奖年度	项目名称	获奖情况	获奖级别	主要完成人
202	2001	牡蛎三倍体育苗与养殖技术研究	国家海洋局海洋创新成果奖	一等	王如才 王昭萍 田传远
203	2001	海洋环境因素概率预测新理论,联合概率模拟技术及其工程应用	国家海洋局海洋创新成果奖	二等	刘德辅 董胜 宋燕
204	2001	中日东海特定海区河流入海环境负荷及其对海洋生态系统的影响	国家海洋局海洋创新成果奖	二等	王修林
205	2001	海洋光学遥感信息应用技术研究	国家海洋局海洋创新成果奖	二等	陈文忠
206	2001	纤毛虫原生动物的个体及系统发生学	中国高校科技奖	一等	宋微波 胡晓钟 王梅
207	2001	风浪破碎研究	中国高校科技奖	一等	徐德伦 于定勇 郑桂珍
208	2001	牡蛎三倍体育苗与养殖技术研究	中国高校科技奖	一等	王如才 王昭萍 田传远
209	2001	浅海工程勘察与评价研究及其在埕岛油田的应用	中国高校科技奖	二等	姜效典 冯秀丽 杨荣民
210	2001	卫星高度计海洋观测的理论、方法与应用	山东省科技进步奖	一等	陈戈
211	2002	注海水自动化监、检测系统	教育部提名国家科学技术奖	一等	李华军 牛世龙 侯永海
212	2002	卫星高度计海洋观测新方法研究及应用	教育部提名国家科学技术奖	一等	陈戈 方朝阳 韩勇
213	2002	海洋生物酶及其应用技术	教育部提名国家科学技术奖	二等	刘万顺 戴继勋 韩宝芹

续表

序号	获奖年度	项目名称	获奖情况	获奖级别	主要完成人
214	2002	冲绳海槽的岩浆作用与海底热液活动的研究	教育部提名国家科学技术奖	二等	翟世奎 陈丽蓉 张海启
215	2002	海洋微生物几丁质酶研究及应用	国家海洋局海洋创新成果奖	二等	韩宝芹 刘万顺 贺 君
216	2002	海藻工具酶研究及其应用	国家海洋局海洋创新成果奖	二等	戴继勋 刘万顺 韩宝芹
217	2002	对虾池封闭式综合养殖基础研究	山东省科技进步奖	二等	李德尚
218	2002	沿黄低洼盐碱地以渔改碱综合治理技术研究	山东省科技进步奖	二等	李德尚
219	2002	现代黄河三角洲沉积机理	山东省科技进步奖	三等	李广雪
220	2002	利用螺式酶生物反应器制备低分子甲壳胺	山东省科技进步奖	三等	林 洪
221	2003	鲍鱼营养学的研究	教育部提名国家科学技术奖	一等	麦康森 谭北平 张文兵
222	2003	滨海电厂海水冷却系统腐蚀与污损综合治理	教育部提名国家科学技术奖	二等	王庆璋 颜 民 韩 冰
223	2003	虾类白斑症病毒病及其检测诊断技术研究	教育部提名国家科学技术奖	二等	战文斌 黄 倢 石正丽
224	2003	文昌鱼进化发育生物学	国家海洋局海洋创新成果奖	一等	张士璀 郭华荣 李红岩
225	2003	海洋中固液界面三元洛和物研究	国家海洋局海洋创新成果奖	二等	张正斌 刘莲生 赵宏宾

续表

序号	获奖年度	项目名称	获奖情况	获奖级别	主要完成人
226	2003	大型海洋结构振动控制技术的研究及工程应用	山东省科技进步奖	一等	李华军 周长江 杨永春
227	2003	微生物驱油过程研究	山东省科技进步奖	三等	牟伯仲 周嘉玺 王修林
228	2004	浅海导管架式海洋平台浪致过度振动控制技术的研究及工程应用	国家科学技术进步奖	二等	李华军 周长江 杨永春
229	2004	纤毛虫原生动物的分类学、发生与系统学以及生态学研究	国家自然科学奖	二等	宋微波 胡晓钟 陈子桂
230	2004	典型不稳定海底地质过程及关键探测技术	教育部科技进步奖	一等	李广雪 吴建政 曹立华
231	2004	螺旋藻/节旋藻基础研究、养殖和开发应用	教育部科技进步奖	一等	张学成 茅云翔 信式祥
232	2004	海洋壳多糖生物材料研究与开发	教育部科技进步奖	二等	陈西广 刘成圣 刘晨光
233	2004	海水养殖中危害性真核及原核微生物的病原与病害学研究	教育部自然科学奖	一等	宋微波 赵元君 胡晓钟
234	2004	南海上层海洋环流、热结构的季节和季节内变化特征及形成机制	教育部自然科学奖	二等	刘秦玉 杨海军 周发琇

续表

序号	获奖年度	项目名称	获奖情况	获奖级别	主要完成人
235	2004	近岸波整体数学模型及其洋山深水港波浪数值计算	国家海洋局海洋创新成果奖	二等	蒋德才 郭伟其 刘百桥
236	2004	海水微表层化学研究	国家海洋局海洋创新成果奖	二等	张正斌 刘莲生 刘春颖
237	2004	三倍体牡蛎快速生长机理研究	国家海洋局海洋创新成果奖	二等	王昭萍 于瑞海 王芳
238	2004	褐藻低聚糖的酶解制备与应用	国家海洋局海洋创新成果奖	二等	江晓路 牟海津 管华诗
239	2004	螺旋藻/节旋藻基础研究、养殖和开发应用	国家海洋局海洋创新成果奖	二等	张学成 茅云翔 信式祥
240	2004	鲍鱼营养学的研究	国家海洋局海洋创新成果奖	二等	麦康森 谭北平 张文兵
241	2004	冲绳海槽的岩浆作用与海底热液活动研究	山东省自然科学奖	三等	翟世奎 陈丽蓉 张海启
242	2004	褐藻胶裂合酶工程化研究	山东省技术发明奖	二等	江晓路 牟海津 管华诗
243	2004	石鲽生殖调控和人工繁育技术研究及中试示范	山东省科技进步奖	二等	张全启 张福玲 齐洁
244	2004	山东黄岛发电厂3#机组海水废灰乳脱硫技术中试	山东省科技进步奖	三等	展学平 王庆璋 赵澄宇
245	2004	新型智能导游机器人	山东省科技进步奖	三等	孟庆春 高云 殷波
246	2004	制造业电子商务与现代物流关键技术研究及应用	山东省科技进步奖	三等	魏志强 丁香乾 宋长虹

续表

序号	获奖年度	项目名称	获奖情况	获奖级别	主要完成人
247	2004		山东省科学技术最高奖		管华诗
248	2005	海洋贝类性成熟、单性发育及微卫星的研究	教育部自然科学奖	二等	李琪 潘英 于瑞海
249	2005	深海电视抓斗技术研究	教育部科技进步奖	一等	赵广涛 钱鑫炎 刘敬彪
250	2005	龙须菜品系选育的生物学研究、大规模栽培和开发应用	教育部科技进步奖	一等	张学成 王广策 费修绠
251	2005	海水养殖鱼类营养研究和高效无公害饲料开发	教育部科技进步奖	一等	麦康森 谭北平 艾庆辉
252	2005	铁铝金属间化合物/氧化锆($ZrO_2(3Y)$)陶瓷复合材料设计与制备工艺	教育部技术发明奖	一等	尹衍升 王昕 李嘉
253	2005	栉孔扇贝遗传改良技术	国家海洋局海洋创新成果奖	一等	包振民 胡景杰 汪小龙
254	2005	海洋中有机污染物的界面化学和光化学过程研究	国家海洋局海洋创新成果奖	二等	杨桂朋 赵学坤 陆小兰
255	2005	重要海水养殖贝类遗传与繁殖生理学研究	国家海洋局海洋创新成果奖	二等	李琪 于瑞海 潘英
256	2005	配方产品智能评估、分析方法及工程化研究	山东省科技进步奖	三等	丁香乾 杨宁 井润环

续表

序号	获奖年度	项目名称	获奖情况	获奖级别	主要完成人
257	2006	主要海水养殖动物的营养学研究及饲料开发	国家科学技术进步奖	二等	麦康森 李爱杰 谭北平
258	2006	低洼盐碱地池塘规模化养殖技术研究与示范	国家科学技术进步奖	二等	董双林 段登选 谷孝鸿
259	2006	副热带北太平洋和南海海洋—大气相互作用及其与热带太平洋的关系	教育部自然科学奖	一等	刘秦玉 王启 黄菲
260	2006	新型海洋防污涂料关键技术研究及其应用	教育部技术发明奖	一等	于良民 徐焕志 李昌诚
261	2006	海带配子体克隆杂种优势苗种繁育技术	教育部专利奖	一等	刘涛 车轼 李志凌
262	2006	文昌鱼发育、免疫和进化生物学	教育部自然科学奖	二等	张士璀 刘振辉 李国荣
263	2006	动态系统的时滞相关分析与控制理论及其应用	教育部自然科学奖	二等	唐功友 岳东 马慧
264	2006	黄河水下三角洲海底不稳定性与工程环境研究	国家海洋局海洋创新成果奖	二等	李广雪 曹立华 杨荣民
265	2006	一氧化氮对海洋浮游植物生长影响的规律研究	国家海洋局海洋创新成果奖	二等	张正斌 刘春颖 刘莲生
266	2006	渤海海上溢油输移、扩展数值预报软件	国家环境保护部环境保护科学技术奖	三等	娄安刚 吴德星 俞光耀

续表

序号	获奖年度	项目名称	获奖情况	获奖级别	主要完成人
267	2006	羧基化氨基多糖应用技术研究及产品开发	山东省技术发明奖	二等	刘万顺　韩宝芹　陈双厚
268	2006	盐碱地对虾养殖环境生理学研究与开发应用	山东省科技进步奖	三等	潘鲁青　王恒台　苗晶晶
269	2007	环境友好型海洋防污涂料关键技术研究及其应用	国家技术发明奖	二等	于良民　徐焕志　李昌诚
270	2007	海洋结构动力检测与振动控制理论研究	教育部自然科学奖	一等	李华军　王树青　杨和振
271	2007	海水鱼类淋巴囊肿病毒病的研究	教育部自然科学奖	二等	战文斌　绳秀珍　邢　婧
272	2007	"蓬莱红"栉孔扇贝新品种培育	教育部科技进步奖	一等	包振民　胡景杰　胡晓丽
273	2007	海洋生物糖库的构建及其开发	教育部技术发明奖	一等	管华诗　李英霞　于广利
274	2007	系列海藻寡糖单体的制备及其结构序列研究	国家海洋局海洋创新成果奖	二等	于广利　管华诗　赵　峡
275	2007	鱼类淋巴囊肿病毒中和单克隆抗体研制及其流行病学研究	国家海洋局海洋创新成果奖	二等	战文斌　绳秀珍　邢　婧
276	2007	牡蛎四倍体培育技术及其应用	国家海洋局海洋创新成果奖	二等	王昭萍　于瑞海　王如才
277	2007	重要海水养殖无脊椎动物非特异性免疫关键因子的研究	国家海洋局海洋创新成果奖	二等	樊廷俊　姜国建　丛日山

续表

序号	获奖年度	项目名称	获奖情况	获奖级别	主要完成人
278	2007	模式动物文昌鱼个体发育和系统发育	山东省自然科学奖	一等	张士璀 刘振辉 李国荣
279	2007	非线性时滞系统的分析与综合方法及其应用研究	山东省自然科学奖	二等	唐功友 岳 东 马 慧
280	2007	基于智能仪表的家电产品测试软件开发平台	山东省科技进步奖	二等	郭忠文 冯 源 蒋永国
281	2007	螺旋藻基础研究、养殖和开发应用	山东省科技进步奖	三等	张学成 茅云翔 杨金岭
282	2007	虚拟原型技术研究及其在轻工机械动态设计中的应用	山东省科技进步奖	三等	常宗瑜 单继光 杨咸启
283	2007	区域环境价值核算方法与指标体系研究	山东省科技进步奖	三等	王 艳 孙英兰 丁言强
284	2007	对虾白斑症病毒（WSSV）病的单克隆抗体检测诊断技术及其应用	山东省技术发明奖	二等	战文斌 邢 婧 绳秀珍
285	2008	栉孔扇贝健康苗种体系建设及应用	国家科学技术进步奖	二等	包振民 王如才 于瑞海
286	2008	多传感器海气界面卫星遥感的理论与方法	教育部自然科学奖	一等	陈 戈 韩 勇 张彩云
287	2008	海洋纤毛虫重要类群的分类学研究	教育部自然科学奖	一等	宋微波 林晓凤 龚 骏
288	2008	"荣福"海带新品种的培育及应用	教育部科技进步奖	一等	刘 涛 宫庆礼 崔竞进

续表

序号	获奖年度	项目名称	获奖情况	获奖级别	主要完成人
289	2008	铜质薄壁制冷管路的铝替代技术研究与应用	教育部技术发明奖	二等	王　昕　尹衍升　赵　越
290	2008	海洋工程结构安全设计与防灾技术研究	国家海洋局海洋创新成果奖	二等	李华军　王树青　梁丙臣
291	2008	海水鱼类主要致病弧菌的病原学及发生机制	国家海洋局海洋创新成果奖	二等	陈吉祥　李　筠　王印庚
292	2008	耐高温高产海带新品种的培育及养殖应用	国家海洋局海洋创新成果奖	二等	刘　涛　宋洪泽　陈丹敏
293	2008	人工鱼礁及相关技术在增养殖水域生态修复中的应用研究	国家海洋局海洋创新成果奖	二等	张秀梅　张沛东　黄国强
294	2008	山东沿海汛期灾害性天气预警技术研究	山东省科技进步奖	三等	张苏平　王建国　左克进
295	2008	太平洋牡蛎四倍体及全三倍体培育技术	山东省科技进步奖	三等	王昭萍　于瑞海　王如才
296	2008	新型铜铝制冷管路结构设计及其制备工艺	山东省技术发明奖	二等	赵　越　左铁军　王　昕
297	2009	海洋特征寡糖制备技术（糖库构建）与应用开发	国家技术发明奖	一等	管华诗　于广利　于文功
298	2009	肝脏特异性蛋白Vg的免疫功能以及肝脏系统发生	教育部自然科学奖	一等	张士璀　梁宇君　范纯新

续表

序号	获奖年度	项目名称	获奖情况	获奖级别	主要完成人
299	2009	海洋有机物的生物地球化学	教育部自然科学奖	一等	杨桂朋 陆小兰 赵学坤
300	2009	海洋仪器研制海上综合试验支撑平台研发及应用	教育部科技进步奖	一等	吴德星 陈学恩 范洪涛
301	2009	低值海洋水产品高效利用技术研究与开发	教育部科技进步奖	一等	薛长湖 李兆杰 李八方
302	2009	鱼类淋巴囊肿病毒单克隆抗体研制及检测诊断技术与流行病学研究	农业部中华农业科技奖	三等	战文斌 绳秀珍 邢婧
303	2009	胜利埕岛油田海底管线安全保障技术研究	国家海洋局海洋创新成果奖	二等	贾永刚 刘小丽 张衍涛
304	2009	滨海咸—淡水过渡带水敏感性机制与应用研究	国家海洋局海洋创新成果奖	二等	郑西来 程善福 韩志勇
305	2009	华北克拉通形成与破坏及周边造山带的构造演化过程	山东省自然科学奖	二等	李三忠 赵国春 周立宏
306	2009	海洋工程设施安全与防灾关键技术研究及工程应用	山东省科技进步奖	一等	李华军 刘德辅 史宏达
307	2009	帆板摇帆模拟训练测试设备研制与应用	山东省技术发明奖	二等	王树杰 张树青 王建国
308	2010	海洋工程安全与防灾若干关键技术及应用	国家科学技术进步奖	二等	李华军 刘德辅 张建

续表

序号	获奖年度	项目名称	获奖情况	获奖级别	主要完成人
309	2010	海洋水产蛋白、糖类及脂质资源高效利用关键技术研究与应用	国家科学技术进步奖	二等	薛长湖 李兆杰 汪东风
310	2010	对虾白斑症病毒（WSSV）单克隆抗体库的构建及应用	国家技术发明奖	二等	战文斌 姜有声 王小洁
311	2010	壳聚糖自主装纳米载体构建及生物功能研究	教育部自然科学奖	二等	陈西广 程晓杰 刘成圣
312	2010	海洋中二甲基硫（DMS）的生物地球化学	国家海洋局海洋创新成果奖	一等	杨桂朋 张洪海 厉丞烜
313	2010	哈维氏弧菌溶血素的发现与致病机理	国家海洋局海洋创新成果奖	二等	张晓华 陈吉祥 孙铂光
314	2010	海洋生物材料壳聚糖纳米技术研究	国家海洋局海洋创新成果奖	二等	陈西广 程晓杰 刘成圣
315	2010	新型海洋防污涂料的开发与应用	山东省科技进步奖	一等	于良民 李昌诚 闫菊
316	2011	海洋仪器海上试验与作业基础平台若干关键技术及应用	国家科学技术进步奖	二等	吴德星 陈学恩 郭心顺
317	2011	海洋腐蚀防护功能涂层的设计及应用基础研究	国家海洋局海洋创新成果奖	一等	陈守刚 尹衍升 刘涛
318	2011	海水重要养殖动物池塘养殖结构优化	山东省科技进步奖	一等	董双林 田相利 王芳

续表

序号	获奖年度	项目名称	获奖情况	获奖级别	主要完成人
319	2011	河豚鱼安全食用和河豚毒素检测、提取、制备技术体系构建	山东省技术发明奖	二等	宫庆礼 刘岩 邓志科
320	2012	海水池塘高效清洁养殖技术研究与应用	国家科学技术进步奖	二等	董双林 田相利 王芳
321	2012	我国东部陆架海区海洋动力环境变化及其机制	教育部自然科学奖	一等	吴德星 林霄沛 万修全
322	2012	"爱伦湾"海带培育及其全产业链区域示范应用	国家海洋局海洋科学技术奖	一等	刘涛 李晓波 刘翠
323	2012	重要海水养殖动物组织细胞系的建立及其应用	国家海洋局海洋科学技术奖	二等	樊廷俊 姜国建 杨秀霞
324	2012	基于超宽带无线电的短距离精确定位系统的研究与应用	山东省科技进步奖	三等	张浩 崔学荣 王景景
325	2013	中国北方海域末次盛冰期以来沉积物"源-汇"效应与环境演变	教育部自然科学奖	二等	李广雪 刘健 郭志刚
326	2013	新型消能式海上建筑物水动力分析方法与设计理论研究	教育部自然科学奖	二等	刘勇 李玉成 李华军
327	2013	海洋食品加工过程中质量安全控制关键技术及示范	教育部自然科学奖	二等	林洪 曹立民 李振兴

续表

序号	获奖年度	项目名称	获奖情况	获奖级别	主要完成人
328	2013	长蛸全生活史养殖与增殖放流关键技术	国家海洋局海洋科学技术奖	二等	郑小东 王培亮 李琪
329	2013	海洋微生物培养新技术的建立及菌种库建设	国家海洋局海洋科学技术奖	二等	张晓华 肖天 刘晨光
330	2013	深海立管涡激振动疲劳预测方法及抑振技术	国家海洋局海洋科学技术奖	二等	郭海燕 李效民 孟凡顺
331	2013	海参功效成分研究及精深加工关键技术开发	山东省科技进步奖	一等	薛长湖 王静凤 沈建
332	2013	新资源虫草栽培技术、产品研发及产业化	山东省科技进步奖	三等	江晓路 高岩绪 王鹏

二、人文社科奖项目表

序号	获奖年度	项目名称	获奖情况	获奖等级	主要完成人
1	1993	《经济运行机制改革研究》	山东省社会科学优秀成果奖	三等	陈国恒
2	1996	《中国民俗文化论》	山东省社会科学优秀成果奖	三等	曲金良
3	1996	《科技革命与社会主义》	山东省社会科学优秀成果奖	三等	邹积贵
4	1997	历史学与自然科学	山东省社会科学优秀成果奖	三等	邓红风
5	1998	青岛海尔兼并案例及产权效率分析	山东省社会科学优秀成果奖	三等	孙 健
6	1999	《功能文体学》	山东省社会科学优秀成果奖	二等	张德禄
7	1999	黄河流域骨干工程系统设计与应用	山东省社会科学优秀成果奖	三等	张勤生
8	2000	《海洋文化概论》	山东省社会科学优秀成果奖	二等	曲金良
9	2000	《语篇连贯研究纵横谈》	山东省社会科学优秀成果奖	二等	张德禄
10	2001	春秋时期法律形式的特点及其文化趋势	山东省社会科学优秀成果奖	一等	徐祥民
11	2001	从全球视角看重组信托公司在中国的发展	山东省社会科学优秀成果奖	二等	孙 健
12	2001	海洋经济可持续发展理论研究	山东省社会科学优秀成果奖	三等	张德贤

续表

序号	获奖年度	项目名称	获奖情况	获奖等级	主要完成人
13	2001	资源配置最优控制模型研究	山东省社会科学优秀成果奖	三等	殷克东
14	2001	国有资本的政策性经营、服务性经营和营利性经营	山东省社会科学优秀成果奖	三等	云 宏
15	2002	山东省实施品牌战略提高主导产业竞争力问题研究	山东省社会科学优秀成果奖	一等	曹洪军
16	2002	转型经济中地下经济与收入不均的相关性分析	山东省社会科学优秀成果奖	二等	孙 健
17	2002	经济全球化时代资本主义的新变化	山东省社会科学优秀成果奖	二等	曹文振
18	2002	论衔接	山东省社会科学优秀成果奖	二等	张德禄
19	2002	在军队建立海洋观教育体系的研究报告	山东省社会科学优秀成果奖	三等	干焱平
20	2002	规则在我国货币政策中的应用及启示	山东省社会科学优秀成果奖	三等	殷克东
21	2002	WTO与山东省企业绿色国际竞争力提升对策研究	山东省社会科学优秀成果奖	三等	赵领娣
22	2003	海洋小百科全书	第五届全国优秀科普作品图书奖	三等	关庆利 丁玉柱 彭垣等
23	2004	对中国古代法制研究中的几个思维定式的反思——兼论战国前法制研究的方法	山东省社会科学优秀成果奖	一等	徐祥民
24	2004	日本宪法第九条及其走向	山东省社会科学优秀成果奖	二等	管 颖

续表

序号	获奖年度	项目名称	获奖情况	获奖等级	主要完成人
25	2004	Study on Concept of Centralization and Decentralization Group Decision Making	山东省社会科学优秀成果奖	二等	张勤生
26	2004	坚持德育创新 构建高效德育新体制——中国海洋大学德育工作创新与实践	山东省社会科学优秀成果奖	二等	李耀臻
27	2004	语类研究理论框架探索	山东省社会科学优秀成果奖	二等	张德禄
28	2004	利益相关者会计监督体制的国际比较	山东省社会科学优秀成果奖	三等	王竹泉
29	2004	Das Chinabild der deutschen protestantischen Missionare des 19.Jahrhunderts	山东省社会科学优秀成果奖	三等	孙立新
30	2004	关于人力资源价值计量方法的探讨	山东省社会科学优秀成果奖	三等	樊培银
31	2004	《海尔的管理模式》等四部系列专著	山东省社会科学优秀成果奖	三等	孙 健
32	2004	山东省风暴潮农业灾害损失补偿有效机制与农民增收关系研究	山东省社会科学优秀成果奖	三等	赵领娣
33	2005	萨达姆之后：美国中东霸权面临的挑战	山东省社会科学优秀成果奖	二等	刘中民
34	2005	一种连锁加权指标的生产力增长测算模型	山东省社会科学优秀成果奖	三等	殷克东
35	2005	企业成长与矛盾管理	山东省社会科学优秀成果奖	三等	王树文

续表

序号	获奖年度	项目名称	获奖情况	获奖等级	主要完成人
36	2005	语篇连贯与衔接理论的发展与应用	山东省社会科学优秀成果奖	三等	张德禄
37	2006	环境权论——人权发展历史分期的视角	山东省社会科学优秀成果奖	一等	徐祥民
38	2006	民间金融理论分析：范畴与制度变迁	山东省社会科学优秀成果奖	二等	姜旭朝
39	2006	经济全球化环境中的高效德育创新研究	山东省社会科学优秀成果奖	二等	李耀臻
40	2006	基于业务流程管理的价值增值报告模式研究	山东省社会科学优秀成果奖	三等	王竹泉
41	2006	西方国际关系理论视野中的非传统安全研究	山东省社会科学优秀成果奖	三等	刘中民
42	2006	资本流动与民间投资发展	山东省社会科学优秀成果奖	三等	于谨凯
43	2006	英汉语言文化学	山东省社会科学优秀成果奖	三等	常宗林
44	2006	伊格尔顿文艺思想研究	山东省社会科学优秀成果奖	三等	柴焰
45	2007	挑战与回应——中东民族主义与伊斯兰教关系评析	山东省社会科学优秀成果奖	二等	刘中民
46	2007	加快推进中国烟草行业改革研究	山东省社会科学优秀成果奖	二等	王树文
47	2007	功能语言学与外语教学	山东省社会科学优秀成果奖	二等	张德禄
48	2007	我国城镇化推进的制度性约束与创新研究	山东省社会科学优秀成果奖	三等	高强

续表

序号	获奖年度	项目名称	获奖情况	获奖等级	主要完成人
49	2007	先进制造模式下的企业战略改革	山东省社会科学优秀成果奖	三等	戴桂林
50	2007	海外科技人才回流的规律研究	山东省社会科学优秀成果奖	三等	孙 健
51	2007	资源、环境与经济共生的制度约束与制度创新研究	山东省社会科学优秀成果奖	三等	杨 林
52	2007	日本海洋战略研究的动向	山东省社会科学优秀成果奖	三等	修 斌
53	2007	现代性视野中的张恨水小说	山东省社会科学优秀成果奖	三等	温奉桥
54	2008	精神生态视野中的20世纪中国文学	山东省社会科学优秀成果奖	二等	温奉桥
55	2008	环境制约下厂商生产行为改变路径设计——兼论对消费者环境偏好的揭示	山东省社会科学优秀成果奖	三等	戴桂林
56	2008	利益相关者财务披露监管的分析框架与体制构造	山东省社会科学优秀成果奖	三等	王竹泉
57	2008	从行政环境的变化看小城镇政府职能的完善	山东省社会科学优秀成果奖	三等	陈书全
58	2009	中国上市公司营运资金管理调查：1997~2006	山东省社会科学优秀成果奖	二等	王竹泉
59	2009	论我国环境污染损害公共补偿的理论基础与制度构建	山东省社会科学优秀成果奖	二等	阳露昭

续表

序号	获奖年度	项目名称	获奖情况	获奖等级	主要完成人
60	2009	海洋渔业可持续发展的财政投入机制与相应研究	山东省社会科学优秀成果奖	三等	杨林
61	2009	中国学生英语叙事性语篇即时主题推理时间进程研究	山东省社会科学优秀成果奖	三等	范琳
62	2010	中华人民共和国海洋经济史	山东省社会科学优秀成果奖	二等	姜旭朝
63	2010	虚拟财产法律保护体系的构建	山东省社会科学优秀成果奖	二等	刘惠荣
64	2010	完善我国大型国有企业政府董事制度建设的途径	山东省社会科学优秀成果奖	三等	王树文
65	2010	"乐由中出":《乐记》对乐的生命本体论阐释	山东省社会科学优秀成果奖	三等	薛永武
66	2010	龙心岛——有感青岛的古老传说	第三届泰山文艺奖	二等	康建东
67	2011	泛黄海地区海洋产业布局研究	山东省社会科学优秀成果奖	二等	韩立民
68	2011	国外语言损耗研究的现状调查	山东省社会科学优秀成果奖	二等	杨连瑞 潘克菊 刘宏刚
69	2011	海洋小百科全书（第二版）	山东省首届社会科学普及优秀作品著作类奖	二等	关庆利 丁玉柱 彭垣等
70	2011	利益相关者满足与企业价值的相关性研究——基于我国酒店餐饮上市公司面板数据的实证分析	山东省社会科学优秀成果奖	三等	纪建悦

续表

序号	获奖年度	项目名称	获奖情况	获奖等级	主要完成人
71	2011	中国上市公司营运资金管理调查：2007~2008	山东省社会科学优秀成果奖	三等	王竹泉
72	2011	农村教育促进学生社会流动限度研究	山东省社会科学优秀成果奖	三等	孙艳霞　袁桂林
73	2011	多维视野中的沈从文和福克纳小说	山东省社会科学优秀成果奖	三等	李萌羽
74	2012	中国海洋产业发展战略研究	教育部第六届高等学校科学研究优秀成果奖	三等	韩立民
75	2012	中华人民共和国海洋经济史	教育部第六届高等学校科学研究优秀成果奖	三等	姜旭朝
76	2012	刘向、刘歆赋学批评发微	山东省社会科学优秀成果奖	二等	冷卫国
77	2012	后代人权利理论批判	山东省社会科学优秀成果奖	二等	刘卫先
78	2012	项目干系人影响项目型企业经营绩效的研究——基于中国房地产上市公司的经验数据	山东省社会科学优秀成果奖	三等	纪建悦
79	2012	中国农户借贷行为研究	山东省社会科学优秀成果奖	三等	李延敏
80	2012	礼记乐记研究	山东省社会科学优秀成果奖	三等	薛永武
81	2012	贾至中书制诰与唐代古文运动	山东省社会科学优秀成果奖	三等	鞠岩

续表

序号	获奖年度	项目名称	获奖情况	获奖等级	主要完成人
82	2012	Exploring the learning mechanism of web—based question-answering systems and their design	山东省社会科学优秀成果奖	三等	张 银
83	2013	"钓鱼执法"与"后钓鱼时代"的执法困境:网络群体性事件的个案研究(论文)	山东省社会科学优秀成果奖	二等	桑本谦
84	2013	《营运资金管理发展报告:2011》(专著)	山东省社会科学优秀成果奖	二等	王竹泉
85	2013	《环境犯罪论》(专著)	山东省社会科学优秀成果奖	二等	赵 星
86	2013	《当代英美马克思主义文论研究》(专著)	山东省社会科学优秀成果奖	二等	柴 焰
87	2013	《海洋文化小百科》(专著)	山东省社会科学优秀成果奖	三等	曲金良
88	2013	《环境责任保险模式选择与定价研究》(专著)	山东省社会科学优秀成果奖	三等	游桂云
89	2013	《我国海洋生态恢复法律制度研究》(专著)	山东省社会科学优秀成果奖	三等	田其云

三、教学成果奖项目表

序号	获奖年度	项目名称	获奖情况	获奖等级	主要完成人
1	1989	大学英语教学管理的改革	国家级优秀教学成果奖	优秀	张春寿 李世珍 梁德成
2	1989	调动师生积极性，提高教学质量和办学效益	山东省优秀教学成果奖	一等	冉祥熙 秦启任 黄希仁
3	1989	海洋化学博士点教学建设系列成果	山东省优秀教学成果奖	一等	张正斌 刘莲生 郑士淮
4	1989	教学、科研、生产密切结合创建新课	山东省优秀教学成果奖	一等	孟庆显
5	1989	优化物理课教学的研究	山东省优秀教学成果奖	二等	王超英
6	1989	提高数学基础课教学质量的探索	山东省优秀教学成果奖	二等	吴保罗
7	1989	教学结合科研，培育海洋人才	山东省优秀教学成果奖	二等	周天华
8	1989	政治理论课的教学改革	山东省优秀教学成果奖	二等	吕青
9	1991	英语专业的教学改革	山东省优秀教学成果奖	二等	谷磊昭 刘汝山 戴书绅
10	1991	无机实验教法与教材的探索	山东省优秀教学成果奖	三等	于志刚
11	1991	计算机辅助教学软件	山东省优秀教学成果奖	三等	王梅芬 秦鸿才
12	1991	高等数学课程建设	山东省优秀教学成果奖	三等	崔玉亭 姜福德 吴保罗

续表

序号	获奖年度	项目名称	获奖情况	获奖等级	主要完成人
13	1993	搞好课程评估,确保教学质量	国家级优秀教学成果奖	二等	秦启仁 陈宗镛 佘敬曾
14	1993	高校计算机中心的目标管理	国家级优秀教学成果奖	二等	秦鸿才 赵茂祥 王梅芬
15	1993	搞好课程评估,确保教学质量	山东省优秀教学成果奖	一等	秦启仁 陈宗镛 佘敬曾
16	1993	高校计算机中心的目标管理	山东省优秀教学成果奖	一等	秦鸿才 赵茂祥 王梅芬
17	1993	结合技术服务,抓好生产实习	山东省优秀教学成果奖	二等	王克行 俞开康 张道波
18	1993	把物理实验当作"小科研"进行教学	山东省优秀教学成果奖	二等	吕振洪
19	1996	加强实践教学、促进专业教学水平的提高	山东省优秀教学成果奖	一等	邱汉学 贾永刚 刘贯群
20	1996	"两课"改革探索	山东省优秀教学成果奖	二等	王安东 袁宗久 张建华
21	1996	高校非计算机专业"计算机基础教育"课程体系教学研究	山东省优秀教学成果奖	二等	王梅芬 秦鸿才 赵茂祥
22	1996	普通物理教学内容研究	山东省优秀教学成果奖	二等	徐定藩
23	1996	计算机在物理实验中的应用	山东省优秀教学成果奖	三等	张爱军 王宝升 亓夫军
24	1997	海洋学人才基地建设和改革	国家级优秀教学成果奖	二等	李凤岐 蒋德才 孙 孚
25	1997	海洋学人才基地建设和改革	山东省优秀教学成果奖	一等	李凤岐 蒋德才 孙 孚

续表

序号	获奖年度	项目名称	获奖情况	获奖等级	主要完成人
26	2001	面向21世纪海洋科学专业的教学改革与实践	国家级优秀教学成果奖	二等	冯士筰 武心尧 李凤岐
27	2001	以学生为本,构建新型人才培养模式的探索与实践	国家级优秀教学成果奖	二等	侯家龙 山广恕 武心尧
28	2001	面向21世纪海洋科学专业的教学改革与实践	山东省优秀教学成果奖	一等	冯士筰 武心尧 李凤岐
29	2001	以"学-研-产相结合"为主线,建设高水平水产养殖专业	山东省优秀教学成果奖	一等	马 甡 张兆琪 潘鲁青
30	2001	大学生艺术教育教学实践与探索	山东省优秀教学成果奖	一等	李耀臻 吕 路 杨立敏
31	2001	以学生为本,构建新型人才培养模式的探索与实践	山东省优秀教学成果奖	一等	侯家龙 武心尧 高 艳
32	2001	《海水养殖动物病害学》全国高等农业院校教材	山东省优秀教学成果奖	二等	孟庆显 俞开康 战文斌
33	2001	物理学专业本科教学及其管理模式的改革设想与实践	山东省优秀教学成果奖	二等	郑荣儿 王金城 王维理
34	2001	面向21世纪的会计学专业培养模式再造工程	山东省优秀教学成果奖	二等	徐国君 李 雪 王 莅
35	2001	以教学评估为基础,建立学校内部教学质量保障体系	山东省优秀教学成果奖	二等	李凤岐 张永玲 王洪欣

续表

序号	获奖年度	项目名称	获奖情况	获奖等级	主要完成人
36	2001	基于校园网的分布式教务管理系统	山东省优秀教学成果奖	二等	武心尧 魏振刚 高艳
37	2001	以改革教学内容、方法、手段为中心,完善我校计算机基础教育课程体系	山东省优秀教学成果奖	二等	赵茂祥 陈云霞 李春荣
38	2001	《自动控制原理》多媒体积件式CAI/CAL软件开发	山东省优秀教学成果奖	三等	褚东升 侯永海 刘建丽
39	2001	有机设计实验的设立和教学方法的改革	山东省优秀教学成果奖	三等	高先池 刘升一 蔡月琴
40	2005	国家教育部大学法语系列教学文件及大学法语"十五"规划教材(教材)	国家级优秀教学成果奖	二等	李志清 罗顺江 王昕彦
41	2005	海洋科学类专业人才培养模式的改革与实践	国家级优秀教学成果奖	二等	冯士筰 王秀芹 郭佩芳
42	2005	以"学业与毕业专业识别确认制"为核心的本科教学运行新体系的建立	国家级优秀教学成果奖	二等	于志刚 李巍然 曾名湧
43	2005	中国海洋大学本科教学运行新体系	山东省优秀教学成果奖	一等	于志刚 李巍然 曾名湧
44	2005	国家教育部大学法语系列教学文件及大学法语"十五"规划教材(教材)	山东省优秀教学成果奖	一等	李志清 罗顺江 王昕彦

续表

序号	获奖年度	项目名称	获奖情况	获奖等级	主要完成人
45	2005	港口、海岸及近海工程专业教学改革的探索与实践	山东省优秀教学成果奖	一等	李华军 史宏达 拾 兵
46	2005	"细胞生物学"教学改革及教书育人的研究与实践	山东省优秀教学成果奖	一等	樊廷俊 丛日山 初建松
47	2005	设计性、研究性物理实验课程体系和教学模式的创新与实践	山东省优秀教学成果奖	一等	张爱军 亓夫军 杨国仁
48	2005	利用科学理念和现代化手段，全面提高"大学物理"教学水平	山东省优秀教学成果奖	二等	马 君 张爱军 王 剑
49	2005	基于人本管理的全方位专业建设模式与实践	山东省优秀教学成果奖	二等	徐国君 王竹泉 张世兴
50	2005	海洋地质学实践教学体系的构建与实践	山东省优秀教学成果奖	二等	赵广涛 韩宗珠 刘东生
51	2005	网络环境下计算机基础教学改革与实践	山东省优秀教学成果奖	二等	王兴玲 李春荣 刘士才
52	2005	深化考试研究与改革培养高素质创新人才	山东省优秀教学成果奖	三等	曾名湧 段善利 陈 旭
53	2005	中国海洋大学文学院"名家课程"体系建设	山东省优秀教学成果奖	三等	杨自俭 薛海燕

续表

序号	获奖年度	项目名称	获奖情况	获奖等级	主要完成人
54	2005	适应创新型人才培养需要构建创新型本科专业实验教学新体系	山东省优秀教学成果奖	三等	曾名湧 魏军 王正林
55	2005	科研与教学相长提高毕业设计（论文）质量	山东省优秀教学成果奖	三等	郑荣儿 王晶 李颖
56	2005	海洋科学专业基础课教学建设与改革	山东省优秀教学成果奖	三等	王秀芹 鲍献文 郭佩芳
57	2005	探索校企联合共建ERP实验中心模式，培养高水平信息化管理人才	山东省优秀教学成果奖	三等	王舰 王震 吴春明
58	2005	数学模型课程体系与实验室建设及建模竞赛的培训指导	山东省优秀教学成果奖	三等	刘文斌 高存臣 刘宝生
59	2009	创建"评估—督导—支持"三位一体的教学质量保障新模式的探索	国家级优秀教学成果奖	二等	于志刚 宋文红 李巍然
60	2009	创建具有共轭效应的教学质量保障新模式的探索	山东省优秀教学成果奖	一等	于志刚 宋文红 马勇
61	2009	海洋化学理科基地人才培养模式改革与实践	山东省优秀教学成果奖	一等	杨桂朋 李铁 石晓勇
62	2009	教学科研互动发展，培养药学创新人才	山东省优秀教学成果奖	一等	管华诗 李延团 吴强明

续表

序号	获奖年度	项目名称	获奖情况	获奖等级	主要完成人
63	2009	构建资源开放共享的实验教学运行管理体系	山东省优秀教学成果奖	二等	洪波 王秀海 张民生
64	2009	海洋地质特色专业创新人才培养体系的改革与实践	山东省优秀教学成果奖	二等	韩宗珠 刘东生 李安龙
65	2009	海洋生命科学与技术复合型人才培养体系的建立与实践	山东省优秀教学成果奖	二等	樊廷俊 董双林 李八方
66	2009	海洋工程专业创新型人才培养体系的建立与实践	山东省优秀教学成果奖	二等	李华军 董胜 史宏达
67	2009	大类招生和人才市场细分背景下,会计学专业柔性培养模式的探索与实践	山东省优秀教学成果奖	三等	王竹泉 徐国君 张世兴
68	2009	构建实践教学体系,培养法学应用型人才	山东省优秀教学成果奖	三等	胡家强 时军 李华
69	2009	《法语笔译》课程创新与教材建设	山东省优秀教学成果奖	三等	罗顺江 马彦华 尹伟
70	2009	大气—海洋学科交叉创新型人才培养体系的构建与实践	山东省优秀教学成果奖	三等	刘秦玉 孙即霖 黄菲
71	2009	海洋学实践教学体系的创新与实践	山东省优秀教学成果奖	三等	江文胜 赵栋梁 吕红民
72	2009	"东方红2"船海上实践教学体系创建	山东省优秀教学成果奖	三等	范洪涛 赵忠生 郭心顺

续表

序号	获奖年度	项目名称	获奖情况	获奖等级	主要完成人
73	2009	《卫星海洋学》教学中研究型人才培养模式的改革与实践	山东省优秀教学成果奖	三等	刘玉光 周良明 郭佩芳
74	2009	《食品化学》课程建设与创新	山东省优秀教学成果奖	三等	汪东风 徐 玮 林 洪
75	2009	《食品保藏原理与技术》课程的全面改革与实践	山东省优秀教学成果奖	三等	曾名湧 刘尊英 董士远
76	2009	计算机基础课程"合作性学习"教学改革探索与实践	山东省优秀教学成果奖	三等	王兴玲 王 燚 胡晓辉
77	2009	强化学科优势,引领行业发展——创建水产养殖专业高素质创新型人才培养体系	山东省优秀教学成果奖	三等	温海深 马 甡 战文斌
78	2013	海洋文化课程体系创新建设	山东省优秀教学成果奖	一等	曲金良 朱建君 马树华
79	2013	具有水产品特色的食品科学与工程专业创新人才培养模式的构建与实践	山东省优秀教学成果奖	一等	汪东风 曾名湧 林 洪
80	2013	营运资金管理特色研究、创新型人才培养与社会服务的互动与协同	山东省优秀教学成果奖	一等	王竹泉 孙 莹 孙建强
81	2013	"三维四阶"大学生职业发展教育模式的构筑与实践	山东省优秀教学成果奖	二等	张 静 王玉江 宋文红

续表

序号	获奖年度	项目名称	获奖情况	获奖等级	主要完成人
82	2013	海洋特色环境科学本科专业建设与综合改革	山东省优秀教学成果奖	二等	高会旺 石金辉 高增祥
83	2013	建构与行动：促进高校教师专业化发展的研究与实践	山东省优秀教学成果奖	二等	宋文红 马勇 曾名湧
84	2013	竞赛牵引，工海融合，构建面向海洋工程技术领域的创新人才培养模式	山东省优秀教学成果奖	二等	宋大雷 綦声波 董士军
85	2013	全程开放式、全员个性化本科人才培养模式改革的十年探索与成果	山东省优秀教学成果奖	二等	李巍然 曾名湧 董士军
86	2013	涉海经济人才"双核多驱动"的培养模式与实践	山东省优秀教学成果奖	二等	戴桂林 高金田 李京梅
87	2013	水产养殖专业精品课程建设及实施效果	山东省优秀教学成果奖	二等	王昭萍 麦康森 温海深
88	2013	突出海洋特色的化学专业建设与人才培养实践	山东省优秀教学成果奖	二等	杨桂朋 李铁 谭丽菊
89	2013	依托国家重点学科优势，促进水产科学实验教学示范中心的建设与管理	山东省优秀教学成果奖	二等	温海深 于瑞海 郑小东
90	2013	自主设计式海洋学实验教学模式的探索与改革	山东省优秀教学成果奖	二等	吴克俭 陈旭 李培良

续表

序号	获奖年度	项目名称	获奖情况	获奖等级	主要完成人
91	2013	"海洋药物学"特色课程内容体系的构建与实践	山东省优秀教学成果奖	三等	王长云 管华诗 邵长伦
92	2013	"双能"目标导向的成人高等教育会计学专业柔性人才培养机制探索与实践	山东省优秀教学成果奖	三等	王竹泉 陈云霞 马广林
93	2013	构建文科物理教学体系,推进科学文化素质教育	山东省优秀教学成果奖	三等	马 君 马丽珍 师玉荣
94	2013	海洋材料系列课程及知识体系的创立与实践	山东省优秀教学成果奖	三等	王 昕 尹衍升 黄 翔
95	2013	计算机特色专业动态模块化培养体系研究与建设	山东省优秀教学成果奖	三等	魏志强 盛艳秀 王晓东